Unvergessene Weihnachten
Doppelband 4

Erinnerungen aus guten
und aus schlechten Zeiten
1932 – 2011

Weihnachten 2014

Liebe Maria,

Freude beim Lesen und viele
Gedanken an die alte Zeit.

Mit lieben Grüßen

Inge und Ernst

Unvergessene Weihnachten

Doppelband 4

(Band 7 und 8 in einem Buch)

72 Erinnerungen
aus guten und aus schlechten Zeiten
1932–2011

Originalausgabe

Herausgegeben von Jürgen Kleindienst
& Ingrid Hantke

Zeitgut Verlag

Umschlagbild vorn: Mädchen mit Puppe etwa 1950.
Foto: ullstein bild.
Umschlagbild hinten: Aldo Campoleoni und seine Schwester Ingrid 1955.
Foto: Familienalbum Aldo Campoleoni, Möhlin, Schweiz.
Vor- und Nachsatz: Blitzlichtaufnahme vom 31. Dezember 1927 und
Mittelberg im Allgäu (1035 m), um 1940, beide Zeitgut Archiv.

Die im Buch veröffentlichten Abbildungen und Dokumente stammen,
soweit nicht anders vermerkt, aus dem Privatbesitz der Verfasserinnen
und Verfasser sowie aus folgenden Quellen: Helmut Bitsch, Oberstimm,
www.margarinefiguren.de, S. 359, 361; Aldo Campoleoni, Möhlin, S. 242;
Evelyn Jahn, Berlin, S. 10; Adolf Kretschy, Wien, S. 167; Sigrun Lienau,
Loxstedt, S. 301; Oberlausitzer Kunstverlag, Christian Schubert, Ebers-
bach, Kreis. Löbau, Foto: Deylig, S. 367; Margit Rüttler-Erb, Deggen-
hausertal, S. 37; Friedhelm Schröder, Schneverdingen, S. 133; Schneeberg
im Erzgebirge, VEB Foto-Verlag, Erlbach, Vogtland, Foto: Hoffmann, S. 13
und Umschlag hinten; Archiv Zeitgut Verlag, S. 14, 42, 64, 153, 164, 272.

Bibliografische Information Der Deutschen Bibliothek
Die Deutsche Bibliothek verzeichnet diese Publikation in der Deutschen
Nationalbibliografie; detaillierte bibliografische Daten sind im Internet
über http://dnb.ddb.de abrufbar.

© 2013 by Zeitgut Verlag GmbH, Berlin
2. Auflage 2013
Zeitgut Verlag GmbH
Klausenpaß 14, 12107 Berlin
Telefon 030 - 70 20 93 0, Telefax 030 - 70 20 93 22
E-Mail: info@zeitgut.de
Herausgeber: Jürgen Kleindienst & Ingrid Hantke
Gesamtredaktion, Textauswahl und Zusammenstellung: Ingrid Hantke
Lektorat: Barbara Jacob, Ingrid Hantke, Dr. Helga Miesch
Umschlaggestaltung: Daniel Kreisel, Berlin
Druck: GGP Media, Pößneck
Printed in Germany
ISBN 978-3-86614-222-0

www.zeitgut.de

Inhalt

Wer denkt bei diesem Anblick nicht an eigene selige Weihnachten in der Kindheit zurück, als das neue Buch alles sonst vergessen ließ?

... Ich sah nur ihn, den tapfren Königssohn.
Ich sah nur sie, die strahlende Prinzessin,
ich litt sie all', die unerhörten Leiden,
ich kämpfte all' die fürchterlichen Kämpfe.

Es ließ mich nicht das Buch, bis ich's bezwungen,
und wie im Traume ging ich dann einher
und sah die Welt durch einen Nebelschleier
und trug das Haupt voll lichter Phantasien
und heitrer Wunder. –

Einmal nur, ach einmal, so denk' ich oft,
wenn müde und verdrossen mein Auge jetzt
durch Bücherzeilen schweift, und all' die
kleinen Teufel kritisch meckern,
ach einmal noch möcht' so ich lesen können
wie damals in der gläubigen Kinderzeit!

Heinrich Seidel (1842–1906), „Aus der Kinderzeit"

Weihnachten

Markt und Straßen steh'n verlassen,
still erleuchtet jedes Haus,
sinnend geh' ich durch die Gassen,
alles sieht so festlich aus.

An den Fenstern haben Frauen
buntes Spielzeug fromm geschmückt,
tausend Kindlein steh'n und schauen,
sind so wunderstill beglückt.

Und ich wandre aus den Mauern
bis hinaus ins freie Feld,
hehres Glänzen, heil'ges Schauern!
Wie so weit und still die Welt!

Sterne hoch die Kreise schlingen,
aus des Schnees Einsamkeit
steigt's wie wunderbares Singen –
o du gnadenreiche Zeit!

Joseph von Eichendorff (1788 – 1857)

Stolz präsentieren sich diese beiden Jungen vor dem geschmückten Weihnachtsbaum mit ihren Geschenken: Schlitten, Skier und Schlittschuhe. Und mit etwas Glück fällt in den Weihnachtsferien auch Schnee, um sie gleich auszuprobieren.

Alle Jahre wieder ...

War Weihnachten früher schöner? Waren die Menschen zufriedener? Das wird sich manche Leserin und mancher Leser fragen, wenn sie die Geschichten in diesem Buch lesen. Wie konnten sich die Menschen über kleine Dinge freuen, die mit so viel Liebe und Fantasie entstanden waren! Viele Wünsche blieben damals offen, aber den Träumen nachgehen, das durfte man schon. Es gab nämlich etwas, das heute fast niemand mehr hat, wertvoller als Geld und teure Geschenke – und das war Zeit!

Auch die Kinder waren bescheidener und zufriedener. Sie hatten zum Spielen keine vollgestopften Kinderzimmer, sondern einfach nur sich selber – und ihre Geschwister, Freunde und Nachbarskinder! In Horden zogen sie mit Rodelschlitten auf den Berg oder tollten so lange im Schnee herum, bis sie völlig durchnäßt waren und es dunkel wurde. Mit roten Wangen und halberfrorenen Zehen saßen sie dann neben dem Ofen, an dem die nassen Hosen, Fäustlinge und Mützen zum Trocknen hingen, spielten mit den wenigen Weihnachtsgeschenken, lasen die neuen Bücher und aßen ein Stück vom Weihnachtsstollen. Einige Geschichten in diesem Buch erzählen davon.

Der vierte Doppelband von „Unvergessene Weihnachten" möchte Sie wiederum durch die Advents- und Weihnachtszeit begleiten. Vielleicht regt er Sie an, daraus vorzulesen oder über eigene Weihnachtserlebnisse nachzudenken. Sollten Sie selbst eine erzählenswerte Weihnachtsgeschichte erlebt haben, so scheuen Sie sich nicht, sie uns zu schicken. Vielleicht erscheint sie ja dann im nächsten Band.

Ingrid Hantke & Jürgen Kleindienst
Berlin, im September 2013

(Aus dem Vorwort von „Unvergessene Weihnachten. Band 7")

Schlittenfahrt

Lustig ist die Winterzeit,
wenn es draußen Flocken schneit
und das Wasser wird zu Eis;
alles ist da licht und weiß!

Lieber Schlitten, komm herfür!
Darfst nun wieder vor die Tür!
Unterm Dach in finsterm Gang
lagest du vergessen – lang!

Darfst jetzt wieder an das Licht,
alter Schlitten, freut´s dich nicht?
Rühret nicht ein frischer Stolz
sich in deinem harten Holz?

Fliegest du vom Hügel her,
wird dir keine Last zu schwer;
lustig sausest du hinab,
schneller als ein Pferd im Trab.

Schlittenfahren, hei, juchei!
Saget mir, was schöner sei?
Fliegt die Locke frisch im Wind,
o wie geht es so geschwind!

Ob das Näschen frieren mag,
frisch den ganzen Nachmittag
fahren wir in Lust und Saus,
schleichen abends still nach Haus.

Kurze Lust und Seligkeit,
währest nur, so lang es schneit.
Ach wie bald, so schmilzt der Schnee,
lieber Schlitten, dann ade!

Franz Bonn 1830–1904
(leicht gekürzt)

[Ostenhagen bei Greifenberg, Pommern;
Winter 1932]

Werner Steffen

Meine schönste Weihnachtsgeschichte

Im Winter 1932 versank Pommern im Schnee. Er lag so hoch, daß die kleinen Dörfer von der Umwelt abgeschnitten waren. Wochenlang führten sie ein Eigenleben. In meinem Dorf Ostenhagen in der Nähe von Greifenberg lag der Schnee gut anderthalb Meter hoch. Die Männer des Dorfes und die Jugend hatten viel zu tun, um durch schmale Wege den Fußgängerverkehr, insbesondere den Weg zu den Viehställen und zur Wasserpumpe, die dicht mit Stroh umwickelt war, aufrechtzuerhalten. Pferde, Kühe, Schweine, Schafe, Gänse, Enten und Hühner wollten versorgt sein.

Ich selbst mit meinen sechs Jahren konnte nicht über die Schneegänge hinaus schauen. Wenn nicht die Rauchfahnen aus den Schornsteinen der Häuser gewesen wären, hätte ich geglaubt, die ganze Welt bestände nur aus Schnee. Zudem war es eisig kalt und geheizt – mit Holz und Torf – wurden nur Küche und Wohnzimmer. Kastanien in einem Beutel wurden in die Kachelofenröhre gelegt und wärmten zur Nachtzeit Betten und Schläfer. Die Ofenbank am Kachelofen war der wärmste Platz im Haus. Dies wußte auch unsere Katze zu schätzen. Eisblumen schmückten die Fenster und die Eiszapfen an den Dächern waren teilweise einen Meter lang. Dazu hatten wir sternklare Nächte. Unser treuer Hund „Fiffi" durfte in der warmen Küche übernachten.

Die vier Kilometer entfernte Schule im Nachbarort war

unerreichbar. Die Kleinbahn, von Greifenberg kommend, hatte ihren Betrieb eingestellt. Dies galt auch für den Postbus, der auf der nahen Kreisstraße verkehrte. Viele Vögel, die den Ort bevölkerten, überstanden den kalten Winter nicht.

Weihnachten stand vor der Tür, doch Schnee und Kälte blieben. Mit großer Mühe wurden die Tannenbäume aus dem nahen Wald herangeschafft. Der Heiligabend kam, und mein Elternhaus, das am Anfang der verschneiten Dorfstraße stand, war im Schnee versunken. Nur um das Haus herum und zur Straße hin wurde ein schmaler Weg mit viel Mühe freigehalten.

Im nahen Gutshaus war für die Dorfkinder – etwa zehn – eine Bescherung vorgesehen. Nachdem ich, tapfer durch den Schneeweg gehend, das Gutshaus erreicht hatte, wurde die dortige Bescherung für mich eine große Enttäuschung. Die Geschenke wurden nicht einzeln verteilt. Als sich die Tür zur Gutsküche öffnete, stürmten die großen Kinder vor, drängten die Kleinen – so auch mich – zur Seite und nahmen sich die schönsten Sachen. Für mich blieben nur einige Nüsse und ein Apfel. Traurig lief ich durch den Schneegang nach Hause und war gespannt auf die Geschenke, die der Weihnachtsmann bringen würde.

Bald kam dieser zu uns und brachte mir einen Holzstall mit Holztieren. Aber schnell stellte sich heraus, daß bei den zwei Pferdegespannen ein Pferdchen fehlte. Ja, wo konnte es nur sein?

Nun, so wurde ich getröstet, vielleicht hat es der Weihnachtsmann im tiefen Schnee verloren. Trotzdem freute ich mich und ich vergaß die unerfreuliche Bescherung im Gutshaus.

Wie groß war meine Überraschung, als ich am folgenden Weihnachtstag den Schneeweg um unser Haus herum lief!

Da lag doch tatsächlich im festgefrorenen Schnee mein Holzpferd! Zwar hatte die Farbe schon ein wenig gelitten – aber was tat das schon. Also hatte der Weihnachtsmann das Pferdchen doch verloren!

*(Weitere **ZEITGUT**-Beiträge dieses Autors sind am Buchende vermerkt.)*

[Lohbarbek, Landkreis Steinburg,
Schleswig-Holstein;
1932]

Erika Baumgart

Der hungrige Weihnachtsmann

Ab 16 Uhr durften meine drei Geschwister und ich die „gute
Stube" – unser karg möbliertes, etwa 25 Quadratmeter großes „Wohnzimmer" in der Räucherkate – nicht mehr betreten. Meine Eltern gaben vor, dem Weihnachtsmann dort helfen zu müssen. Wir glaubten ihnen aufs Wort. Artig warteten
wir in der Küche aufs Christkind und vertrieben uns die Zeit
mit Basteleien. Hin und wieder kam die Mutter zu uns und
brachte Süßigkeiten mit, die ihr der Weihnachtsmann für uns
mitgegeben hatte. Dies steigerte unsere Vorfreude. Um 18 Uhr
wurde zu Abend gegessen. Nach schleswig-holsteinischer Tradition gab es mit geraspelten Äpfeln und süßer Sahne ange-
reicherten Kartoffelsalat und dazu Brühwürste.
    Nach dem Essen wuchs die Anspannung. Vater ging ins
Wohnzimmer, um nachzuschauen, ob der Weihnachtsmann
alle Vorbereitungen für die Bescherung getroffen hatte.
    Ja, endlich war es soweit! Wir durften in die blitzblank
geputzte Stube eintreten. Der Christbaum leuchtete im Ker-
zenglanz wie ein Engel. Das Grammophon spielte Weihnachtslieder. Der Tisch war festlich gedeckt. Weihnachtsteller, gefüllt mit Äpfeln, Apfelsinen, Nüssen, Süßigkeiten und
in Schmalz gebackenen Honigkeksen, standen darauf.
    Dann folgte die feierliche Bescherung. Alle Jahre wieder
wurden wir zu Weihnachten mit handgestrickten, gehäkel-
ten oder selbstgenähten Kleidungstücken und Holzpantinen

Mit bunten Stiften habe ich später unsere Weihnachtsgeschenke gemalt.

beschenkt. Das Spielzeug, das für jedes Kind dabei lag, waren meist selbstgemachte Puppen für die Mädchen, eine Holzeisenbahn und einige Blechsoldaten für die Jungen.

Am nächsten Morgen war es üblich, den Nachbarn einen Besuch abzustatten. Bei jedem Weihnachtsfest stellten wir erneut fest, daß der Weihnachtsmann die Söhne und Töchter der Bauern reicher beschenkt hatte als uns Arbeiterkinder. Als wir uns einmal bei unseren Eltern über diese Ungleichbehandlung beklagt hatten, waren sie nicht um eine Erklärung verlegen gewesen:

Da der Weihnachtsmann von weither komme, sagten sie uns, würden er und sein Esel unterwegs so hungrig, daß sie auf ihrem Wege viele Male bei den Bauern einkehren müßten, denn diese hätten in Hof und Scheune bekanntlich stets genug Eßbares. Für Unterkunft und Verpflegung bedanke sich der Weihnachtsmann dann beim Abschied mit einigen auf dem Schlitten liegenden Geschenken. Je weiter oben sich diese befänden, desto wertvoller seien sie. Wie wir selbst wüßten, könne Hunger ja immer nur für eine gewisse Zeit gestillt werden; bei jeder Einkehr aber würde wieder etwas vom Schlitten genommen. So könne es nicht ausbleiben, daß nach und nach das Gefährt immer leerer würde und am Ende für die Arbeiterkinder nur noch übrigbliebe, was von geringem Wert sei. Aber, so meinten die Eltern zum Schluß, billige Geschenke wären doch allemal besser als gar keine. Womit sie freilich recht hatten.

Rumpelpottlaufen
Fiel also Weihnachten für uns immer recht bescheiden aus, so konnten wir uns um so mehr auf Silvester freuen. Denn dann hatten auch wir dank eines örtlichen Brauchs, bei dem die Dorfkinder von Haus zu Haus zogen und Gaben erbaten,

---

Großmutters Ingwer-Honigkuchen

Zutaten:
- *½ Pfund Sojamehl, ½ Pfund Weizenschrot,*
- *1 Pfund Haferflocken, 1 Pfund Pflanzenfett,*
- *4 Eier, 200 g Honig,*
- *20 g Ingwer (pulverisiert), 20 g Natron,*
- *18 g Weinsäure, eine Prise Salz,*
- *Saft von 2 Zitronen, nach Bedarf etwas Wasser.*

Alle Zutaten gut miteinander verrühren, in eine Kuchenform füllen und bei 180 bis 190 Grad Celsius zirka 50 bis 60 Minuten backen.

Den Ingwer-Honigkuchen hat meine Mutter zur Weihnachtszeit immer für uns gebacken. Dieses, wie auch viele andere Rezepte aus Kindertagen, wurde von meiner Großmutter überliefert. Der unnachahmliche Geschmack macht die ein wenig aufwendige Zubereitung mehr als wett.

eine konkrete Chance auf viele leckere Süßigkeiten. Für diese
tief in der örtlichen Folklore verwurzelte Darbietung waren einige Requisiten vonnöten, unter anderem sogenannte Rumpelpöt-
te. Vater hatte uns zwei hergestellt, einen für die Jungen, den
anderen für die Mädchen. Der Rumpelpott bestand aus einer
Konservendose, über die eine Schweineblase gezogen wurde. In
der Mitte bekam die Blase einen Einschnitt, durch den ein Stock
gezogen wurde. Zog man den Stecken auf und nieder, entstanden lustige Wuppda-wuppda-Geräusche.

Mit einer Maske vorm Gesicht und einem Beutel um den Hals
zogen wir am frühen Abend los. Vor den Türen unserer Nachbarn begannen wir zu singen, wobei der Rumpelpott alles rhyth-
misch untermalte:

„Vadder, Mudder, sind de Vörden schon goar?
Denn gev mi poor.
Sin de beyden too kleen,
denn gev zwey vor een."

„Vater, Mutter, sind die Pfannkuchen schon gar?", ließen wir
uns also vor den Türen vernehmen. „Dann gib mir ein paar.
Sind die beiden zu klein, dann gib zwei für einen."

Wurde uns nicht aufgemacht und wir hatten den Verdacht,
daß zwar jemand da war, aber nicht daran dachte, uns zu beschenken, stimmten wir ein weiteres Lied mit folgendem Wort-
laut an:

„Häst du noch net eyne Beern –
diese Oldsch, die gieft net gern."

Doch Geizkrägen waren die Ausnahme. Bei den meisten Leuten wurden wir mit Apfelsinen, Nüssen, Bonbons und Plätzchen reich beschenkt. Mit prallgefülltem Beutel traten wir
glücklich und zufrieden den Heimweg an und hatten die Un-
gerechtigkeiten des hungrigen Weihnachtsmannes schon
beinahe vergessen.

*(Weitere **ZEITGUT**-Beiträge der Autorin sind am Buchende vermerkt.)*

Hans-Georg Heun

Der Weihnachtsmann und das Monstrum

Unsere Familie wohnte zwischen 1930 und 1940 in Berlin-Tegel. 1935 hatten mein Bruder Wolfgang und ich noch eine kleine Schwester bekommen, Anke. Als sie zwei oder drei Jahre alt war, mußten wir großen Brüder sie zum Spielen auf die Straße mitnehmen. Kaum hatte sie laufen gelernt, verstärkte sie das ohnehin recht spärliche Kontingent unserer Fußtruppen beim Soldatenspielen. Wenn es uns mit ihrem Laufen doch noch etwas zu langsam ging, wurde sie von uns in ihrer Sportkarre gefahren. Die fungierte dann als Panzerwagen oder als irgendein anderes, auch ziviles Gefährt, das unserer nimmermüden Phantasie gerade in den Sinn kam. Mit dem karjohlten wir dann, so schnell wir konnten, den Bürgersteig entlang. Ohne Umfälle ging das meist nicht ab. Die Karre kippte besonders bei unseren scharfen Kurvenfahrten oft aus der Balance, und Anke fiel unsanft auf das nicht eben weiche Straßenpflaster. Sie wurde dadurch hart im Nehmen. Ich kann mich nicht daran erinnern, daß sie je geklagt oder geheult hätte.

Auch ohne Anke vergnügten wir uns mit ihrer Sportkarre prächtig, vielleicht sogar noch viel besser. Jemand anderes durfte dann nämlich darin mitfahren.

Den Höhepunkt unserer Spielfreude bildete jedes Jahr das Weihnachtsfest. Wochenlang vorher fieberten wir der Bescherung unter dem Tannenbaum entgegen und zählten die nur schleichend vergehenden Tage bis dorthin. Jeden Abend im Bett sangen wir mit Inbrunst die bekannten Weihnachtslieder, am lautesten am Abend vor dem Heiligen Abend: „Morgen, Kinder, wird's was geben ..."

Und das geschah dann endlich ja auch. Die Tür zum Wohnzimmer wurde geöffnet, und wir fielen geradezu glückstrunken über die neuen Spielsachen her. Neue Kleidungsstücke, meist von unserer Mutter selbst genäht und ihr besonderer Stolz, interessierten uns nur am Rande und wurden allenfalls mit der gebotenen Höflichkeit quittiert. Erst das Spielzeug machte das richtige Weihnachten aus. Meist hatten es die Großeltern aus Dömitz gestiftet. Die Palette dieser schönen Gaben blieb breit gefächert. In den jüngeren Jahren wurden wir Brüder mit Holz und Plüsch beglückt. Ich weiß noch, daß ich stets mit einem weißen Hasen zu Bett ging. Dann besaßen wir jeder einen Bären auf Rädern, auf denen wir rei-

Immer fröhlich und hart im Nehmen, wenn sie beim Spielen mal umkippte – unsere kleine Schwester Anke in ihrer Sportkarre.

Mein Bruder Wolfgang und ich reiten auf unseren „Hunden" – Bären auf Rädern, die uns die Großeltern aus Dömitz zu Weihnachten geschenkt hatten.

ten konnten. Wir bezeichneten sie jedoch als unsere Hunde. Von Bären hatten wir damals wohl noch keine Vorstellung. Und wovon wir keine Vorstellung besaßen, das existierte eben für uns auch nicht.

Später gab es Automodelle, Soldaten und eine elektrische Eisenbahn, Spur 00 – heute H0 – der Firma Trix. Die Anlage fand leicht auf einem Tisch Platz, denn sie bestand neben Trafo und Fahrregler nur aus einem Gleisoval mit einer Ausweichstelle. Der Fuhrpark war auch nicht gerade gewaltig: eine Lokomotive sowie ein paar D-Zug- und Güterwagen. Im Gegensatz zu heute war alles noch nicht sehr modellgerecht. Auf dem Fußboden aufgebaut, ergab die Bahn im Verein mit Bauklötzern, Soldaten und deren Fahrzeugen sowie diversen Autos vielfältige Spielmöglichkeiten, friedfertige wie kriegerische.

Die kleine Anke besaß eine außerordentlich häßliche Gliederpuppe. Sie stammte von Tante Käthe, der Schwester unseres Vaters aus Dömitz, und zwar schon aus deren Kinderzeit vor dem Ersten Weltkrieg. Dementsprechend sah sie auch aus. Wir nannten sie nur „das Monstrum". Aber Anke liebte diese Puppe heftig und innig. Als nun Weihnachten näher rückte, vollzogen wir älteren Brüder täglich dasselbe Spiel: Wir lockten Anke unter einem Vorwand aus unserem Kinderzimmer auf den Korridor. Einer von uns Jungen, meistens war ich das, verkleidete sich mehr schlecht als recht als Weihnachtsmann. Er zog einen langen Bademantel unserer Mutter an, stülpte sich eine Pudelmütze über den Kopf und stopfte sich als Bart einen Schal mit Fransen vor den Mund. Dann nahm er einen alten Rucksack, packte „das Monstrum" hinein und verschwand im Kleiderschrank.

Jetzt wurde Anke wieder hereingerufen. Es verging keine Minute, da klopfte es laut von innen an die Schranktür. Danach öffnete sie sich langsam, und heraus kletterte „der Weihnachtsmann", mit einem vernehmlichen „Huh!" und „Ha!". Das sollte wohl zugleich Respekt wie Furcht erregen.

Anke mußte ein Gedicht aufsagen. Sobald ihr das einigermaßen gelungen war, zog der nachsichtige Weihnachtsmann als Belohnung „das Monstrum" aus dem Rucksack und überreichte es ihr mit übertrieben feierlich-großzügiger Geste als Geschenk. Wie diese Komödie auf sie gewirkt hat, habe ich mich nie bemüht herauszufinden. Jedenfalls wird sie wohl nicht mehr sehr lange an den Weihnachtsmann geglaubt haben.

Anke bekam zum Weihnachtsfest natürlich auch richtige Geschenke. In einem dieser Jahre erstanden wir, ich weiß nicht mehr woher, ein altes gebrauchtes Puppenhaus mit mehreren Stuben sowie Bad und Küche. Das Ganze war allerdings schon arg verschlissen und „abgewohnt". Daher machten wir Brüder uns daran, es gründlich zu renovieren

Wolfgang und ich, rechts, sitzen mit unserer kleinen Schwester Anke 1938 auf der Treppe vor unserer Haustür im Tile-Brügge-Weg in Berlin-Tegel. Damals waren wir Brüder acht und zehn Jahre alt. Wenn wir draußen mit unseren Freunden wilde Ritterspiele veranstalteten, mit unseren Rollern Müllauto und Straßenbahn oder im Sandkasten Autorennen auf der AVUS spielten, war Anke notgedrungen geduldet, aber nicht unbedingt als Spielkameradin zu brauchen.

und neu auszustatten. Wir strichen und tapezierten die Wände, bastelten aus Sperrholz die notwendigen Möbel, unsere Mutter nähte Gardinen für die Fenster und Kissen für die Stühle und das Sofa. Alles mußte klammheimlich geschehen, damit Anke ja nichts merkte, also in den Abendstunden, wenn sie bereits im Bett lag. So wurden ein wirklich gelungenes Geschenk und eine große Überraschung daraus.

Wir haben alle zusammen, wir Jungen fast mehr als Anke, mit dem schönen Puppenhaus viel und lange gespielt. Vor allem mit dem Kochherd und mit der Klospülung, bei der ein echter Wasserstrahl aus dem dafür erforderlichen Kasten kam!

[Leipzig, Sachsen – Lucka, Thüringen –
Vöhringen, Landkreis Rottweil,
Baden-Württemberg;
1938 – 1998]

Karin Kitsche

Die Puppe im Schrank

Vor vielen, vielen Jahren saß im Schaufenster einer großen
sächsischen Stadt eine Puppe. Unter dem Kleid lugten weiße Strümpfe und schwarze Lackschühchen hervor. Dicke
braune Zöpfe aus echtem Haar reichten ihr bis zur Taille
und wenn im Schaufenster das Licht gelöscht war und alle
Leute sich schlafen gelegt hatten, konnte auch die Puppe
ihre Augen schließen. Manchmal blieben ein paar Menschen
stehen und besahen sich die Auslagen hinter der Scheibe.
Dann war die Puppe glücklich, denn die meisten bewunder-
ten das schöne Puppenkind.
Eines Abends blieb auch eine ältere, kinderlos gebliebene
Dame vor dem Schaufenster stehen und betrachtete die große
Puppe in dem hellerleuchteten, weihnachtlich geschmückten
Fenster. Auf der Straße war es bereits dunkel, Schneeflocken
schwebten vom Himmel auf den Gehsteig, Menschen haste-
ten vorüber, doch die Dame blieb ganz verzückt stehen.
Dann betrat sie den Laden. Kurz darauf öffnete der Ladenbesitzer das Türchen in der Rückwand des Schaufensters,
nahm das Puppenkind vorsichtig von seinem Platz und trug
es zur Ladentheke. Nun betrachtete die Dame das Puppenkind aus der Nähe, fuhr mit ihren Fingern über das liebliche
Gesichtchen, strich versonnen über das glänzende Haar und
hielt ein paar Atemzüge lang die winzigen Finger zwischen
den ihren. Dann nickte sie dem Ladenbesitzer lächelnd zu.

Er wickelte die Puppe in feines Seidenpapier und legte sie sachte in einen großen grüngemusterten Karton.

Ein paar Tage später trug die Dame das Puppenkind zum Leipziger Hauptbahnhof und fuhr mit ihm in ein Städtchen in Thüringen. Am Stadtrand von Lucka, dort wo seit ein paar Jahren Einfamilienhäuschen ihre Giebel in den Himmel reckten, wohnte ihr Patenkind. Das kleine blonde Mädchen hatte den Stuhl unters Fenster geschoben und sah erwartungsvoll hinaus in die hereinbrechende Dunkelheit. Vor wenigen Tagen erst war sie sechs Jahre alt geworden, und so hoffte das Kind insgeheim auf ein kleines Geschenk von der Tante. Dann sah es die Tante kommen und betrachtete staunend den großen Karton, den sie in die Stube trug und vorsichtig auf dem Sofa ablegte. Der Karton wurde geöffnet und das raschelnde Seidenpapier auseinandergefaltet. Ganz verzückt und vor lauter Freude ganz still, betrachtete das kleine Mädchen die Puppe. Niemals zuvor hatte es solch eine große und wunderschöne Puppe erblickt. Sie war so groß, daß sie dem Kind beinahe bis zur Taille reichte. Als es die Puppe berühren und im Arm halten durfte, strahlten seine Augen und die Glückseligkeit färbte das schmale blasse Kindergesicht. Keines der Geschwister und kein Kind in der Nachbarschaft hatte jemals solch ein kostbares Spielzeug besessen. So hielt das Kind, auf dem sicheren Sofa sitzend, die Puppe im Arm, bewunderte und liebkoste das kostbare Geschenk. Schweigsam und ganz in sein Glück vertieft, wiegte es das Puppenkind, behutsam strichen die Kinderhände über das kostbare Kleid.

Doch als die Tante gegangen war, nahm die Mutter die Puppe fort und setzte sie in den Kleiderschrank. Nur wenn die Mutter etwas aus dem Schrank holen wollte, konnte man fortan das Puppenkind sehen. Und dann war das kleine Mädchen immer zur Stelle, um einen kurzen Blick auf ihren allergrößten Schatz zu werfen. Ganz oben hinter der mittleren Tür mit dem großen Spiegel saß sie und lächelte dem

Als Sechsjährige bekam meine Mutter von ihrer Patentante zu Weihnachten 1938 diese große Puppe geschenkt.

traurigen Kinde zu. Niemals wagte es, das Verbot der Mutter zu mißachten und den Schrank zu öffnen. Doch es verbrachte viele Stunden vor dem weißen Schrank und dachte an die hinter der Tür sitzende Puppe.

Inzwischen war der Krieg ausgebrochen und seine Wirren bescherten den Menschen viel Kummer und Leid. Vorsorglich hatte die Mutter die bescheidenen Schätze der Familie in den Keller getragen. Zu ihnen gehörte auch die Puppe. Sie war in ihren grün gemusterten Karton zurückgekehrt und geriet mit der Zeit in Vergessenheit.

Viele Jahre später lärmten wieder Kinder in der Stube des Häuschens und manchmal blieben sie über Nacht. An langen Wintertagen stiegen sie mit dem Großvater in den Keller hinab, um von den saftigen gelben Birnen zu holen. Doch an den Schatz im Karton dachte niemand mehr. Als die ältesten Enkelkinder fast erwachsen waren, starb mitten im Sommer der Großvater, und an einem bitterkalten Novembertag des folgenden Jahres trug man auch die Großmutter zu Grabe. Im Häuschen zog ihre jüngste Tochter ein.

Fünfundzwanzig Jahre waren vergangen, als sich an einem stürmischen Tage im Herbst die Grenzen öffneten und die Menschen des Landes endlich wieder vereinte. Viele von ihnen verließen in den folgenden Jahren ihre Heimat. Auch das kleine Mädchen von einst mußte sich von einigen ihrer Kinder und Enkel verabschieden. Und bald stand das Häuschen der Großeltern zum Verkauf, denn auch das Nesthäkchen zog es gen Westen. Das Häuschen wurde leer geräumt, Dachboden und Keller entrümpelt. Viele Dinge kamen zum Vorschein und weckten Erinnerungen an längst vergangene Zeiten.

In einer dunklen Ecke des Kellers fand man einen Karton und als die Finger über den staubigen Deckel strichen und das verblaßte Grün zum Vorschein kam, erinnerte sich auch das Nesthäkchen an den Schatz im Kleiderschrank. Das feine Seidenpapier war vergilbt und brüchig, aber unter ihm kam die Puppe zum Vorschein. Das einst glänzende Haar war stumpf und ebenso verstaubt wie das Kleid. Unansehnlich, abgewetzt und löchrig war es inzwischen. Doch abgesehen von kleinen Schäden hatte die Puppe die vielen Jahre gut überstanden. Da säuberte das Nesthäkchen den Karton und brachte ihn vor ihrer Abreise in die neue Heimat zur großen Schwester.

Tränen standen in deren Augen, als sie den Karton erkannte und beim Anblick des Puppenkindes rollten sie ungehemmt.

Jetzt durfte sie ihre Puppe im Arm halten wann immer sie wollte und niemand würde sie je wieder in einen dunklen Schrank setzen und die Tür hinter ihr schließen. Von nun an durfte das Puppenkind in der Stube sitzen und das kleine blonde Mädchen von einst hatte seine Freude daran.

Doch nach ein paar Jahren nahm sie die Puppe in den Arm und sagte: „Mein liebes Puppenkind, du bist beinahe noch genau so schön wie damals. Aber sieh mich an. Ich bin inzwischen alt und gebrechlich geworden. Was wird aus dir, wenn ich mich einmal nicht mehr um dich kümmern kann? Es würde mir das Herz brechen, wenn dir Böses geschieht. Deshalb habe ich beschlossen, dich an meine älteste Tochter Karin weiter zu geben. Sie wird gut für dich sorgen und dich genauso lieb haben wie ich."

In weiche Decken gehüllt trat das geliebte Puppenkind seine Reise an. In einem Dorf, zwischen den Hügeln der Schwäbischen Alb und dem Schwarzwald gelegen, wurde das Bündel an eine Frau überreicht, die mit Erstaunen entdeckte, was sich darin befand. Erst am Telefon erfuhr sie die Geschichte der Puppe und die Geschichte des kleinen Mädchens – ihrer Mutter. Mit klopfendem Herzen und dem Versprechen, immer gut für das Puppenkind zu sorgen, legte sie den Hörer auf. An einem hellen und freundlichen Platz im Wohnzimmer durfte die Puppe von nun an sitzen.

Eines Tages aber sprach die Frau zu dem Puppenkind: „Ich möchte, daß du wieder so schön wirst wie damals an jenem Weihnachtsabend vor vielen, vielen Jahren. Dein Haar soll wieder glänzen und deine Augen wieder leuchten. Und deshalb werde ich dich nochmals auf eine große Reise schicken. Also hab keine Angst, dir geschieht nichts. Und noch bevor wir in diesem Jahr die Lichter an unserem Weihnachtsbaum anzünden, bist du wieder zu Hause."

Sie packte das Puppenkind gut ein und bereits am nächsten Tag trat es seine große Reise in die Schweiz an. Vom Fenster der Frau Doktor konnte es das satte Grün der Wäl-

der sehen und drüben am Fuß der schneebedeckten Berge
glitzerte der See. Es konnte sich einfach nicht satt sehen an
dieser herrlichen Landschaft und reckte seinen Kopf in die
Höhe, sobald die Frau Doktor das Zimmer verlassen hatte.
Nach vielen Wochen war das Puppenkind wieder ganz gesund und als es in den Spiegel sah, war es auch wieder genau
so wunderschön wie damals in dem hellerleuchteten Schaufenster der großen Stadt. Mühelos ließen sich Arme und Beine bewegen und wenn sich das Puppenkind abends zum
Schlafen legte, konnte es wieder beide Augen schließen. Bereits am nächsten Morgen trat das Puppenkind seine Heimreise in das kleine schwäbische Dorf an. Und als die Frau die
weichen Tücher auseinanderschlug, war die Freude groß. Die
Wangen der Puppe trugen zartes Rosa, das weiche Haar war
zu dicken glänzenden Zöpfen geflochten und die Blessuren
an den Fingerchen waren geheilt.

Dann war der Heiligabend da. Über Wälder und Wiesen
hatte sich lautlos eine weiße Decke gelegt und das Land verzaubert. Zum Fest waren die erwachsenen Kinder der Frau
nach Hause gekommen und als der Abend hereinbrach und
die Lichter am Baum dem Raum einen noch festlicheren
Glanz verliehen, überreichte die Tochter der Mutter ihr Geschenk. „Für dich", flüsterte sie und in ihren Augen war dieser besondere Glanz, der die Aufregung und die Vorfreude
des Schenkenden verrät. Unter raschelndem Papier kam ein
Paar winzige Schuhe zum Vorschein, in denen zartrosa
Strümpfchen steckten. Unter den Schuhen lag ein Hemdchen, so weiß und zart, als wäre es für ein Kindlein bestimmt.
Zuunterst im Karton aber lag fein säuberlich gefaltet ein
seidenes Kleidchen.
Überwältigt und stumm vor lauter Glück bestaunte die
Frau die Kostbarkeiten. Dann nahm sie ihr Puppenkind und
zog ihm die unansehnlichen Kleider aus. Sie streifte ihm das
Hemdchen über, steckte ihm die Füße in Strümpfchen und

Schuhe und streifte ihm schließlich vorsichtig das pracht-
volle Kleidchen über. Wie schön ihr Puppenkind war!

Behutsam strichen ihre Finger über den weiten Rock und
zupften den transparenten Unterrock zurecht, der keck unter der Seide hervorlugte. Dann stupste sie der Puppe ihren
Finger auf die Nase und sagte: „Ich schwöre, du bist die schönste Neunundsechzigjährige, die ich kenne."

Schön wie vor fast siebzig Jahren sitzt die Puppe seither
an ihrem Platz. Dort wird sie bleiben, die Puppe aus dem
Schaufenster dieser großen sächsischen Stadt, die Puppe des
kleinen blonden Mädchens, die Puppe ohne Namen. Irgendwann aber wird sie wieder im Arm eines Kindes liegen – im
Arm der Urenkelin des kleinen Mädchens von damals.

*Das Foto zeigt meine Enkelin Julia mit dem wunderschön restaurierten,
aber immer noch namenlosen Puppenkind 2012.*

[Berlin-Charlottenburg;
1939]

Helga Lemmrich

Meine Puppenküche

Keine Zeit berührt das menschliche Gemüt so tief wie die Weihnachtszeit. Seit Jahrhunderten bedeutet sie für die Menschen des christlichen Kulturkreises Erwartung und Freude. Erst in viel jüngerer Zeit verspricht man sich auch die Erfüllung materieller Wünsche. Mit Schaffensfreude, in froher Hoffnung, ungeduldiger Erwartung oder melancholischer Stimmung beim Gedanken an längst vergangene Weihnachtsfeste vergehen meist die Tage vor dem Fest. Leider oft nur für kurze Augenblicke feiert dabei auch die Dankbarkeit ihre Auferstehung.

In meiner Kinderzeit war der Höhepunkt meiner Vorfreude erreicht, wenn sich der Duft der gebackenen Christstollen, der Lebkuchen und der Bratäpfel in der Ofenröhre mit dem Duft der grünen Tannennadeln mischte. Der Weihnachtsbaum verzauberte den Raum mit seinem Atem. Wie dieser nun heimatlos gewordene Waldbewohner zu uns kam, weiß ich nicht mehr. Holten ihn meine Eltern oder wurde er geliefert?

Ich erinnere mich noch gut daran, daß wir vorher suchend zwischen vielen aufgestellten kleinen und großen Tannenbäumen herumgelaufen sind. Bei uns angekommen, erfüllte sich dann die Bestimmung seines Lebens. Aufgenommen wie ein Freund durfte er wunderschön geschmückt und bestaunt viele Tage mit uns verbringen. Er stand so lange in unserem Wohnzimmer, bis am Boden bald mehr Tannennadeln lagen, als oben an den müden Zweigen hingen. Warum so lange?

Weil er zu etwas Besonderem geworden war. Aufgestellt in einer Vorrichtung, die mein Vater konstruiert hatte, drehte er sich mitsamt einer kleinen Metallplatte, von der die schönsten Weihnachtslieder erklangen. Von diesen Platten besaßen wir mehrere, so daß wir die Melodien auswechseln konnten. Eine seitlich angebrachte Kurbel setzte nach einigen Umdrehungen das faszinierende Schauspiel in Gang. Es war eine Pracht, wenn sich der herrlich geschmückte Baum, erhellt von den vielen brennenden weißen Kerzen, langsam zu den weihnachtlichen Klängen drehte.

Doch noch war es nicht soweit. Der bis an die Decke reichende Baum war sehr groß, und mein Vater mußte zunächst die Löcher für die unterschiedlich langen Kerzenhalter in den Stamm bohren. Danach erst wurde er an seinen Platz gestellt. Jedes Jahr wieder stand er zwischen den zwei hohen Fenstern. Hinter den frischgewaschenen zarten weißen Gardinen sah man unseren Baum von draußen festlich blitzen.

Nun wurde vom Hängeboden der große Karton herunter geholt, in dem die silbernen Kugeln, Glöckchen und Vögelchen, die kleinen gläsernen Engel und, als Krönung, die glänzende Spitze lagen. Dann begann das Schmücken. Auch ich hatte versucht zu helfen. Als aber die Kugeln anstatt den Baum zu zieren, zersplittert als glänzendes Mosaik am Fußboden lagen, gab ich es auf und verheddert dafür die Silberfäden. Nachdem meine Mutter wieder etwas Ordnung geschafft hatte, nahte der große Augenblick, auf den ich schon so sehnsüchtig wartete: Mein Kindertisch, auf dem ich sonst Verkaufen spielte, mit den kleinen Rollen meines Rechenständers „Schreibmaschine" schrieb, in der Kinderpost eifrig Briefe stempelte oder meine Puppen fütterte, wurde neu zurechtgerückt. Und dann kam sie nach fast einem Jahr vom Hängeboden endlich wieder zu mir, meine heißgeliebte Puppenküche!

Die Puppenstuben-Sammlerin Margit Rittler-Erb stellte uns dieses Foto mit einer Puppenküche aus den 30er Jahren zur Verfügung, in die sie einige der in der Geschichte von Helga Lemmrich erwähnten Gegenstände eingefügt hat. www. alte-puppenstuben.de

Gut verpackt, wie sie war, sollte sie nun von der Hülle befreit werden, die sie noch verbarg. Aufgeregt zappelte ich Siebenjährige zwischen den Erwachsenen herum. So ungeduldig war ich in meiner Erwartung, daß ich versuchte, eine Stelle zum Aufreißen zu finden, womit ich den Vorgang eher verzögerte, anstatt ihn zu beschleunigen. Schließlich war aber auch das geschafft, und ich konnte sie wiedersehen! Hier, auf meinem Kindertisch, stand sie vor mir!

Meine Puppenküche war so groß, daß die Tischplatte fast von ihr bedeckt wurde, und sie war wunderschön. Mein Vater hatte die Puppenküche für mich gebaut. War das damals ein Jahr her, oder vielleicht schon zwei?

Ich weiß es nicht mehr. Auf jeden Fall war es ein Weihnachtsgeschenk gewesen, und weil ich im Sommer lieber draußen im Park spielte und sie viel Platz einnahm, stand sie in der Zwischenzeit auf dem Hängeboden, um dann zu Weihnachten wieder zu vollem Recht zu kommen.

Voller Eifer öffnete ich die große Schachtel, die in ihrer Mitte stand, und packte die kleinen Puppenmöbel aus. Auf den wie Parkett aussehenden Bodenbelag stellte ich den Herd, den Küchenschrank, den Tisch und dazu die Stühlchen. Das dreiteilige Schiebefenster wurde auch gleich ausprobiert. Zwischen die weißen, seitlich gerafften Gardinen stellte ich das winzige Blumentöpfchen. Manches hatte ich vergessen und entdeckte es nun neu, während ich alles glücklich auspackte und an seinen Platz stellte: das niedliche Geschirr, den Teekessel, die Töpfchen und Pfannen, auch Eimerchen, Besen, Handfeger und Müllschippe; die für die Einrichtung etwas zu groß ausgefallene Kaffeemühle und das silberfarbene Besteck. Sogar eine echte kleine Petroleumlampe war dabei. In einem roten Töpfchen steckte ein Weihnachtsbäumchen mit angeklebten Lichtern. Meine Begeisterung kannte keine Grenzen. Was hatte ich alles zu bestaunen!

Abwechselnd lief ich zu meiner Großmutter und zu den Eltern, um ihnen das Wiedergefundene zu zeigen.

Endlich saßen dann auch die Babypüppchen auf ihren Stühlen am Tisch zwischen den weißblau karierten Wänden. An einer war ein Handtuchhalter angebracht, an dem ein bestickter Vorhang hing. In einem hellen Korbwagen mit roten Räderchen lag ein winziges Babypüppchen. Nachdem ich den kleinen Weihnachtsbaum auf den Tisch gestellt hatte, lief ich um die Puppenküche herum, um von außen durch das Fenster mein kleines Reich zu betrachten. Wie schön sah doch alles aus!

Ich war unendlich glücklich und dankbar, etwas so Wunderschönes zu besitzen. Mein Mund stand sicher keinen Augenblick still. Wohin auch mit all der Freude! An diesem Abend schlief ich lange nicht ein.

Hatte ich überhaupt noch andere Weihnachtswünsche, so glücklich wie ich schon über die Puppenküche war?

Natürlich war auch in diesem Jahr ein Wunschzettel von mir ausgefüllt worden und ich hoffte sehr, daß am Heiligen Abend vieles davon in Erfüllung gehen möge. Denn ich glaubte zu der Zeit immer noch an den Weihnachtsmann. Aber was es auch gewesen sein mag, meine Erinnerung bewahrt allein meine wunderbare Puppenküche mit all ihren Miniatur-Möbeln und Küchenutensilien. Sie war für mich ein einziger wahrgewordener Weihnachtstraum. Dabei war meine Puppenküche im Vergleich zu jenem großen, komfortablen Puppenhaus, mit dem ich Jahre später bei einer meiner Freundinnen mit Begeisterung spielte, sehr einfach; ganz zu schweigen von der Puppenvilla mit mehreren Zimmern und elektrischer Beleuchtung, die mein Mann später für unsere kleine Tochter baute. Aber diese Vergleiche konnte ich erst später ziehen, und so war jene Puppenküche der frühen Kindheit ein stets wiederkehrender Quell meiner jubelnden Freude und Dankbarkeit – alle Jahre wieder.

*(Weitere **ZEITGUT**-Beiträge der Autorin sind am Buchende vermerkt.)*

[Breslau/Oder, Schlesien;
1938 – 1944]

Günter Lehnhardt

Weihnachtstage im Frieden und Krieg

Während meiner Kindheit in Breslau ging ich alljährlich in der Woche vor Weihnachten mit meinem Vater einen Weihnachtsbaum kaufen. Der Baum wurde im Wohnzimmer, damals hieß es gute Stube, aufgestellt. Ich half meinem Vater beim Schmücken. Das Lametta hing er sorgfältig Faden neben Faden in die Zweige. Hatten wir unser Werk vollbracht, sah der Baum mit Spitze, Kugeln, Kerzen, Lametta und Süßigkeiten immer sehr schön aus; und wenn dann am Heiligen Abend die Kerzen angezündet wurden, war er eine einzige Glitzerpracht.

Bei uns in Breslau kam das Christkind und nicht der Weihnachtsmann. War das vorher immer eine Aufregung!

Ich war schon gespannt auf die Geschenke und erwartete mit Sehnsucht das Abendessen, denn danach wurde der himmlische Gast bei uns erwartet.

Meine Mutter kochte am Heiligen Abend ein echtes schlesisches Gericht, das es nur an diesem Tag gab. Bratwurst und Weißwurst gehörten dazu, Kaßler, Sauerkraut, Kartoffelbrei und eine braune Soße, die aus Pfefferkuchen und Braunbier bestand. Das schmeckte köstlich. Aber die Zeit lief. Jetzt noch schnell beim Abtrocknen des Geschirrs helfen, wozu ich sonst immer erst von meiner Mutter aufgefordert werden mußte. Dann war es soweit. Mein Vater sagte: „Ich werde mal nach unten zur Straße gehen und sehen, wo das Christkind bleibt."

Bald danach hörten mein Bruder Horst und ich vom Flur
her eine kleine Glocke klingeln; ja sogar, wie sich mein Vater
mit dem Christkind unterhielt und beide in die Wohnstube
gingen. Na, das war spannend!

Nach kurzer Zeit kam mein Vater in die Küche, wo wir
mit Mutter warteten, und holte uns in die Wohnstube.

Da stand das Christkind, ganz in Weiß gekleidet!

Das war eine Überraschung!

Ich war sprachlos. Die Kerzen am Weihnachtsbaum brannten. Meine Mutter stimmte die bekannten Weihnachtslieder
an und wir sangen mit. Unter dem Baum waren die Gaben
ausgebreitet. Mein Vater sah das Christkind an, meinte, es
wolle ja bestimmt auch noch zu anderen Kindern gehen, und
begleitete es zur Wohnungstür.

Ich stürzte mich auf die Geschenke. Was gab es damals?

Spiele, ein Märchenbuch der Gebrüder Grimm, Spielzeug
und ein Paar Schlittschuhe. Die Schlittschuhe sahen anders
aus als heute. Sie wurden an die hohen Lederschuhe geschnallt,
die wir im Winter trugen. Wer Pech hatte, dem konnte beim
Eislaufen schon mal der Hacken abreißen. Deshalb wurden
die Schlittschuhe auch „Hackenreißer" genannt. Spätabends,
wir Kinder durften länger aufbleiben, gab es die beliebten
Mohnklöße.

Am ersten Weihnachtsfeiertag aßen wir zum Mittag Gän-
sebraten, Klöße und Rotkohl. Dann ging es zur Eisbahn! Die
befand sich in der Parkanlage Waschteich gegenüber von meiner Schule, der Pestalozzischule. Im Park lag ein Karpfen-
teich. Im Sommer fütterten wir die Karpfen, die dann im
Herbst herausgefischt wurden. Wenn der Teich im Winter zu-
gefroren war, wurde die Eisbahn errichtet. Dazu gehörten ein
Häuschen für die Kasse und für warme Getränke, Holzbänke,
damit sitzend die Schlittschuhe angeschnallt werden konnten, und Lampen für die abendliche Beleuchtung. Mein Vater
zog mit mir los, damit ich Schlittschuhlaufen lernte. Das sah
einfach aus bei denen, die es konnten. Vater hielt mich fest,

Die Parkanlage Waschteich in Breslau etwa 1912/13. Im Winter wurde der Teich zur Eisbahn.

und ich rutschte dann langsam, mal mit dem rechten, mal mit dem linken Fuß vor. Sicher fiel ich auch oft hin, aber Übung macht den Meister, wie es so schön heißt. Jedenfalls übte ich so viel, daß ich auch heute, mit über siebzig Jahren, noch ganz gut Schlittschuh laufen kann.

Vater muß in den Krieg ziehen
Der Winter 1941/42 kam mit grimmiger Kälte. Meine Eltern mußten oft lange beim Kohlenhändler anstehen, um einen oder zwei Säcke Kohle zu bekommen, damit wir kochen und heizen konnten. Mit dem Schlitten wurden sie dann nach Hause gebracht.

Nach dem Weihnachtsfest, im Januar 1942, bekam auch mein Vater den Einberufungsbefehl, der gleich die Drohung enthielt: „Bei unentschuldigtem Fernbleiben haben Sie Bestrafung nach den Militärgesetzen zu gewärtigen."

Also mußte er zur Ausbildung nach Königsbrück bei Dresden und von dort zum Einsatz an die Ostfront!

Ich war ein Steppke von noch nicht ganz zehn Jahren, als ich meinen Vater zum Hauptbahnhof in Breslau begleitete. Danach habe ich ihn nie wiedergesehen.

Mit der 6. Armee kam Vater bis nach Stalingrad. Später erhielt meine Mutter folgenden Brief:

Königsbrück, den 13.3.43

Wehrkreiskommando IV
Arbeitsstab Stalingrad Ref. I f

Sehr verehrte Frau Lehnhardt!
Die Feststellungen über den Verbleib der Angehörigen der ehem. 6. Armee haben ergeben, daß die Einheit ihres Mannes, des Gefr. Karl Lehnhardt, Fp. Nr. 42 923, an den Kämpfen um Stalingrad beteiligt war. Nähere Nachricht liegt über ihn bis heute noch nicht vor.

Die Ermittlungen über das Schicksal Ihres Mannes werden mit größtmöglicher Beschleunigung fortgeführt. Alle Nachrichten über Ihren Mann, die Sie etwa von anderer Seite erhalten, bitte ich an das Wehrkreiskommando IV, Arbeitsstab Stalingrad, Dresden, einzusenden.

Ich hoffe, Ihnen bald weiteren Bescheid geben zu können.

Heil Hitler!
gez. Thiermann
Leutnant

Damit galt mein Vater als vermißt. Wir haben noch viele Jahre nach dem Krieg gehofft, daß er in russische Gefangenschaft geraten ist und vielleicht doch eines Tages wieder zu uns zurückkommt. Aber leider – er blieb verschollen.

Mein größter Weihnachtswunsch: Skier

Zu Weihnachten 1944 war mein Traum, Skier zu bekommen. Aber das war damals fast unmöglich. Bei meinen Großeltern in Trebnitz lag ein Paar von meinem verunglückten Onkel Hugo, aber die waren für mich viel zu groß.

Nun ging in Breslau ein Gerücht um, aus Wehrmachtsbeständen würden Skier an Privatpersonen verkauft.

Wie der Zufall es manchmal will, hörte ich eines Abends meine Mutter die Treppe hochkommen. Sie ging aber nicht zu unserer Wohnungstür, sondern weiter nach oben. Nun war ich neugierig geworden. Ich spähte durch den Spion am Eingang. Und was hatte meine Mutter in der Hand?

Ein Paar Skier, weiß gestrichen!

Über uns wohnten Bekannte, die Familie Schwinger. Herr Schwinger war im Ausbesserungswerk der Deutschen Reichsbahn beschäftigt. Dort arbeiteten auch russische Kriegsgefangene. Er brachte manchmal Spielzeug aus Holz mit, das von den Gefangenen in ihrer Freizeit gebastelt worden war. Meine Mutter gab ihm dafür Lebensmittel, die Herr Schwinger für die Bastler mitnahm. Eigentlich waren solche Kontakte verboten, aber es fanden sich schon Wege, um auch diesen Menschen etwas zu helfen.

Ich nahm an, Mutter wolle die Skier für mich bei Schwingers bis Weihnachten verstecken. Eines Tages konnte ich mein Wissen nicht mehr für mich behalten und platzte heraus: „Mama, ich habe dich neulich zu Schwingers gehen sehen."

Meine Mutter entgegnete gleich: „Ach so, du meinst die Skier, die ich zu Schwingers gebracht habe. Ja, die sind für ihren Verwandten. Wenn du wieder nach Trebnitz fährst, bringst du die Stöcke von Onkel Hugos Brettern mit. Es gibt keine Stöcke zu kaufen."

Nun wußte ich Bescheid. Es war also nichts mit Skiern für mich. Bei meiner nächsten Fahrt nach Trebnitz brachte ich auch noch die Skistöcke für einen Fremden mit, wie es Mutter gewollt hatte.

Der Heiligabend kam heran. Unsere Mutter hatte für Horst und mich alles festlich vorbereitet. Nach dem guten Abendessen – der Abwasch war erledigt, und zum Abtrocknen brauchte sie uns auch diesmal nicht extra aufzufordern – war Bescherung. Und was stand da unterm Weihnachtsbaum?

Ich traute meinen Augen nicht; mir blieb wohl der Mund vor Staunen offen. Unter dem Weihnachtsbaum lag ein Paar Skier! Ich wußte vor Freude nicht, was ich sagen sollte. Diese Überraschung war meiner Mutter gelungen. War das ein Fest!

Schnee lag auch, und so konnte ich die Skier an den Feiertagen gleich ausprobieren. Das Skifahren auf ebenem Gelände war einfach. Geübt haben wir auf den Gehwegen und Oderwiesen. Bergab ging es vom Oderdamm. Die Oderdeiche waren hoch genug für uns Kinder. Manchmal kam ich unten gar nicht an, sondern lag schon auf halber Strecke auf dem Hosenboden. Aber wir probierten es immer wieder. Übung macht den Meister. Das war der Anfang meiner Skiläuferkarriere.

(Weitere ZEITGUT-Beiträge dieses Autors sind am Buchende vermerkt.)

Traute Siegmund

Weihnachts-Feldpostpäckchen

Während der Kriegsjahre 1939/40 besuchte ich in Hamburg die Mittelschule. Auch wir Schülerinnen sollten in diesen Jahren unseren Soldaten im Feld helfen. Deshalb erhielten wir von unserer Lehrerin im Handarbeitsunterricht graue Strumpfwolle, um für die Soldaten dicke Socken zu stricken. Einige taten sich sehr schwer damit. Stricken war nicht jedermanns Sache. Ich konnte jedoch im Alter von 15 Jahren schon recht gut stricken, mir machte es Spaß. Unter Muttis Anleitung hatte ich bereits einen Pullover in Perlmuster für meinen kleinen Bruder gestrickt und in Rippenmuster eine dicke Wolljacke mit Mütze für mich. Um mir die Sache schmackhaft zu machen, wickelte Mutti immer ein kleines Geschenk in jedes Knäuel, meistens etwas Süßes. Es war selten oder nur wenig neue, sondern über einer Stuhllehne aufgeribbelte Wolle von Stricksachen, die uns zu klein geworden waren. So hatte ich schon allerlei Übung. Aber mit meiner Mitschülerin Ursel Düren konnte ich nicht mithalten. Bei ihr klapperten und flogen die Nadeln nur so von einer Hand in die andere. Am Ende der Handarbeitsstunde hatte sie bereits etliche Zentimeter vom Schaft gestrickt, ich konnte höchstens zwei Drittel davon aufweisen, ich habe sie auch später nicht einholen können. Aber wir beide blieben die besten Strickerinnen unserer Klasse.

In der Vorweihnachtszeit hatte unser Klassenlehrer eine

schöne Überraschung für uns. Wir erhielten von ihm Adressen von uns unbekannten Soldaten. Man bat uns, für diese Männer kleine Weihnachtspäckchen zu packen, sie hatten keinerlei Angehörige und würden sonst zum Fest leer ausgehen.

In dem Begleittext zu meinen Gaben in klarer Kinderschrift habe ich mich damals erstmalig dichterisch betätigt.

Ich habe mich nicht lang bedacht,
ein paar Äpfel, Kekse und Zigaretten eingepackt,
denn ich finde, am Abend beim Skat,
die Zigarett'nicht fehlen darf.
Drum ziehe nur mit Wohlbehagen
Dir'n Zigarettenduft in'n Magen.
Ich weiß ja nur nicht, wer du bist,
ob Flieger, Seemann, Infant'rist?
Drum möcht' ich Dich um eines bitten,
mir auch mal einen Brief zu schicken.

In der Klasse waren wir mächtig gespannt: Ob wir wohl Post erhalten würden?

Ab Januar 1940 trafen die ersten Dankeschönbriefe ein. Wir waren wie aufgedreht und hatten nur noch ein Thema, unsere unbekannten Soldaten!

Und, sollte man es für möglich halten – mein Soldat versuchte sich ebenfalls in der Dichtkunst! Sein Brief ist vom 30. Dezember 1939.

Liebes Mädel aus Hamburg!

Ich folge treu jetzt Deiner Bitte
ein Schreiben Dir jetzt zu übermitteln,
doch glaube mir, ich tu' es gerne
ein'n Gruß zu senden aus der Ferne.
Ich grüße Dich, nebst Deinen Eltern und Verwandten,
auch Schwester, Bruder und Bekannten.
Drum will ich mich nicht lang besinnen
und mit dem Dankesbrief beginnen.

Ich danke Dir recht herzlich für die Gaben,
die ich Weihnachten empfangen habe,
verpackt von Deiner lieben Hand,
wie ich sehe, wohnst Du am Elbestrand.
Mir hat alles ganz gut geschmeckt,
hab beim Skat mir 'ne Zigarette angesteckt.
Nun, liebes Mädel gebe acht,
bei jedem Spiel wird auch an Dich gedacht.
Mein Wunsch, wenn ich ihn könnte lenken,
das Neue Jahr soll Dir viel Freude schenken,
ich werd' an Dich denken immerdar
und wünsch Euch allen ein „Prosit Neujahr!"

Meine liebe kleine Traute!
Nun will ich kurz einige Zeilen schreiben. Du möchtest doch
gerne wissen, wer ich bin. Ich bin Rheinländer und in Mön-
chengladbach beheimatet, nebenbei bemerkt bin ich Infante-
rist. Dein liebes Päckchen hat mir wirklich große Freude be-
reitet. Ich danke nochmals recht schön dafür. Hoffentlich wirst
Du mir auch einmal schreiben.

Grüße auch Deine Eltern von mir. Ich grüße Dich zum
Schluß noch einmal und verbleibe

Oberschütze Peter Höffels
Feldpost Nr.: 12701

Wir begannen zu korrespondieren. Briefe und Karten wechselten hin und her. Peter Höffels erzählte mir von seinen Kameraden, und daß sie ein besonders netter Haufen seien. Ich
berichtete von meinen Freundinnen und Klassenkameradinnen, schilderte die Eigenarten unserer Lehrerinnen und Lehrer. Das war offenbar so anschaulich und humorvoll, daß die
Soldaten ein kleines Stück aufführten, in dem sie meine Klasse nebst Lehrer darstellten.

Einmal hatte ich eine Karte, wie bei einer Schnecke, kreis-
artig vollgeschrieben. Da hat es ein Kamerad gleich nachge-

ahmt – und dieser wurde dann wegen Patentverletzung zu einer Runde Schnaps verdonnert.

Dann passierte etwas Merkwürdiges. Unser Briefwechsel brach abrupt ab. Ich konnte es mir nicht erklären. War Peter verwundet worden oder vielleicht in Gefangenschaft geraten oder ... gefallen?

Die Zeit verging. Mir ließ es keine Ruhe, und ich schrieb noch einmal. Und diesmal bekam ich Antwort, aber nicht von Peter Höffels. Ein Karl-Heinz Fermenich schrieb, ein Peter Höffels wäre völlig unbekannt. Dieser Soldat hatte Peters Feldpost-Nummer, deshalb hatte er meinen Brief bekommen. Er würde sich freuen, mit mir zu korrespondieren. Das wollte ich nicht, doch fragte ich nochmals bei ihm an, ob nicht seine Kameraden etwas wüßten, brieflich kannten sie mich ja alle. Der Soldat Fermenich blieb dabei, daß keiner etwas wüßte, er könne nur sagen, daß Peter nicht gefallen und wahrscheinlich nicht mehr beim Militär sei.

Das war schon alles sehr, sehr seltsam. Ich habe leider auch später nichts mehr von meinem Briefpartner gehört.

*(Weitere **ZEITGUT**-Beiträge dieser Autorin sind im Autorenverzeichnis am Ende des Buches vermerkt.)*

[Hamburg – Oslo-Rislökken, Norwegen;
1941/42]

Hiltrud Klüß

Von Weihnachten bis Ostern Schnee

Mitten im Krieg, in den Jahren 1941 und 1942, lebte ich
mit meiner Mutter in Oslo. In jenen Jahren hatten die
schweren Bombenangriffe auf meine Heimatstadt Hamburg
begonnen, all meine Hamburger Klassenkameradinnen
waren per Kinderlandverschickung aus der Stadt gebracht
und von ihren Familien getrennt worden. Mir blieb dieses
Los erspart. Zur gleichen Zeit hatte es nämlich Aufrufe gegeben, geeignete Frauen sollten sich für Verwaltungsarbei-
ten in den von der Wehrmacht besetzten Ländern bewer-
ben. Weil Mutters Schwester mit ihrem norwegischen Mann
und den Kindern schon seit vielen Jahren in Oslo wohnte,
meine Mutter mit mir den Bombenangriffen entkommen
wollte und obendrein als Angestellte der Hamburger Ord-
nungspolizei für solch eine Arbeit geeignet war, hatte sie
sich für einen Einsatz in Oslo gemeldet. Allerdings unter
der Bedingung, daß ich, damals zehn Jahre alt, mitkommen dürfe. Das war genehmigt worden.

Am 12. Februar 1941 waren wir in Wehrmachtstranspor-
ten mit Zug und Fähren über die Ostsee und des nachts in
verschlossenen Wagen durch Schweden im verdunkelten Oslo
angekommen. Nun lebten wir schon fast ein Jahr hier, jetzt
ging es auf Weihnachten zu. Ich hatte gelernt, mich mit Vetter Reidar, 15 Jahre alt, meinen Cousinen Ruth und Karin
und den Nachbarskindern in der Landessprache zu verstän-

digen. Ruth war ein halbes Jahr jünger als ich und Karin bei meiner Ankunft in Norwegen vier Jahre alt. Anfangs war ich sogar in eine norwegische Schule gegangen, bis im Oktober eine deutsche eröffnet worden war. Ich fühlte mich in Rislökken, einem Stadtteil außerhalb von Oslo, sehr wohl. Wir wohnten bei meiner Tante. Sie war freundlich zu mir und ließ uns Kindern viel Freiheit. Die Norweger sind im allgemeinen sehr gastfrei, so auch meine Tante und mein Onkel. Mit ihm kamen oft deutsche Soldaten ins Haus, mit denen wir fröhliche Stunden verlebten. Meine Tante spielte gut Klavier und wir anderen sangen dazu.

Wir Kinder ahnten kaum etwas von den Sorgen der Erwachsenen, die es trotz der schweren Zeiten verstanden, immer etwas zu essen zu besorgen. Meine Mutter schaffte Mengen von Kommißbrot für uns an, das norwegische Brot war kaum zu essen. Weißes Weizenmehl gab es für die Norweger nicht, so backten die Bäcker mit grauem. Dieses Brot konnte man zu einem Klumpen formen. An die Wand geworfen, blieb es kleben – wir haben es ausprobiert!

Fisch, Milch und Milchprodukte gab es, glaube ich, genügend; dagegen kaum Fleisch, Gemüse und Obst. Die Norweger mußten damals sehr hungern.*) Wir hatten viele Freunde, die Gärten besaßen und uns, so weit wie möglich, mit Obst und Gemüse versorgten. Einiges konnte meine Mutter durch die Einkaufsquellen beschaffen, die von Deutschland beliefert wurden. Sie arbeitete als Chefsekretärin beim „Oberkommissar für die besetzten norwegischen Gebiete".

Mein norwegischer Onkel hatte früher ein Fuhrunternehmen, jetzt war ihm noch ein LKW geblieben. Er fuhr für die

---

*) Norwegen war ab 9. April 1940 von der Deutschen Wehrmacht besetzt worden und seither Reichskommissariat. Das okkupierte Land mußte seine Rohstoffe dem Deutschen Reich zur Verfügung stellen. Im Land selbst herrschte Mangel. Der zivile Alltag war von Lebensmittelknappheit, Rationierungen und dem daraus resultierenden Schwarzmarkt beherrscht.

Deutschen, weil er die Sprache gut beherrschte. Leider hatte er mehr Interesse am Alkohol als daran, seine Familie genügend zu unterhalten. Daher war meine Mutter für die Familie eine willkommene Hilfe.

Norwegische Weihnachten

Als wir am Heiligabend zu der etwa eine Dreiviertelstunde entfernten Kirche gingen, lag zu unserer aller Bedauern noch kein Schnee, wir warteten sehnlich darauf. Wir vier Kinder hatten uns zu Weihnachten alle „schneeabhängige" Dinge gewünscht. Reidar, Ruth und Karin brauchten unbedingt neue Skier und ich hoffte so sehr, ein „Radkjaelke" – einen Schlitten mit Steuerrad und Bremse – zu bekommen.

In der Kirche stand der wunderschön geschmückte Weihnachtsbaum mitten im Raum. Wir festlich gekleideten Kinder tanzten singend in einem großen Kreis um den Baum herum. Das fand ich sehr lustig, zumal ich in fast alle Lieder mit einstimmen konnte. Ich hatte schon soviel Norwegisch gelernt, daß ich zumindest alles verstand, wenn ich mich auch noch nicht perfekt ausdrücken konnte.

Die Feier in der Kirche dauerte etwa zwei Stunden. Als wir wieder hinausgingen, war es inzwischen dunkel geworden. Aber, oh Freude, überall lag Schnee!

Es schneite in feinen, dichten Flocken. Der Schnee blieb auch wirklich liegen – bis Ostern! Das war ganz anders als bei uns zu Hause in Hamburg, wo wir Kinder von einem Tag zum anderen ängstlich aus dem Fenster sahen, ob der Schnee auch noch genauso daläge wie am Vortag und unser Schneemann noch nicht seinen Kopfputz abgeworfen hätte. Nicht so in Norwegen, es war ein herrlicher, weicher, weißer Schnee, der alles monatelang bedeckte.

Der Heimweg von der Kirche wurde uns viel leichter, wir tollten, soweit unsere festliche Bekleidung es zuließ, durch den Schnee; es ging bergauf und bergab. Die Spannung stieg, und wir konnten es kaum erwarten, bis unsere Mütter das Weihnachtszimmer hergerichtet hatten. Dann aber erstrahlte es in voller Pracht. Wir waren alle wie verzaubert. Das relativ kleine Zimmer sah mit all den vielen neuen Sachen so festlich aus.

Meine Mutter hatte dafür gesorgt, daß jeder das fand, was er sich am sehnlichsten gewünscht hatte. Ich konnte mich vor Freude kaum fassen, mein so begehrter Schlitten stand dort! Außerdem lagen für mich eine Streckskihose und ein Anorak bereit. Skier und Stiefel hatte ich bereits im vorigen Jahr bekommen. Ohne diese ist es in Norwegen im Winter kaum möglich, irgendwohin zu kommen, weil der Schnee meterhoch liegt. Nur die Straßen sind einigermaßen geräumt. Bisher hatte ich dafür meine Trainings-

Mein erster Winter in Oslo 1941. Meine beiden Cousinen halfen mir, rechts, die fremde Sprache zu erlernen.

hose aus Deutschland angezogen. Nun besaß ich endlich auch eine richtige Skihose – todschick taubenblau war sie. Die entsprechenden Skigamaschen, die zur Ausrüstung gehörten, lagen auch auf dem Weihnachtstisch. Ich war total glücklich und konnte den nächsten Morgen kaum erwarten – die anderen übrigens auch nicht!

Winterfreuden

Ich habe den herrlichen Winter in Norwegen sehr genossen. Die Kälte machte mir bald nichts mehr aus, ich gewöhnte mich daran. Jede freie und helle Minute brachten wir Kinder draußen zu. Leider sind dort oben im Norden die Tage im Winter sehr kurz. Zu Beginn der Schneesaison bauten wir uns im Garten eine große Schneehütte, in der es kuschelig warm war; im Gegensatz zu draußen, wo wir an manchem Tag bis zu minus zwanzig Grad hatten.

Ein besonderes Vergnügen bereitete es uns, von einer kleinen Anhöhe in einen etwas tiefer gelegenen Garten in den meterhohen Schnee zu springen. Wir waren dann bis obenhin im Schnee „begraben" und mußten uns erst wieder herausbuddeln. Ich weiß nicht, wann ich sonst jemals eine solche Freude beim Spielen empfunden habe.

Wir vergnügten uns auch oft mit dem „Spark", eine Art Schlittenstuhl, der oben an der Lehne einen nach rechts und links verbreiterten Griff hat. Die Enden der Stuhlbeine stehen auf langen, schmalen Eisenkufen, die nach hinten etwa einen Meter verlängert sind und sich bewegen lassen, so daß man damit steuern kann. Auf diesen hatten wir zu viert oder fünft hintereinander Platz. Vorn auf den Sitz wollte keiner so gerne sitzen, das fanden wir zu „babyhaft". Da kam uns Cousine Karin sehr gelegen, sie wurde gar nicht erst gefragt. Dafür durfte sie auch immer mit uns kommen, obgleich sie noch klein war.

Natürlich waren wir viel auf Skiern unterwegs, fuhren damit auch zur Schule. Jeder Hügel wurde abgefahren. Auf größeren Abhängen bauten wir uns kleine Sprungschanzen. Eine Apfelsinenkiste war die Unterlage, darauf schoben wir genügend Schnee, und dann wurden die ersten Sprünge geübt.

Auch meine Mutti versuchte sich auf Skiern. Vor allem die kleine Karin hatte mit Tante „Emgard" (Irmgard) viel Geduld. Die beiden Anfänger bildeten eine enge Interessengemeinschaft. Die Dienststelle meiner Mutter bot Skikurse auf dem Holmenkollen, einem Berg inmitten von Oslo, an. Dazu nahm Mutti meine Cousine Ruth und mich mit. Für uns beide war es dort sehr lustig, die Erwachsenen bei ihren ersten Skiversuchen zu beobachten, während wir uns natürlich ganz selbstverständlich und sicher auf unseren Brettern bewegen konnten. Von den norwegischen Kindern sagt man, sie seien gleich auf Skiern geboren.

Kritisch wurde es einmal, als der Schnee anfing zu tauen, es muß kurz vor Ostern gewesen sein. Wir waren wieder zum Skikurs gefahren. Die Abfahrt gestaltete sich für unsere Anfänger sehr schwierig. „Vorsicht! Halt mich! Ich kann nicht mehr anhalten!" – So klangen ihre Hilferufe über den Hang.

Ich brauchte nicht allzu lange zu üben, da konnte ich Ski fahren. Kinder lernen das viel schneller.

Mutti beim Anfänger-Skikurs auf dem Holmenkollen. Ist sie nicht sehr mutig?

Mancher landete im Graben, im Gebüsch, auf dem Hosenboden. Oder er umarmte einen Baum. Wir amüsierten uns; es
sah zu drollig aus!

Mein Steuerschlitten, der Traum meiner schlaflosen Nächte, kam mit nach Deutschland, als Mutti und ich zurückkehrten. Nur, benutzen konnte ich ihn hier kaum. Er hatte
zu schmale Kufen, die für unsere Schneeverhältnisse nicht
geeignet sind. Meine Skier, Skistiefel und die tolle Hose wurden ein Raub der Flammen bei einem der wahnwitzigen Bombenangriffe auf Hamburg. Ich mußte fast ein Jahrzehnt warten, bis ich wieder an solche Dinge denken konnte. – Und
dann gab's nie genug Schnee!

Im Kontrast dazu ist mir der lange norwegische Winter
mit seinen vielfältigen Kinderfreuden im Schnee immer als
Zeit der weißen Wonne in Erinnerung geblieben.

*(Weitere **ZEITGUT**-Beiträge der Autorin sind am Buchende vermerkt.)*

[Markt Floß, Landkreis Neustadt/Waldnaab,
Oberpfalz;
1942]

Renate Herzog

Christvesper anno '42

Pfarrer Zapf hatte es aus der Nördlinger Gegend ins oberpfäl-
zische Floß verschlagen, wo sich damals nach landläufiger
Meinung Fuchs und Hase gute Nacht sagten und die Welt mit
Brettern zugenagelt war. Mit seiner wachsenden Familie bewohnte er das von der einstigen Wehranlage erhalten- gebliebene Pfarrhaus. Einer Festung gleich, die so alt sein mochte,
wie die über achthundertjährige Kirche St. Johannes-Babti-
sta, lehnt es sich mit dicken Mauern gegen den Hang zum
Kirchhof. Gewiß dauerte es eine ganze Weile, bis sich die Ohren des Pfarrers an den schwerverständlichen Dialekt gewöhnt
und er die verwandtschaftlichen Vernetzungen der einheimischen Bevölkerung durchschaut hatte.

Nach sieben Jahren Wirken in der Gemeinde fiel im Jahr
1942 die Entscheidung, erstmals ein Krippenspiel einzustu-
dieren. Die Nachrichten über Kriegsereignisse bestimmten das
tägliche Leben, und man kann annehmen, daß der Pfarrer
den Menschen in schwerer Zeit auch ein wenig Hoffnung und
Trost vermitteln wollte. Nun muß ein solches Unternehmen
gut vorbereitet werden, und so schaute der Pfarrer sich bereits im frühen Herbst nach geeigneten Darstellern um. Er
bestimmte eine sanfte Maria, wählte einen duldsamen Josef
und fand einen Verkündigungsengel mit guter Singstimme.
Vergebens aber suchte der Pastor nach den „Drei Weisen aus
dem Morgenland". Die einen trauten sich nicht, andere, die

Lust hatten, waren entweder zu klein oder zu jung oder mit einer falschen Haarfarbe ausgestattet.

Endlich war Pfarrer Zapf fündig geworden: Seine Wahl fiel auf drei hochgeschossene, dünne Burschen, denen man auf den ersten Blick die „Drei Weisen aus dem Morgenland" nicht ansah. Ihre schlaksigen Bewegungen glichen denen von Gliederpuppen, und auch ihr oberpfälzer Dialekt mochte sich dem ungewohnten Hochdeutsch nicht fügen. Alles in allem wären diese „Drei Heiligen" besser in einem heimatlichen Theaterstück aufgehoben gewesen, denn sie mußten erst auf „Heilig" getrimmt werden. Auf Pfarrer Zapf wartete also ein hartes Stück Arbeit, was seine Begeisterung für das Theaterspiel jedoch keineswegs dämpfte. Die Verkleidung würde schon einiges kaschieren, und im Übrigen mußte man halt fleißig üben. Das geschah auch nach seinen strengen Regieanweisungen wochenlang ernsthaft und intensiv.

Rechtzeitig zum Weihnachtsfest kehrte der Winter ein. Über Nacht umhüllte er die hügelige Landschaft und die Häuser mit ihren roten Ziegeldächern mit Schnee. Er versah die Kamine mit weißen Hauben und verwandelte die in den Ort hineinführenden Straßen in steile Schlittenbahnen. Es dämmerte, als die Glocken der Johanneskirche zur Vesper einluden. Sie klangen weit über das stille Land hin und waren auch in den umliegenden Dörfern noch zu hören. Die Besucher strömten herbei. Dick vermummt erklommen sie die zahlreichen steinernen Stufen, vorbei am aufgehäuften Schnee, der im schwachen Licht der Laternen glitzerte. Sie füllten die große Kirche bis auf den letzten Platz und saßen auch noch dicht gedrängt auf den beiden langen Emporen. Gespannt und erwartungsfroh harrte das Kirchenvolk der Dinge, die da kommen sollten. Wer zeitig genug da war und ein Auge dafür hatte, dem fiel der festliche Weihnachtsschmuck auf. Hohe Tannenbäume mit zahlreichen Kerzen und viel Lametta rahmten die Seiten des Altars. Girlanden aus Tannengrün verbanden die Emporen miteinander. Dort, wo sie zusammen trafen, hing ein mächtiger Adventskranz.

Das Geschehen im Stall von Bethlehem spielte vor den Stufen des Altars auf ausgestreutem Stroh. In der Mitte stand die Krippe, und darin, gebettet auf Heu, eine Puppe als Christkind. Ob ein Ochse und ein Esel Wache hielten, ist leider nicht überliefert. Schon schickten sich die kräftigen Hände des Lehrers Stark an, der altersschwachen Orgel harmonische Töne zu entlocken. Seine Füße bearbeiteten die Pedale, der Kaufmann Marienscheck aber trat den Blasebalg, und mit vereinten Kräften hob es an: „Macht hoch die Tür, die Tor macht weit."

Andächtig lauschten die Menschen der Predigt und der Weihnachtsgeschichte. Nach etlichen Liedern mit vielen Versen und manchem Gebet konnte endlich das Krippenspiel beginnen. Maria und Josef kamen von links aus der Sakristei und nahmen ihre Plätze an der Krippe ein. Sie spielten ihre Rollen so überzeugend, daß manchen Gesichtern das Mitgefühl für das Schicksal der beiden anzusehen war. Der Engel schritt im langen, weißen Gewand heran und verkündete den Hirten sein: „Vom Himmel hoch, da komm' ich her."

Es war still in der Kirche, so still, daß kein Räuspern die Andacht störte und nur ein leises, schweres Atmen zu hören war. Da nahten auch schon die Heiligen drei Könige. Sie kamen vom Hauptportal herein und schritten mit der lange eingeübten Würde vorbei an den zahlreichen Kirchenbänken mit ihren gespannten Besuchern. Die wendeten ihre Köpfe zum Mittelgang, und was sie sahen, erstaunte sie. Balthasar, der schwarze König, kam zuerst. War er nicht sonst immer der Letzte gewesen?

Ein prächtiger Umhang kleidete ihn, und auf dem Kissen, das er trug, glänzte etwas Goldenes. In einigem Abstand folgte der zweite der drei Weisen. Auch er war schön ausgestattet, aber sein Gesicht war – schwarz. Als der Dritte folgte, war das Verwirrspiel perfekt, denn auch aus ihm hatte man einen Mohren gemacht. Der lief eigenartig schwankend hinter den beiden anderen her, denn immer wieder schüttelte ihn ein unterdrücktes Lachen. Seine Gabe auf dem Kissen rollte hin und her und drohte hinunterzufallen. War er der Einzige mit Durchblick? Hatte da jemand in Unkenntnis der Geschichte gehandelt, oder ein Schelm sich gar einen schlechten Scherz erlaubt?

Als die drei „Könige" an der Krippe angekommen waren, trauten auch Maria und Josef ihren Augen nicht. Nur mühsam mag es ihnen gelungen sein, nicht herauszuplatzen.

Da standen nun die drei langen Kerle mit rußgeschwärzten Gesichtern im hellen Licht des Chorraumes. Doch wer war Kaspar, wer Melchior und welcher war Balthasar?

Wer brachte dem Kind welche Gaben?

Aha, da trat der Erste hervor. Er verneigte sich, sagte seinen Spruch auf und legte das goldglänzende Geschenk an die Krippe. Das war also Kaspar. Auch der Zweite verneigte sich. Er gab sich als Melchior zu erkennen und brachte Weihrauch dar. Der Dritte dieses sonderbaren Trios führte einen verzweifelten Kampf mit sich selbst und seinem Spruch. Immer wieder wurde er von Lachkrämpfen befallen, während er – nach Luft schnappend und am ganzen Körper zitternd – die eingeübten Wörter herauspreßte.

Eilig legte Balthasar seine Myrrhe zu den anderen Gaben. Er wandte sich ab, und drückte einen Zipfel seines Umhanges mit beiden Händen vor sein schwarzes Gesicht.

Unterdessen steigerte sich das zunächst leise Murmeln unter dem Kirchenvolk zu einem lauteren Getuschel. Sitznachbarn stießen sich mit den Ellenbogen an und drehten sich ungeniert zur hinteren Reihe um. Es raschelte und knisterte, und auf der Suche nach Taschentüchern schnappten Handtaschen auf und zu. Tränen kullerten über die winterblassen Wangen und ein allgemeines Schniefen und Schnäuzen schaffte etwas Erleichterung.

Vorbei war es mit der Andacht. Wie Wellen wogten die Köpfe im Kirchenschiff hin und her, auf und ab. Und als hätte sich ein Knoten gelöst, brach die ganze Gemeinde in ein befreiendes leises Lachen aus. Zum Glück war der Gottesdienst ohnehin fast zu Ende, und so gelang es dem Pfarrer, schnell, aber mit Würde, diese Feier zu Ende zu bringen. Wahrscheinlich würde er mindestens noch einmal sieben Jahre nötig haben, bis er das Wagnis eines Krippenspieles erneut riskierte.

Andere auf die „Schüppe" zu nehmen gilt noch heute im Ort und an den Stammtischen der Wirtshäuser als eine Art sportlicher Betätigung. Und so mußten die Beteiligten noch lange den Spott der Leute ertragen. Nach all den Jahren aber ist inzwischen nicht mehr auszumachen, wer die Verantwortung für das mißglückte Krippenspiel trug. Es spielt auch letztendlich keine Rolle. Bei denen aber, die dabei waren, ist die Erinnerung an diesen unvergeßlichen Heiligen Abend immer noch lebendig.

[Waldbröl, Oberbergischer Kreis,
Nordrhein-Westfalen;
1942]

Sigrid Kröger

Das mißachtete Weihnachtsgeschenk

Auf meiner Wunschliste an das Christkind stand: „Ich möchte gerne ein Märchenbuch haben!"

Anscheinend war ich lieb gewesen, denn das Christkind brachte mir gleich drei Bücher. Ich sehe sie noch heute vor mir: Die Umschläge waren grauglänzend mit einem bunten Titelbild. Ich bekam „Rotkäppchen und der Wolf", „Aschenputtel" und „Schneewittchen und die sieben Zwerge". Weil ich noch nicht lesen konnte, schaute ich mir die Bilder an. Meine Oma versprach, mir die Geschichten vorzulesen.

Am ersten Weihnachtstag kam meine Tante mit Vetter Rolf zu Besuch. Weder mein Vater noch mein Onkel waren anwesend. Zumindest zeigt sie mir meine Erinnerung nicht, und ich nehme an, daß sie keinen Heimaturlaub bekommen hatten – es war ja Krieg! Wie immer tobte ich mit Rolf in der kleinen Wohnung herum, und keine der Mütter oder die Oma schimpften, weil wir zu laut waren. Gegen Abend steigerte sich unser Übermut, wie das bei kleinen Kindern so ist.

Rolf meinte: „Komm, wir spielen Fangen."

Ausgerechnet meine neuen Märchenbücher suchte er dazu aus, und wir warfen sie quer durch den Raum, um sie zu fangen oder auch fallen zu lassen.

Plötzlich stand meine Mutter im Zimmer. Ich hatte sie noch nie so wütend gesehen, und der Wut folgte Traurig-

Meine neuen Märchenbücher und ich Weihnachten 1942.

keit. Stillschweigend nahm sie uns die Bücher ab und legte sie wieder unter den Weihnachtsbaum.

Am nächsten Morgen lief ich ins Wohnzimmer zu meinen Büchern. Oh Schreck – da war kein einziges Buch mehr!

„Ja", sagte meine Oma, „das Christkind hat sie wiedergeholt und wahrscheinlich einem Kind gebracht, das achtsamer mit seinen Geschenken umgeht!"

Ich war unglücklich und weinte sehr. Abends betete ich zum Christkind, es möge doch nicht mehr böse sein und mir die schönen Bücher wiederbringen – ich würde auch von nun an mit meinen Spielsachen immer vorsichtig umgehen.

Mein Gebet wurde erhört. Am nächsten Tag lagen die Bücher wieder unter dem Weihnachtsbaum. Ich kann mich heute noch erinnern, welch ein Glücksgefühl das war!

Was allerdings in meinem Inneren noch nagte, war die Erinnerung an das traurige Gesicht meiner Mutter.

Viel später erklärte mir meine Oma, warum meine Mutter so traurig war. In der Kriegszeit hatte das Christkind Schwierigkeiten, den Kindern ihre Wünsche zu erfüllen, und somit mußten die Mütter helfen, diese Spielsachen zu besorgen. Schweren Herzens hatte meine Mutter etwas, das ihr sehr wichtig war und woran sie sehr hing, gegen diese Bücher eingetauscht, um mir meinen Wunsch zu erfüllen. Welcher Gegenstand das war, habe ich nie erfahren.

Aschenputtel in der Phantasie des Kunstmalers Franz Müller-Münster. Aus: „Schönste Märchen der Brüder Grimm", Enßlin & Laiblins Verlagsbuchhandlung Reutlingen 1929.

[Lüben, Niederschlesien;
1942–1944]

Johanna Danne

Weihnachten auf Wahrheitssuche

Wir Kinder behaupteten schon eine ganze Weile, daß es kein
Christkind gäbe. Irgendwie sickerte das etwa mit zehn oder
elf Jahren durch. Kein Lehrer hätte es gewagt, uns die Wahrheit zu sagen. Wir glaubten es zwar nicht mehr so richtig,
konnten aber auch das Gegenteil nicht beweisen. Also beschlossen meine ältere Schwester Christa und ich, am Heiligen Abend der Sache auf den Grund zu gehen Wir warteten
darauf in der ganzen schönen Adventszeit. Der grüne Kranz
hing an der Decke, seine roten Kerzen brannten immer nur
in der Anzahl des jeweiligen Advents. Jedes Jahr bekamen
wir einen schönen Adventskalender. Die waren so herrlich
mit Silber bestreut und hatten die lieblichsten Bilder. Täglich wurde auch wirklich nur ein Fensterchen aufgemacht.
So war es auch noch im letzten Jahr daheim, obwohl wir
schon zwölf und dreizehn waren.

Beim Pfefferkuchenbacken sagten meine Schwester Christa und ich, daß wir dieses Jahr in der Stube bleiben würden
und nicht Tante Meta, die schon so lange wir denken konnten, dem Christkind helfen mußte.

Ich habe am 24. Dezember Geburtstag und so begann der
Heilige Abend wie jedes Jahr mit meiner Geburtstagsfeier.
Da ja immer Ferien waren, kamen die Kinder morgens oder
gleich nach dem Essen. Mein Geburtstagsschullied fiel grund-
sätzlich aus. Nach dem Kaffeetrinken gingen wir mit den

Kindern in die Christmette. Anschließend brachte Onkel Gerhard die kleinen Gäste je nach Wetterlage mit dem Pferdeschlitten oder zu Fuß nach Hause. Später mußten sie allein gehen, denn es war kein Mann mehr da, die Väter und Onkel waren im Krieg.

Im ganzen Hause roch es gegen Abend schon nach polnischer Soße. Darin schwammen die Weißwürste, beides aßen wir unheimlich gern. Vielleicht auch ein bissel wegen der Bescherung, denn die ließ nun nicht mehr allzu lange auf sich warten. Erst gab es Pökelbraten und Sauerkraut mit Klößen, aber davon wollten wir nichts, wir warteten auf die Biersoße. Mit Dunkelbier und Möhren, Sellerie, Brot, Fischpfefferkuchen, Wurzelpetersilie, vielen großen Zwiebeln, in Ringe geschnitten, Gewürzkörnern, etwas hellem Bier und Wasser kochte sie seit morgens am Herdrand mit. Mutter mußte aufpassen, denn sie brennt schnell an und kocht ganz leicht über.

Etwa eine Stunde vor dem Essen werden die Weißwürschtel eingelegt. Sie sind ziemlich stark gewürzt und weiß und weich. Erst in der braunen Soße werden sie fest, und beider Geschmack vermischt sich. Dazu essen wir trockenes Brot. Der Heiligabendgeruch begleitete uns durchs Leben.

Nach dem Essen mußten wir sonst immer alle in der Küche helfen. „Ihr kennt heute ruhig amal uffwaschen helfen! Da geht es doch schneller. Da kommt's euch och nicht so langweilig vor, wenn's Christkind noch nie kommt."

Nun wurden die drei großen Wannen aus dem Gewölbe geholt. Die größte kam auf den ersten Bock, mit heißem Wasser und Imi, die zweite auf den kleineren, weil sie ja auch kleiner war. Die dritte stand auf einen Stuhl, in sie wurde das zuvor in der zweiten Wanne klar nachgespülte Geschirr zum Ablaufen gestürzt. Dann mußte der Rest abgetrocknet werden. „Das Messerzeug müßt ihr aber scheen abtrocknen."

Das Besteck wurde so genannt. Das Messerzeug kam zuletzt dran, dann nur noch die Töpfe und Pfannen. Wir liefen schon zwischen der Küche und der Stube hin und her, aber vor dem Schlüsselloch hing ein Tuch, es nutzte uns also nichts. Bei der Geschirrspülerei fehlte Tante Meta. Das hatten wir aber erst im Laufe der letzten Jahre bemerkt.

So war der Heilige Abend bisher verlaufen. Diesmal wollten wir also Tante Metas Amt übernehmen. Wir blieben nach dem Essen, beziehungsweise nach dem Beten, auf dem Sofa sitzen.

„Nu kommt och, erst missen wer uffwaschen, dann geht's doch viel schneller!"

Keine Verlockung konnte uns vom Sofa bringen, ganz eng saßen wir nebeneinander, während die anderen der Küche emsig hantierten.

„Wir müssen aber das Fenster uffmachen, damit das Christkind reinkommen kann. Das Licht missen wer och ausmachen, denn bei Lichte kommt's nie."

Also saßen wir im Finstern, bei offenem Fenster ganz dicht nebeneinander und warteten auf das Christkind. Ich glaube, ich habe es sogar fast erwartet. Das wäre doch schöner gewesen als lauter Lügen. Aber es wurde immer kälter in der Stube, die Tante Marthel wurde schon ganz schön zappelig.

„Nu seid doch amal vernünftig, kommt doch raus! Ihr verjagt's Christkind doch bloß!"

Aber wir ließen nicht mit uns reden. Stur verharrten wir auf unserem Sofa. Es gab kein Mittel, uns aus der Stube zu bringen. Oder doch?

Plötzlich klingelte es im Haus, wir schlichen zur Stubentür und hörten, wie sie sich zujubelten: „Nee das Christkind war ja oben in der gutten Stube!"

„Ach herrje, hat das scheene Sachen gebracht! Nee, daß das in die gutte Stube geflogen iss!"

„Nu, das konnte doch o nie so lange warten, das mußte doch och noch woanders hin."

Das war nun zu starker Tobak! Daß das alles geschwindelt war, merkten wir in dem Augenblick, als wir die Tür

passiert hatten. Da war nämlich Tante Meta sofort hineinge-
schlüpft und hatte den Schlüssel herumgedreht. Wir waren
wütend. Das Christkind konnte ja gar nicht nach oben kommen, denn die Geschenke lagen ja alle unten in Onkel Ger-
hards Stube. Von da aus führte nur diese Tür in die Stube.
Nachträglich sagte uns das unser bißchen Verstand, aber in
dem Moment hatten wir uns verscheißern lassen. „Die sind
gemein!"

Enttäuscht und immer noch etwas mürrisch gingen wir in
die Stube zu unseren Weihnachtsgeschenken. Die meisten Gaben bekamen wir immer doppelt. Da gab es Schuhe, Strümpfe, Mützen, Stoffe, Handschuhe. Alles, was man so brauchte,
bekamen wir zum Geburtstag oder zu Weihnachten. Wir wurden nicht nach der Mode gekleidet, sondern nach dem Wetter
und der Zweckmäßigkeit. Kaputtes wurde ganz gemacht, zu
Enges irgendwie erweitert, zu Kurzes verlängert. Was Christa zu klein war, das paßte mir noch. Da wurde nicht gleich
was Neues gekauft. Sparsamkeit begleitete uns. „Was du er-
erbst von deinen Vätern, erwirb es, um es zu besitzen." Das
steckte tief, danach wurde gelebt. Wir litten keinen Mangel,
aber Überfluß war hochgradig verschrieen.

Es gab auch immer Spiele und Bücher. Ich erinnere mich
besonders gern an das Buch „Peterchens Mondfahrt" in Lu-
xusausführung, das Christa bekam, als ich noch nicht zur
Schule ging. Es war herrlich, sich die schönsten Bilder anzu-
schauen. „Liest'es mir mal vor?" bat ich sie abends im Bett,
„ich mach och dann das Licht aus!"

Einmal bekamen wir ein interessantes Spiel mit
Kriegsschiffen, bei dem auch gerechnet werden mußte. Bis
zum nächsten Weihnachten wurde dann wieder alles gesammelt: Schlüpfer, Unterhemden, Buntstifte, Malbücher und
anderes.

Nach der Bescherung wurden wir gefragt: „Wollt ihr och
Moonkleeßel?"

Na so 'ne Frage, die schmeckten doch toll!

Mohn wurde bei uns in Niederschlesien viel angebaut und in jeder Bäckerei gab es eine Mohnmühle. Der gemahlene Mohn wird mit Zucker oder Sirupwasser gebrüht. Semmeln werden in kleine Stückchen geschnitten und dann schichtweise mit der Mohnmasse in eine Schüssel gegeben. Man kann an die Masse noch in Rum eingelegte Rosinen geben, das schmeckt besonders gut. Das Ganze kann schon am Tage vorher zubereitet werden, dann zieht es gut durch. Wird der Mohn mit Milch gebrüht, dann hält es sich nicht so lange und ist aber weicher.

Den Grog können die Großen aber allein trinken. Den wollte ich nicht einmal kosten. Christa schon eher, die meinte sogar, daß er schmeckt.

Leider hatten wir dieses Weihnachten mit unserer Neugier ziemlich verhunzt. Die Festtage in den Vorjahren mit gutem Glauben, mit Knecht Ruprecht und „Denkt euch, ich habe das Christkind gesehen!" waren viel schöner.

*(Weitere **ZEITGUT**-Beiträge der Autorin sind am Buchende vermerkt.)*

[Leipzig, Sachsen;
Dezember 1943]

Rosmarie Bierich

Die Puppe Brünnhilde

Wer von uns alten Leipzigern das Datum 4. Dezember 1943 hört, der neigt seinen Kopf in Trauer an diesen einen Morgen, als unser liebes, bürgerliches Leipzig im ersten schweren Bombenangriff in Schutt und Feuer unterging.

Mein Vater, 48jährig, war nicht zum Frontdienst beordert worden, sondern hatte die Funktion des Betriebsluftschutzleiters im sogenannten Schletterhaus in der Petersstraße inne. Darin befanden sich die Außenstelle des Polizeipräsidiums, das Fundamt, eine kleine Englisch-Schule, im Parterre ein großes Kaffeehaus und ganz oben ein Fotoatelier. Die Luftschutztruppe unter Anleitung meines Vaters rettete das Gebäude, das nach dem Luftangriff zwar vollkommen verdreckt und ohne Fenster war, aber doch wieder instand gesetzt werden konnte.

Ein kleines Stück vom Schletterhaus entfernt führte die Königshauspassage im rechten Winkel zur Petersstraße ab, ein überdachter Durchgang, an dessen Ende ein stadtbekanntes Spielzeuggeschäft lag. Der obere Teil des Geschäftes war weg. „Weg" war die Kurzform für „total ausgebombt".

Zwei Tage nach dem Angriff begegneten sich der Inhaber und mein Vater, die gute Bekannte waren. Der Geschäftsinhaber war vollkommen verstört und erzählte ihm: „Im Keller unten" – dort lagen Keller bis zu zwei Stockwerke tief – „befindet sich das Spielzeuglager im Wert von 300 000 Mark.

Dort schwelt das Feuer, es brennt alles durch. Und die Geschäftsbücher liegen im Tresor!"

Mein Vater bat kurzentschlossen seine Leute zum Einsatz mit Spaten, Hacken, notfalls Eimern. Er selbst stieg mit Stahlhelm und angeseilt als erster die freigeschippten Stufen hinab. Der Kellerraum war sehr heiß, manches Spielzeug angekohlt, Puppen mit angesengten Fingern und Haaren. Schnell, schnell, Tresor geöffnet, Kassenbücher raus! Dann den Keller gelüftet, so gut es ging. Schließlich konnte das Lager im Großen und Ganzen als gerettet betrachtet werden.

Was ich damals nicht wußte: Als ersten spontanen Dank erhielt mein Vater eine große Schildkrötpuppe. Ihr Kleidchen stank fürchterlich nach Rauch. Vater nahm die Puppe mit nach Hause. Tagsüber lüftete meine Mutter die Puppe auf dem Balkon, aber der beißende Rauchgeruch verging noch lange nicht.

„Wenn du am Heiligabend etwas unter dem Baum siehst, das gehört dir", wurde mir gesagt.

Und dann kam der Heilige Abend. Ich betrat die Wohnstube, müde und lustlos; Weihnachten, na ja. Die Gardinen waren wegen der möglichen Brandgefahr schon lange entfernt worden, aber wir hatten noch einen Christbaum mit echten Kerzen, so ein Leichtsinn! Der Baum nahm sich sonderbar aus gegen das gardinenlose Fenster mit dem schwarzen Verdunkelungsrollo. Unter dem Christbaum stand eine Puppe und streckte mir die Arme entgegen.

„Na, was sagst du nun?"

„Für mich eine Puppe? Ich bin doch schon 19 Jahre alt!"

Als mir aber meine Eltern ausführlich die ganze Geschichte erzählt hatten, auf welche Weise diese Puppe in unser Haus gekommen war, da nahm ich sie zärtlich in meine Arme und dachte an die überstandene Gefahr, der sie durch den Einsatz dar Luftschutztruppe entronnen war.

„Wie heißt die Puppe?"

Bei uns führte jeder Gegenstand, der ein menschliches oder tierisches Gesicht hatte, einen Namen. Nun taten wir mu-

Das Foto zeigt mich mit der Schildkrötpuppe Brünnhilde, die mein Vater aus dem Feuer gerettet hat.

sik- und insbesondere die Oper liebenden Menschen etwas, das von manchen vielleicht als unpassend betrachtet oder sogar verurteilt wird. Wie kann man das Bombengeschehen mit einer klassischen Oper in Einklang bringen?

Immerhin, ich will bekennen, wir taten es.

„Denk an die Walküre Brünnhilde, die im Feuerring schlafen mußte, von Wotan zur Strafe dorthin verbannt."

Brünnhilde! Auch diese Puppe war vom Feuer umkreist gewesen. Brünnhilde, so hieß sie und heißt sie heute noch. Ich besitze sie und schone sie auch, sie liegt in meinem Wäscheschrank ganz oben. Niemand durfte mit ihr spielen. Nur manchmal nehme ich sie heraus und – ja, drücke sie an mich. Meine Puppe Brünnhilde, mein liebstes Puppenkind.

*(Weitere **ZEITGUT**-Beiträge der Autorin sind am Buchende vermerkt.)*

[ein Dorf in der Nähe von Odessa, Ukraine,
Sowjeunion;
1943]

Alfred Bilger

Weihnachtslikör

Es war im Dezember 1943 auf dem Hauptverbandplatz in einem größeren Dorf in der Nähe von Odessa. Zusammen mit zwei weiteren Sanitätsunteroffizieren und dem Apotheker, einer rheinischen Frohnatur, hatte ich ein verhältnismäßig gutes Quartier in einem größeren Zimmer bezogen. Ich war dem Hautarzt als Hilfe zugeteilt. Weil die chirurgische Versorgungsstelle für die wenigen Verwundeten in einem anderen Ortsteil lag, merkte ich nicht viel von den Kriegsereignissen in dem verhältnismäßig ruhigen Frontabschnitt.

Der Winter wurde immer kälter. Weihnachten rückte näher. In der Kompanie wurden wieder einmal Vorbereitungen für das Fest getroffen. Nach der Idee und unter der Leitung unseres Apothekers, der in seinem Reich auch unvergällten Alkohol verwaltete, hatten wir gelernt, wohlschmeckende Liköre zuzubereiten. „Likörgläser" waren schwarze Salbentöpfchen aus Keramik, in denen sich einmal eine gelbe Augensalbe befunden hatte. Zum Glück waren Kaffeebohnen noch aufzutreiben. Aus denen brauten wir einen starken Mokka, süßten ihn und versetzten ihn im Verhältnis drei zu eins mit dem reinen Alkohol. Hatte das Gebräu einige Tage gestanden, war aus ihm ein süffiger Mokkalikör geworden.

Es gab für uns einfallsreiche Männer aber noch andere Möglichkeiten. Ich ließ mich von unserem Internisten, mit

*Die Geschichte mit dem
Weihnachtslikör erlebte
ich 1943 als Sanitäts-
Unteroffizier der 15. Luft-
waffenfelddivision.*

dem ich auf sehr gutem Fuße stand, auf Diät setzen und bekam nun statt des normalen Essens Grießbrei mit Obst aus
Büchsen. Selbstverständlich wurden die übrigen drei Nor-
malportionen im Quartier brüderlich geteilt. Den Grießbrei
haben wir abends als Pudding mit Obst genossen, wobei wir
genau darauf achteten, daß vom Saft nichts auf die Teller
kam. Der wurde für „Geistiges" gebraucht, er wurde mittels
Alkohol ebenfalls in einen guten Likör verwandelt. So sahen
wir den Festtagen, die Getränke betreffend, mit frohen Erwartungen entgegen.

Am Heiligabend gingen der Kompaniechef, unser neuer
Hauptfeldwebel, der erste Chirurg und unser Internist von
einem Quartier zum andern, um ein frohes Fest zu wünschen.
Bei uns leuchteten dem Besuch einige Kerzen entgegen, die

Weihnachtsstimmung verbreiten sollten, aber nur wenig Licht gaben. Kaum traf die Abordnung ein, beeilte sich unser kleiner Apotheker, in unseren „Tresor für kostbare Flaschen" zu greifen. Wir hatten ein Nachtschränkchen dazu auserkoren. Als er im schummerigen Licht der Kerzen die Likörtöpfchen eingoß, wunderte ich mich, wie ölig unser Gebräu nach drei Wochen Lagerzeit aus der Flasche floß. Doch schon stießen wir feierlich auf das Weihnachtsfest und unsere Lieben daheim an.

Nach dem ersten Schluck aber setzte ich erschrocken mein „Gläschen" ab. Auch der Chef stutzte und nur der Spieß, der schon alles hinuntergekippt hatte, schaute dumm und spuckte. Der Chirurg, der Internist und meine Kameraden guckten betroffen. Dann brach schallendes Gelächter aus. Unser Apotheker hatte in seinem Eifer bei der Dunkelheit statt des Likörs unsere einzige Flasche mit Sonnenblumenöl gegriffen! Daß der Spieß als Einziger den ganzen Inhalt des Töpfchens geschluckt hatte, gab natürlich zu einigen witzigen Bemerkungen Anlaß.

Nun aber wurden neue Töpfchen mit gutem Likör gefüllt. Als uns dann die Herrschaften versöhnt und von unserem Likör begeistert verließen, waren wir doch recht ausgelassen. Das Versehen unseres Apothekers hatte dafür gesorgt, daß keine depressive Stimmung, die ich befürchtet hatte, aufgekommen war.

*(Weitere **ZEITGUT**-Beiträge dieses Autors sind im Autorenverzeichnis am Ende des Buches vermerkt.)*

[Neunkirchen, Siegerland;
1943]

Elfriede Michalik

Die Holzhühnchen

Weihnachten steht vor der Tür. Geschäfte, Basare und Märkte
laden zum Einkaufsbummel ein. Da gibt es wohl nichts, was
es nicht gibt. Die Auswahl ist groß und die Wahl fällt oft
schwer. Leider aber wird die erwartungsvolle und besinnliche Adventszeit von Hiobsbotschaften aus aller Welt getrübt.
Erinnerungen kommen auf. Erlebnisse aus der Jugend. Er-
kenntnisse aus einer Zeit, in der der Wert des Menschen nicht
nur nach Reichtum und Macht gemessen wurde.

Ich denke an die Vorweihnachtszeit im Jahre 1943. Das
einzige, was es im Übermaß gab, waren Verwüstung, Elend,
Trauer und Tod. Dazu Kälte und viel Schnee. Hohe Berge
säumten Straßen und Gassen. Weiße Weihnachtstage standen bevor. Doch leider tobte überall dieser grausame Krieg.

Ich war sieben Jahre alt und begriff das alles schon irgendwie. Mutter ließ mich an allem teilnehmen. Sie beschö-
nigte nichts. So lernte ich, daß Hunger, Leid und Entbehrung
die Menschen hart treffen können; trotz aller Kinderfreuden,
die natürlich auch ich erlebte. Ich wußte schon genau, daß ich
dankbar sein mußte für eine warme Wohnung, für eine karge
Mahlzeit. Viele Menschen hatten selbst das nicht.

Deshalb lag es mir auch völlig fern, überhaupt nur an ein
Spielzeug als Weihnachtsgeschenk zu denken. Für mich hatte
ich keinen Weihnachtswunsch. Für meinen kleinen zweijährigen Bruder schon. Für ihn hätten Mutter und ich gerne

ein Spielzeug besorgt. Wir wollten ihn unbedingt beschenken. In den Jahren zuvor hatte Großvater für uns Enkel geschnitzt und gebastelt, Pferdchen, Wagen und Puppenmöbel. Doch sein Material war ausgegangen. Es gab einfach nichts mehr.

Der zweite Adventssonntag brachte sehr viel Schnee. Ich stand am Fenster und sah den tanzenden Flocken zu. Dabei beobachtete ich einen Mann, der trotz bissiger Kälte auf der Straße stand und auf sich aufmerksam machte. Mutter meinte, es sei einer der russischen Kriegsgefangenen, die in den Fabriken unserer Stadt arbeiten mußten. Oft gruben sie im Garten nach Wurzeln, um sich zu ernähren.

Hunger tut weh und macht erfinderisch. Jener Mann auf der Straße wollte ein selbstgebasteltes Spielzeug für ein Brot tauschen. Ich sehe es heute noch vor mir. Es war eine Holzplatte in Form eines Tischtennisschlägers. Darauf waren sechs buntbemalte Hühner platziert. Bewegte man das Ganze, fingen diese an zu picken und ein klapperndes Geräusch entstand. Genau das richtige für meinen Bruder.

Unsere Mutter überlegte nicht lange. Ihre Brotzuteilung bekam dieser Gefangene. Wir aßen in den nächsten Tagen Kartoffeln, Kartoffeln und nochmal Kartoffeln. Dafür aber durften wir doppelte Freude erleben, als wir am Heiligabend in das glückstrahlende Gesicht des Kleinen sahen; eine Freude, die ich so nie mehr empfunden habe. So wurden die schlichten russischen Hühnchen auch für Mutter und mich zum schönsten Weihnachtsgeschenk.

[Cottbus, Niederlausitz, Land Brandenburg;
Weihnachten 1943]

Florentine Naylor

Das erste Weihnachtsfest allein zu zweit

*1943 im Dezember war es endlich so weit: Mein Hans und ich
konnten heiraten. Er hatte nach schwerer Verwundung Gene-
sungsurlaub bekommen, ich absolvierte den Ersatzdienst für
den Arbeitsdienst. Da unser Haus in Lübeck zerstört worden
war, hatte man unserer Familie eine Wohnung in Travemün-
de zugewiesen. Und hier fand dann das große Ereignis statt.*

*Sehr bald nach der Hochzeit kam mein Soldat in die Gene-
senenkompanie nach Cottbus, mietete dort ein Zimmer und
bat mich, so schnell wie möglich nachzukommen. Ich beendete
den Ersatzdienst und verließ schweren Herzens die geliebte
Familie, um nun selbst eine zu gründen. Es war der mühsame
Anfang einer Ehe, die sich dann immerhin 56 Jahre lang be-
währt hat. Doch besonders um die Weihnachtszeit hatte ich
mit heftigem Heimweh zu kämpfen, wie der folgende Brief an
meine Mutter beweist:*

„Liebe Mutter,
nun sind die drei Festtage vorbei. Geflogen sind sie! Stände
nicht unser anmutiges Bäumchen geheimnisvoll und Lametta
glänzend auf meinem Schreibtisch, und zöge nicht noch immer ein Hauch von Tannen- und Pfefferkuchenduft durch
den Raum, könnte ich es gar nicht glauben, daß Weihnachten gewesen ist. Weil es durch die bedrückenden Zeitumstän-
de kaum möglich war, durch die vier Adventsonntage lang-

sam einem Höhepunkt entgegenzugehen, und weil all die lieben Vorboten des Weihnachtsfestes, die geschmückten Schaufenster, die Tannen auf allen Plätzen, die sich steigernde Seligkeit der Kinder fehlen, stehen wir plötzlich – aus dem grauen Alltag aufgeschreckt – vor dem Baum mit seinem warmen Kerzenlicht und sind auf die Liebe und große Freude nur schlecht vorbereitet. Man wagt dem Glück kaum mehr zu trauen, weil man sich seiner nicht wert erachtet und den Kontrast zwischen dem Licht und der Dunkelheit des vielen Leides rundum fürchtet.

Noch am Tag vor Heiligabend, als ich meinen Hans in den Briefmarkenverein hatte gehen lassen müssen und einsam durch die eisige Winterluft nach Hause wanderte, habe ich mit dem Himmel gehadert, weil er uns Feste schickt, an denen man den Grad seines Erwachsenseins, seiner inneren und äußeren Einsamkeit, der Ferne von den Lieben und der Ferne von Gott und dem wirklichen inneren Licht des Friedens erbarmungslos messen kann. Ich hätte etwas darum gegeben, wenn man Weihnachten hätte ausfallen lassen können und es uns in Ruhe lassen würde mit seinen tausend Erinnerungen und Sehnsüchten. Man wird einfach lichtscheu wie eine Fledermaus.

Dieser undankbare Tiefpunkt meiner Empfindungen kam vor allem daher, daß ich mir Weihnachten ohne Euch gar nicht vorstellen konnte und glaubte, Eure lieben Gesichter zum Feiern zu brauchen wie die Kerze den Sauerstoff, ohne den sie nicht brennt. Immer wieder sah ich Dich, Mutti, hübsch angezogen die Tür zum Weihnachtszimmer öffnen, sah Dich mit strahlenden Augen und roten Bäckchen im warmen Goldglanz des Baumes stehen, dann einen jeden zum Gabentisch führen und liebevoll umarmen. Ohne Dich wollte ich kein Weihnachtsfest!

Aber dann kam die höhere Einsicht. Ich sagte mir plötzlich, daß ja auch Du einmal den Absprung vom Zuhause getan und gelernt hast, mit unserem Vater ein eigenes Weihnachtsfest zu feiern. Wir drei Kinder hätten keine Heimat gehabt, wenn ihr nicht zu einem Ehepaar zusammengewachsen wärt und uns gemeinsam erzogen hättet. Und das war dann auch der einzig richtige Gedanke, der mir undankbarem Geschöpf in dem Augenblick helfen konnte. Ich habe mich aufgerafft und beschlossen, unser erstes Weihnachten dankbar zu bejahen. Beschämt mußte ich mir vorstellen, was andere Frauen darum gegeben hätten, ihren Mann in diesen Tagen in einem behaglich warmen Zimmer mit Weihnachtsbaum und genügend leckerem Essen bei sich haben zu dürfen. Und es ist dann so schön gewesen!

Am Vormittag des Heiligen Abends habe ich gekocht und alles vorbereitet. Nachdem Hans gekommen war, putzte ich den kleinen Baum, während er vom Sofa aus zuschaute. Das Bäumchen hat Hans „organisiert". Gerade ist es, und hübsch gewachsen. Ich habe es nur mit roten Äpfeln und weißen Kringeln behängt. Etwas Lametta und fünf von mir selbst gegossene gelbe Kerzen. Er würde Dir gefallen, unser Christbaum! Darunter steht jetzt ein von Hans gebastelter Nähkasten und alles, was liebe Menschen uns sonst noch schickten.

Am Heiligabend hatte Hans um 17 Uhr Weihnachtsfeier, und ich ging zur Christvesper. Dort fühlte ich mich allerdings anfangs entsetzlich verlassen. Meine Gedanken sind so intensiv zu Euch gewandert wie kaum je zuvor. Und es kam ein Echo! Ich fühlte Euch um mich, fühlte warmen Trost. Und denke Dir, das Seltsamste war, daß mir immer wieder Stefans (mein jüngster Bruder war gerade eingezogen worden) schönes reines Profil vor Augen stand. Immer wieder sah ich seinen Kopf und den schlanken Hals aus dem dicken Mantel der Flakhelfer hervorlugen, sah sein Gesicht im Rahmen des graublauen Mantelkragens. Ich wurde es einfach nicht los und habe so intensiv an ihn gedacht, daß ich überzeugt davon war, er müßte es spüren, wo immer er auch sei. Und dabei wußte ich nicht, wo er war, hatte keine Ahnung, daß er nicht mit Euch feiern konnte.

Am Ende der Christvesper sang die ganze Gemeinde „Stille Nacht, heilige Nacht". Da war es, als säßest Du neben mir wie so oft in der St. Jakobi-Kirche. Ich hörte genau Deine Stimme und sah Dich vor mir, als könnte ich Dich anfassen. Und auch Thomas' (mein anderer Bruder) stilles, besinnliches Gesicht sah ich an. Da sind mir die Tränen heiß in die Augen gestiegen vor Glück und vor Schmerz. Ich habe mir fest vorgenommen, Euch Ehre zu machen, auch hier in der Ferne.

Als ich nach Hause ging, ganz langsam durch den hellen eisigen Mondschein, der das Pflaster, die Häuser, Bäume und letztes welkes Laub glitzern machte, da kam endlich die richtige Weihnachtsstimmung über mich, die Freude auf meinen Hans, auf unseren Abend und der Dank, daß wir alle noch einmal wohlbehalten, wenn auch getrennt, feiern dürfen.

Die Haustür war doppelt verschlossen. Ich sagte mir also, daß Hans' Feier wohl länger gedauert habe und jagte in die Küche. Dort zündete ich alle Gasflammen an, stellte das Essen auf und sauste in unser Zimmer –

Da saß mein Hans bereits als Weihnachtsmann und freute sich königlich, daß die Überraschung gut geglückt war. Und unter dem Baum standen seine so liebevoll erdachten Gaben: Das Nähkästchen, bei dem jedes Fach mit etwas anderem, vor allem Bonbons, gefüllt war, eine Kunstmappe, ein Fahrradnetz, ein Kamm und anderes. Ich war ganz zittrig vor Freude. Und dann gab es das kleine Festmahl mit einer Flasche Wein und anschließend bei Kerzenschein meine Bescherung für Hans.

Ja, Mutti, Deinen Kummer über Stefans Einberufung kann ich nur allzu gut nachfühlen. Ich fühle diesen Schmerz ja fast ebenso stark. Aber was bleibt uns anderes übrig als das ehrliche Bemühen um das: ‚Wie Du willst!'

In der gleichen inneren Haltung tiefen Vertrauens werden wir das neue Jahr hinnehmen müssen mit allem, was es bringen mag."

[Zweibrücken, Pfalz – Auf See im Mittelmeer vor
La Spezia im Golf von Genua, Italien;
Heiligabend 1943]

Walter Danner

Vaters Weihnachtsgeschichte

Jedes Jahr zu Weihnachten gab es in unserer Familie den Moment, wo wir alle uns zu Vater setzten und ihm lauschten. Am Heiligen Abend, wenige Stunden vor der Bescherung, wenn es dunkelte, begann mein Vater, seinen Kindern und später auch den Enkeln seine besondere Weihnachtsgeschichte zu erzählen. Erst danach schien er zum Kirchgang am frühen Abend bereit. Stets mit fast gleichen Worten, verhaltener Stimme und feuchten Augen sprach er von jenem weihnachtlichen Wunder vor vielen Jahren, das er selbst erlebt hatte. Während er uns an seiner Erinnerung teilhaben ließ, war für diese kurze Zeit das eigentliche Wunder der biblischen Weihnachtsgeschichte ausgeblendet oder sogar vergessen.

In der Zeit weit ausholend, schilderte Vater, wie er 1940 völlig überraschend zur Marine eingezogen wurde; er, der noch nie Meer oder Küste gesehen hatte. Die einzige Beziehung, die er überhaupt zum Element Wasser und der Seefahrt hatte, war, daß er einigermaßen gut schwimmen konnte. Eine gründliche Ausbildung erhielt er nicht; ja, eigentlich kam er fast ohne entsprechende Kenntnisse zur Marine. Zunächst ins besetzte Holland, später in den Mittelmeerraum, wo er ausschließlich auf Minenräumbooten eingesetzt war.

Die Geschichte, die er uns immer und immer wieder erzählte, begab sich im Dezember 1943. Vater hatte wie üblich

Wachdienst als Ausguck an Deck. Der Heilige Abend schien friedlich, eben weihnachtlich, zu verlaufen. Die Besatzung war im Küstenvorfeld von La Spezia mit Überwachungsaufgaben betraut; eigentlich ein langweiliger Dienst, der darin bestand, den Horizont nach anderen Schiffen oder nach den gefährlichen Tieffliegern abzusuchen. Aber auch das Beobachten der leicht gekräuselten Oberfläche des eintönigen, weiten Meeres mit dem Fernglas gehörte dazu, um eventuelle Treibminen zur rechten Zeit auszumachen. Die Kameraden standen Rücken an Rücken oder stützten sich auf die Verkleidungen der beiden Flakgeschütze. Geredet wurde fast nichts. Jeder hatte sich der Gleichförmigkeit des sanften Wellenganges angepaßt. Der Krieg schien fern. Vaters Gedanken waren zu Hause, bei der Familie und dem kleinen Sohn.

Dieses Foto von meinen Eltern und mir wurde beim letzten Heimaturlaub meines Vaters Ende Februar/erste Hälfte März 1944 gemacht. Dieser Urlaub war quasi die Belohnung für das Geschehen am Weihnachtsabend.

Der Wachdienst sollte mit der beginnenden Dunkelheit enden, denn dann war nicht mehr zu befürchten, daß das Schiff Ziel eines Flugzeuges oder eines feindlichen Torpedos werden könnte. Die Erfahrungen des Tages hatten gezeigt, daß auch keine Treibminen im Operationsgebiet zu erwarten waren. Der Zeitpunkt zur Freiwache schien fast gekommen. Danach würde nur noch eine kleine Mannschaft die Brücke besetzen, die Fahrt noch mehr drosseln. Die Positionslampen blieben dunkel. Entspannt glaubte man schon, den Dienst mit der Meldung „Keine besonderen Vorkommnisse. Wache beendet!" an den Wachhabenden abschließen zu können.

Drinnen in der Messe liefen die letzten Vorbereitungen für eine Weihnachtsfeier. Wer bereits Freiwache hatte, half mit. Das Rundfunkgerät war auf Empfang geschaltet. Zur Einstimmung brachte es weihnachtliche Lieder, bevor der befohlene Empfang einer Weihnachtsbotschaft, vermutlich vom Flotillenkommandeur, aus dem Lautsprecher drang. Der Kommandant an Bord hatte seine eigene Weihnachtsrede mit vielen pathetischen und dankenden Worten, aber auch mit weihnachtlicher Ergriffenheit schon bereitgelegt.

Übermäßige Weihnachtsfreude wollte aber nicht aufkommen. Ohne daß es jemand auszusprechen wagte, dachten wohl alle daran, daß sie sich wahrscheinlich in dieser Runde bei einer Weihnachtsfeier heute zum letzten Male zusammenfinden würden. Die insgeheim von allen als wenig hoffnungsvoll und verfahren eingeschätzte militärische Lage war allzu gegenwärtig und offensichtlich. Wie würden sie und vor allem: Würden sie überhaupt aus der verfluchten Situation herauskommen?

Auf der Anrichte standen Gläser und Flaschen, deren Freigabe sehnsüchtig erwartet wurde. Düfte und Geschirrklirren aus der Kombüse verrieten, daß auch der Smutje einen wichtigen Beitrag zum Gelingen eines besonderen Heiligen Abends vorbereitet hatte.

*Zwei Posten haben
Borddienst: Ausguck
mit Fernglas neben
der Bordkanone.*

Oben auf der kleinen Ausguckplattform an Deck war für Vater und seinen Kameraden der Dienst fast beendet. Da plötzlich schien der Wachkamerad wie vom Blitz getroffen durchzudrehen. Völlig konfus und ohne verständliche Worte, atemlos, nur ein schwaches Stammeln und Stottern! Ein hilfesuchender Griff nach der Schulter des Kameraden, ein aufgeregtes Deuten mit der Hand: „Da ... da!"

Mein Vater drehte sich um und wurde gleichfalls bleich. Was war das?

Eine weiße Linie, vom fernen Horizont kommend, lief direkt auf das Boot zu!

Es war sofort klar, das konnte keine auflaufende Welle oder

ein spielender Delphin sein. Es war eindeutig die weiße, todbringende Gerade eines für das Boot bestimmten „Aales" (Spitz-
name für Torpedo). Trotz des schwindenden Tageslichts ver-
riet die Blasenspur nur allzu deutlich die große Gefahr. Gei-
stesgegenwärtig erfolgte der Ruf: „Torpedo schräg von vorn,
2,5 Dez!" – 1 Dez entspricht in der Marine 10° (Altgrad).

Das bislang träge dahindümpelnde Boot erzitterte und
schien sich mit dem unbezwingbaren Willen zum Überleben
aufzubäumen. Seine außergewöhnliche Manövrierfähigkeit
ausspielend, reagierte es sofort mit unbändiger Kraft auf die
Ruderbewegung. Das Unglaubliche geschah: Mit geringstem
Abstand, man hätte das Geschoß fast greifen können, zisch-
te die todbringende Blasenspur an der Bordwand des Schiffes vorbei und verlor sich lautlos in der Ferne ...

Der hölzerne Bootskörper schützte zum Glück vor einer
eventuellen magnetischen Explosionsauslösung. Mehr als

*Ein Schiff fährt im Geleit eines Minensuchers, dessen Bordkanone zu
sehen ist.*

dreißig Kameraden waren gerettet. In ihnen hinterließ das Erlebte tiefe Spuren, hatte das Wunder der Weihnacht seitdem eine ganz besondere persönliche Bedeutung.

Die Feier an diesem Heiligen Abend war extrem kurz und verlief äußerst wortkarg, obwohl an ihr alle Bootsmänner teilnahmen, wobei man sich wechselseitig dienstlich ablöste. Es war eine feuchte Weihnachtsfeier, wenn auch in einer nicht vorhergesehenen Weise, bei der es nicht nur Belobigungen für die Rettung des Minenabwehrbootes gab, die der Aufmerksamkeit und richtigen Reaktion von zwei Kameraden zu danken war, sondern auch eine für Anfang 1944 außergewöhnliche Zugabe: einige Tage Heimaturlaub, vom 23. Februar bis zum 13. März 1945.

Wenige Tage nach dem diesem Weihnachtsfest folgenden Jahreswechsel erhielt das Boot auf See von Tieffliegern schwere Treffer, die es so beschädigten, daß es nicht mehr auslaufen konnte. Die Mannschaft wurde auf verschiedene andere Boote aufgeteilt und verlor sich weitgehend aus den Augen.

Mein Vater erhielt die Nachricht noch während seines Heimaturlaubs. Es wurde seine letzte Versetzung, denn für ihn endete der Krieg schon sehr lange bevor er an Bord eines Schiffes eine nächste Weihnachtsfeier hätte erleben können. Bereits im Spätsommer 1944 gerieten er und viele seiner überlebenden Kameraden vor den Küsten Norditaliens und Südfrankreichs in amerikanische Kriegsgefangenschaft. Sein letztes Weihnachtsfest auf See aber blieb ihm sein Leben lang in frischer, stets neu erschütternder Erinnerung.

Solange der Vater lebte, begann der Weihnachtsabend mit dieser Geschichte. Wir alle wußten, daß es erst dann dunkel werden konnte, wenn er mit feuchten Augen und bedächtiger Stimme vom Wunder des Heiligabends 1943 erzählt hatte.

[Schänkendorf bei Posen, Wartheland;
Weihnachten 1944]

Erika Freese-Mohnike

Das erste Weihnachtsfest fern der Heimat

Es war der letzte Kriegswinter 1944, und ich sah dem ersten
Weihnachtsfest fern von zu Hause mit zwiespältigen Gefühlen entgegen. Ich war zum Reichsarbeitsdienst eingezogen
worden. Zusammen mit anderen Mädchen, viele wie ich 18
Jahre alt, mußte ich ihn in einem RAD-Lager in Schänkendorf nahe Posen im Wartheland ableisten. Zu den etwa fünfzig „Maiden" – so wurden damals die Mädchen beim Arbeitsdienst genannt –, die ein altes Jagdschloß bewohnten, gehörte auch ich. Es gab dort weder elektrisches Licht noch
fließendes Wasser, trotzdem hatten wir es uns in dem alten
Haus recht gemütlich gemacht.

Nun würde ich Weihnachten nicht mit meiner Familie verbringen. Vater war ohnehin Soldat in Rußland, nun mußten
Mutter und die jüngeren Schwestern daheim in Ostfriesland
auch auf mich verzichten. Und wie würde das Weihnachtsfest für mich im Lager werden?

In der Vorweihnachtszeit hatten wir Mädchen uns schon
gegenseitig „bewichtelt". Dazu hatte jede einen Zettel mit
ihrem Namen in einen Topf geworfen und danach eines der
Lose gezogen. Keine durfte den anderen verraten, wessen
Namen ihr der Zufall in die Hand gespielt hatte. Nun galt
es, sich für das betreffende Mädchen etwas Hübsches einfal-

---

*) heute Karczewo bei Poznan in Polen

*Das Foto aus dem Jahr
1944 zeigt mich als
„RAD-Maid". Ich trage
ein rotes Kopftuch und
ein blaues Arbeitskleid.*

len zu lassen. Mal lag ein Bonbon auf dem Kopfkissen, mal
waren die Schuhe geputzt, war das Bett gebaut oder man
fand auf seinem Platz eine Kleinigkeit. So wurde es auch
hier eine geheimnisvolle Zeit.

Als es am Heiligen Abend dunkel wurde, mußten wir alle
unsere Sonntagsuniformen anziehen, dazu warme Socken,
dicke Schuhe und Mäntel. So standen wir vor dem Lager auf
dem Appellplatz bereit. Es lag Schnee, es war kalt und fror.
Die Sterne glitzerten am Himmel und der Mond ging gerade
auf, als wir in Dreierreihen zum Dorf in Richtung Wald dirigiert wurden. Der Schnee knirschte unter unseren Füßen.
Wir schwiegen; jede hing ihren Gedanken nach, während wir
vom Waldrand in langer Reihe immer tiefer in den finsteren
Tann marschierten. Es wurde kein Wort gesprochen, höchstens mal geflüstert.

Endlich erreichten wir eine Lichtung. Mitten auf freiem Platz stand ein strahlender Tannenbaum mit vielen brennenden Kerzen. Es war ein überwältigender Anblick: der erleuchtete Tannenbaum vor dem dunklen Himmel, an dem die Sterne das Schimmern der Kerzen zurückzugeben schienen. Ich glaube, da war kein Auge, das nicht feucht geworden war!

Still stellten wir uns im Kreis um den Baum und hielten uns an den Händen. Unsere Führerin stimmte leise das Lied an:

„Hohe Nacht der klaren Sterne,
die wie weite Brücken steh'n,
über einer tiefen Ferne,
drüber unsere Herzen gehen ..."

In Gedanken waren wir wohl alle zu Hause. Aber so ein Weihnachtsabend mitten im Wald, mit brennenden Kerzen an einem Tannenbaum, das war doch etwas Besonderes!

Nun folgte das Lied:

„Tal und Hügel sind verschneit
und die Nächte schweigen,
da wir uns zu dieser Zeit
vor der Stille neigen.

Grünt ein Tännlein irgendwo
tief im Wald verborgen,
das macht unsre Herzen froh
wie ein lichter Morgen.

An dem Tännlein werden bald
bunte Lichtlein glänzen,
soll'n den Tann und dunklen Wald
feierlich bekränzen."

Als wir hier im Walde vor der Tanne standen, lebten wir richtig im Text dieses Liedes, und auch dem dritten „Weißt du, daß sich Sterne neigen in der heil'gen Weihnachtszeit?" gaben wir uns nachdenklich und weich gestimmt hin. Zum Abschluß sangen wir noch: „Heut ist ein Sternlein vom Himmel gefallen ..."

Allmählich bibberten wir alle. Da ging dann doch die weihevolle Stimmung etwas verloren, und es war eine Erlösung, als wir alle die Kerzen auspusten und im Dauerlauf nach Hause traben durften.

Im Lager angekommen, erwarteten uns ein heißer Punsch aus selbstgekochtem Holunderbeersaft und ein leckeres Abendessen, denn der Gruppe, die Küchendienst hatte, war unser Walderlebnis nicht vergönnt gewesen.

Nach dem Essen sollte die Bescherung sein. Wir versammelten uns alle im weiträumigen Eßsaal. Dort waren unsere Hocker im Halbkreis um einen großen Tannenbaum aufgestellt, der mit Strohsternen geschmückt war, die wir selbst gebastelt hatten. Auf einem Tisch davor prangte ein selbstgebackenes Knusperhäuschen aus Lebkuchen, Plätzchen und Zuckerguß, innen sogar mit einer Kerze erhellt. Auf den Hockern, die mit unseren Namen versehen waren, lagen Briefe, Päckchen und Pakete von daheim. Mir war vorher die Aufgabe zugefallen, alle Post der letzten Tage von der fünf Kilometer entfernten Poststelle heimlich abzuholen und nun hier aufzuschichten.

Nach und nach wurden alle Kerzen am Tannenbaum angezündet. Dabei gedachten wir unserer Väter und Mütter, unserer Geschwister, all unserer Soldaten, der Heimat und des Vaterlands. Endlich durften wir all die Briefe und Päckchen öffnen. Jetzt begann ein geschäftiges Auspacken und Erzählen. Aber um 22.30 Uhr war Bettruhe!

Wir konnten nicht auf Kommando einschlafen. Meine Kameradschaft von acht Mädchen sang immer sehr gern. Oft hatten wir uns abends im Dunklen leise in den Schlaf gesungen. Uns fehlte noch etwas!

Wir schlüpften in unsere Nachthemden und Wehrmachtssocken und schlichen ganz leise auf den Flur an die Balustrade der großen Freitreppe. Zuerst ganz zaghaft und ängstlich stimmten wir das schöne, alte Weihnachtslied an: „O du fröhliche, o du selige gnadenbringende Weihnachtszeit …"

In diesem alten Jagdschloß in Schänkendorf nahe Posen im Wartheland war das RAD-Lager untergebracht. Hier verbrachte ich zusammen mit etwa fünfzig „Maiden" das Weihnachtsfest 1944.

Nach und nach öffneten sich alle Türen, und immer mehr hörten wir die anderen mitsummen. Dadurch ermuntert, sangen wir noch mehr bekannte Weihnachtslieder, die uns einfielen. Wir standen eingehakt im Halbkreis, um uns gegenseitig zu wärmen. Der Mondschein fiel durch die großen Scheiben und erhellte unsere kleine Schar. Zum Abschluß sangen wir: „Stille Nacht, heilige Nacht ..."

Es war eine wehmütige aber auch eine frohe Stimmung in unseren Herzen, als wir danach in unsere zweistöckigen Betten huschten. Zufrieden schliefen wir nun ein.

Das Singen ist von der Lagerführung später mit keiner Silbe erwähnt oder kritisiert worden. Unsere Kameradinnen aber haben es uns gedankt! Und ich habe dieses Weihnachtsfest – im Krieg, fern meiner ostfriesischen Heimat und zum ersten Mal ohne die Familie – bis heute nicht vergessen, denn es war trotz der schlimmen Zeiten und der belastenden Umstände ein besonderes Erlebnis.

[Salford bei Manchester, Großbritannien;
Weihnachten 1944]

Berthold Solowski

Weihnachtstanz im Krankensaal

Das Jahr 1944 näherte sich dem Ende. An den Fronten wurde noch immer erbittert gekämpft. Im Westen hatte die Ardennenoffensive der deutschen Wehrmacht begonnen, im Osten stieß die Sowjetarmee weiter vor. Wir verwundeten deutschen Kriegsgefangenen im Royal Hospital in Salford erfuhren die Neuigkeiten durch die englische Presse, die die Krankenschwestern mit auf die Station brachten. Inzwischen hatten wir gelernt, Wahrheit von Kriegspropaganda zu unterscheiden. Selbst dem SS-Hauptsturmführer unter uns war mittlerweile klar, wie es um Deutschland stand. Wenn die englischen Zeitungen von Flüchtlingstrecks berichteten, von den Menschen, die vor der Roten Armee in Richtung Westen flohen, dann waren vor allem unsere beiden Kameraden aus Ostpreußen von großer Sorge um ihre Familien erfüllt. Die allgemeine Ungewißheit, wie es den Angehörigen in der Heimat erging, bedrückte uns sehr.

Mit einem Lazarettzug waren wir Anfang November bis Manchester gebracht und dann auf Sankas auf die einzelnen Hospitäler aufgeteilt worden. Wir waren die ersten deutschen verwundeten Soldaten, die in diesem zivilen Krankenhaus Aufnahme fanden. Vielleicht waren die Militärlazarette als Folge der schweren Kämpfe zu diesem Zeitpunkt überbelegt. Die beiden wards (Säle), in denen die Kriegsgefangenen untergebracht wurden, befanden sich im obersten Stockwerk des roten Backsteinbaus. Sie lagen in einem rechten Winkel zueinander, nur getrennt durch einen Flur, in dem auch die Räume für die Schwestern mit Verbandsraum, Arztzimmer und Etagenküche mündeten. Im Flur, beide Krankensäle überblickend, saßen zwei bewaffnete Wachposten. Es hätte ja sein können, daß die Deutschen mit ihren Gipsbeinen und Schienen zu fliehen versuchten. Einen Stock tiefer waren britische Verwundete untergebracht.

Der Empfang durch das weibliche Pflegepersonal war äußerst kühl, ja fast abweisend. Die Nursen (Schwestern) betrachteten ihre Versetzung zur Pflege der Deutschen als Strafversetzung, waren sich aber keines Vergehens bewußt, das dies hätte rechtfertigen können.

Die Reaktion der Kriegsgefangenen blieb nicht aus. Obwohl drei von uns englisch sprechen konnten, vereinbarten wir, mit den Schwestern nicht in ihrer Sprache zu sprechen. Es war eine Reaktion, vielleicht in dieser Situation verständlich, doch letzten Endes dumm, da wir uns der Möglichkeit beraubten, bei den medizinischen Untersuchungen als Dolmetscher hilfreich zum eigenen Nutzen zu wirken.

Die ärztliche Versorgung war korrekt, sachlich und professionell. Auch die Schwestern taten ihren Dienst korrekt, wenn auch offensichtlich mit wenig Freude. Doch es fehlte jegliche menschliche Wärme. Nach einigen Tagen entspannte sich die Lage etwas, als die Schwestern feststellen mußten, daß sie keine Monster zu betreuen hatten.

Durch einen Vorfall änderte sich die Lage grundlegend. Zwei hübsche junge Nursen richteten bei dem mit Gips im Bett liegenden Fallschirmjäger das Bett. Nun muß man wissen, daß zu dieser Zeit an der Stirnseite des Bettes die Fiebertabelle hing, auf der nicht nur die Fieberkurve aufgezeichnet wurde, sondern auch die Diagnose und sämtliche Daten des Patienten aufgeschrieben waren. Genauso waren auch auf dem Krankenblatt der Dienstgrad und die Waffengattung des Patienten vermerkt. Die beiden hübschen Schwestern unterhielten sich beim Bettenbauen und eine stellte fest, daß sie nicht glauben könne, daß der junge Soldat Fallschirmjäger sei, denn dazu sei er viel zu nett. Der junge Mann, ein Abiturient, dessen englische Schulkenntnisse sich mittlerweile wesentlich verbessert hatten, so daß er nun recht gut die englische Sprache beherrschte, verstand das Gespräch der beiden Schwestern und ungewollt rutschte ihm die Frage heraus, warum sie dies meine. Vermisse sie die Hörner oder sonst etwas Negatives bei ihm, weil sie nicht glauben könne, daß er Fallschirmjäger sei?

Erschrocken darüber, daß ihr Gespräch verstanden worden war, ließen die beiden Schwestern alles fallen und liegen und liefen aus dem Raum davon. Der junge Mann lag nun ohne jegliche Bedeckung in seinem Bett. Nach einer Weile kamen zwei andere, ältere Schwestern und beendeten mit versteinertem Gesicht die zurückgebliebene Arbeit.

Der junge Verwundete lag jetzt wieder zugedeckt in seinem Bett, hatte aber von allen Seiten den „schwarzen Peter" eingefangen. Die Kameraden machten ihm den Vorwurf, die Abmachung nicht eingehalten zu haben. Die Schwestern hingegen waren ihm böse, weil er die ganze Zeit verschwiegen hatte, daß er englisch sprechen konnte. Doch sollte die kleine Verstimmung nicht lange anhalten. Die Kameraden begriffen, daß dem jungen Mann ungewollt das „Warum" herausgerutscht war und hatten letztlich Verständnis dafür, denn auch ihnen gefielen diese hübschen Schwestern sehr.

Der junge Mann war ich!

Wir hatten es schon lange als ungünstig empfunden, wenn bei den Visiten der Ärzte die Beschwerden nicht einwandfrei geschildert werden konnten, was letztlich nur dem eigenen Nachteil diente. So wurde also beschlossen, daß fortan alle englisch sprechen sollten, die dazu in der Lage waren. Bei den Visiten sollte zum Wohle der Verwundeten englisch übersetzt werden. Zum „Chefdolmetscher" wurde einvernehmlich der Hauptsturmführer auserkoren, da er zwei-

fellos fließend englisch sprach, denn er hatte ja seine Jugend-
jahre in England verbracht. Sobald sich eine schwierige Über-
setzung ergab, sprang der „Chefdolmetscher" ein, da den
anderen manche Vokabeln noch fehlten.

Unser Verhalten (englische Sprachlosigkeit) wurde den
Schwestern damit erklärt, daß sie offensichtlich nicht erfreut
über ihre Aufgabe gewesen seien, bei deutschen Kriegsgefangenen Pflegedienste verrichten zu müssen. Dies hatten sie auch
uns Verwundeten deutlich spüren lassen. Natürlich war unsere Reaktion darauf töricht, und wir entschuldigten uns dafür.
Auch die Schwestern bedauerten ihr Verhalten, begründeten
es aber damit, daß sie über uns Deutsche nur Negatives zu
hören bekommen hatten. Sie waren der Kriegspropaganda
aufgesessen. Nun seien sie durch unser Verhalten eines Besseren belehrt worden und seien jetzt gern auf dieser Station.
Von nun an verlief das Zusammenleben in guter Harmonie.

Dies zeigte sich unter anderem auch darin, wie ich, als es
mir eine Zeitlang nicht besonders gut ging, behandelt wurde.
Der Chefarzt besuchte mich täglich, auch die Schwestern um-
sorgten mich rührend.

Nun stand Weihnachten vor der Tür. Unsere Krankenschwestern sprachen in diesen Tagen nur noch von den Weihnachtsvorbereitungen. Es sei Tradition, erklärten sie uns, zum Weihnachtsfest alle Krankensäle bunt zu schmücken und das Fest
mit fröhlichem Tanzen zu feiern. Weihnachten auf diese Art
und Weise zu begehen, unterscheidet sich erheblich von der
mehr besinnlichen Zeremonie bei uns zu Hause in Deutschland. Die Engländer schmücken ihre Wohnungen mit Girlanden, und der Mistelzweig darf nirgends fehlen. Nach altem
Brauch ist es erlaubt, jede Frau, jedes Mädchen, die sich unter
dem Mistelzweig aufhält, zu küssen.

Die Matron

Das Besondere am Weihnachtsfest im Royal Hospital war, daß
die Matron, die Oberin, den am schönsten geschmückten

Krankensaal kürte. In diesem Raum durften dann alle gehfähigen Patienten das Tanzbein schwingen. Wir Kriegsgefangenen glaubten zunächst an eine Märchenstunde, als wir hörten, daß unsere Krankenschwestern sich wünschten, die Matron möge unseren Saal zum schönsten auswählen! In Deutschland waren längst alle offiziellen Vergnügungen untersagt. Natürlich war auch den Briten klar, daß es im Krieg um „Sein oder Nichtsein" ging, und auch sie trauerten um ihre Gefallenen. Dennoch waren sie der Meinung, daß das Leben mit all seinen Facetten weitergehen müsse. Dazu gehörte eben auch der traditionelle Weihnachtstanz.

In unserem Saal wurde eifrig debattiert. Bei uns werde es sowieso keinen Tanz geben, darin waren wir uns alle einig. Wir glaubten nicht, daß die Matron das Krankenzimmer der Kriegsgefangenen überhaupt in Augenschein nehmen würde. Das sagten wir auch den Schwestern.

„Ihr kennt unsere Matron nicht! Wenn sie etwas durchsetzen will, dann schafft sie es auch. Tradition bedeutet ihr sehr viel", entgegneten sie.

Die Matron war zur damaligen Zeit die höchste Instanz im Hospital. Sie war nicht nur den Krankenschwestern gegenüber weisungsberechtigt, sondern auch den Ärzten, letzteren aber nur in verwaltungstechnischer Hinsicht. Die medizinische Leitung hatte der Chefarzt. Unsere Matron war eine ältere, für uns junge Soldaten „uralte" Dame. Allerdings war ihr Alter schwer einzuschätzen. Aber auf jeden Fall war sie eine würdige, Respekt verdienende, untadelige Person. Die Schwestern verehrten sie. Auch wir Gefangenen erfuhren im Laufe der Zeit ihre beispielhaft gelebte Menschlichkeit. Sie begegnete uns verwundeten Deutschen mit derselben Würde und Nächstenliebe wie allen Patienten, was unsere unangenehmen Erfahrungen während der langen Gefangenschaft positiv überstrahlte. Durch ihr humanes Denken und Handeln bewirkte die Matron in unseren Köpfen mehr als alle Umerziehungsmaßnahmen und Reden britischer Politiker zusammen.

Andere Länder, andere Sitten

Um den Frieden und das gute Verhältnis zu den Schwestern nicht zu gefährden, beschlossen wir, uns am Schmücken der Krankensäle zu beteiligen, baten aber gleichzeitig darum, Weihnachten auch nach deutscher Sitte feiern zu dürfen. Wir erklärten ihnen, daß wir hierfür einen Tannenbaum samt Ständer und Kerzen benötigen, den anderen Baumschmuck würden wir selber herstellen. Die katholischen irischen Krankenschwestern, die in England ihr Geld verdienten, waren sofort bereit, Baum und Ständer zu besorgen. Um die anderen Utensilien wie Rasierklingen, festen Draht und Stanniolpapier wollten sich die englischen Schwestern kümmern. Da fast alle rauchten, sammelten sie fleißig Stanniolpapier für uns.

Bald begann bei uns ein emsiges Treiben, an dem sich jeder entsprechend seinen Möglichkeiten beteiligte. Mit Rasierklingen schnitten wir aus dem Stanniolpapier Lametta, Streifen für Streifen. Ein Vorteil bei den englischen Rasierklingen war, daß nur eine Seite scharf, die andere stark verdickt war, so daß man damit gut arbeiten konnte, ohne sich zu verletzen. Die Schwestern hatten uns kleine Bretter gegeben, ähnlich den Küchen-Schneidbrettern, die uns als Unterlage dienten. Aus Draht bastelten wir Kerzenhalter und schnitten aus stärkerem Papier Figuren aus wie Engel, Tannenbäume oder Tiere, die wir anschließend mit Wasserfarben bemalten. Die Schwestern hatten uns Tuschkästen, die noch aus ihrer Schulzeit stammten, mitgebracht.

Es war wirklich bemerkenswert, mit welchem Eifer jeder dabei war. Wir glichen einer Gemeinschaft, die um den Erfolg bemüht war. Ein nicht zu unterschätzender Nebeneffekt war, daß wir dadurch von unseren Sorgen und Ängsten, die wir infolge der Kriegssituation hatten, abgelenkt wurden.

Als die irischen Krankenschwestern die Kerzen brachten, präparierten wir diese in Salzwasser, damit sie möglichst wenig tropften. Mit Erstaunen nahmen wir zur Kenntnis, daß die Schwestern die Kerzen aus ihrem Heimatland hatten schicken lassen. Nun wurden die Halterungen aus Draht angepaßt und die Funktionalität wurde getestet. Mit großer Freude stellten wir fest, daß unsere Konstruktion hielt.

Nebenher bereiteten die Schwestern unseren Saal nach englischem Brauch vor, wobei ihnen alle gehfähigen Patienten mit Feuereifer halfen. Bunte Girlanden, ähnlich denen bei uns zur Faschingszeit, wurden quer durch den Raum gespannt. Für uns Deutsche war diese Art von Weihnachtsschmuck gewöhnungsbedürftig. Doch wir begriffen: „Andere Länder, andere Sitten", was zu respektieren war.

Gefährlicher Zwischenfall

Am Nachmittag des 23. Dezember 1944 waren alle Vorbereitungen beendet, es herrschte eine zufriedene Stimmung. Wir waren gespannt, wie den Engländern unser Tannenbaum mit dem selbstgebastelten Schmuck und den Kerzen gefallen würde. Doch dann, am 24. Dezember, um 3 Uhr morgens, schreckte uns das Heulen der Luftschutzsirenen hoch. Die Nachtschwestern und die beiden bewaffneten Posten vor unserem Saal rannten fluchtartig hinunter in die Schutzräume. In der Hektik ließen die Wachen sogar ihre Maschinenpistolen liegen. Um uns Kriegsgefangene kümmerte sich keiner.

Warum die Engländer in solche Panik verfielen, konnten wir uns im ersten Moment nicht erklären. Doch dann offenbarte sich auch uns der Grund: Wir erkannten das Antriebsgeräusch der V1! „Verdammt", fluchten einige, „diese Scheiße hat uns gerade noch gefehlt! Von den eigenen Waffen umgebracht zu werden!"

Als plötzlich das Antriebsgeräusch ausblieb, hielten wir alle den Atem an, denn uns war klar: Das konnte entweder das Umschalten auf die nächste Antriebsstufe bedeuten oder das Aussetzen des Antriebs, das immer dann erfolgte, wenn die Bombe nach unten abgekippt wurde.

Als das Brummen der Antriebswelle wieder einsetzte, ging ein erleichtertes Aufatmen durch unser Krankenzimmer. Kurze Zeit später dröhnten Explosionen. Wie wir später erfuhren, hatte die V1 ihre tödliche Last über dem nahen Manchester abgeladen. Der Angriff, der Tote und Verletzte forderte, drückte die Stimmung in unserem Krankensaal. Ein sinnloser, für den Ausgang des Krieges völlig unbedeutender V1-Einsatz. Selbst der Hauptsturmführer unter uns glaubte inzwischen nicht mehr an die Wunderwaffe.

In Anbetracht des deutschen Luftangriffs würde wohl der Wunschtraum der Schwestern, in unserem Krankensaal Weihnachten zu feiern, Illusion bleiben. Wir konnten nur hoffen, daß er die Stimmung nicht wieder in den Keller brachte. War doch das Verhältnis zwischen uns deutschen Verwundeten und dem Pflegepersonal mit der Zeit nicht nur normal, sondern geradezu herzlich geworden.

Bald nach der Entwarnung hörten wir vom Treppenhaus her Stimmengewirr und die Schritte der in das oberste Stockwerk eilenden Schwestern und Posten. Die Wachen nahmen ihre Waffen wieder auf, setzten sich auf ihre Stühle, als ob nichts gewesen wäre. Zu unserer Ehre muß gesagt werden, daß wir über ihre hektische Flucht in den Keller keine spöttische Bemerkung verloren. Wir hätten ja sowieso nicht fliehen können. Warum sollten also die jungen Wachsoldaten unnötig ihr Leben aufs Spiel setzen.

Unterdessen war der Heilige Abend angebrochen. Obwohl es in den Gesichtern der Schwestern keine äußeren Anzeichen für eine „Eiszeit" gab, wollte bei uns keine rechte Weihnachtsstimmung aufkommen. Unsere Bedrücktheit blieb der Sister, der Oberschwester, nicht verborgen.

„Sag mal, was ist denn mit euch los?" fragte sie mich, den jungen Fallschirmjäger. „Ihr macht alle ein Gesicht, als wenn man euch die Suppe versalzen hätte! Freut ihr euch denn nicht mehr auf Weihnachten, obwohl ihr so eifrig bei den Vorbereitungen mitgeholfen habt?"

„Es beschämt uns", erklärte ich ihr, „daß durch den V1-Angriff über unschuldige Menschen Leid gebracht wurde." „Aber damit habt ihr doch nichts zu tun", beruhigte sie mich „es ist nun einmal Krieg, und das Leid wird nicht geringer, wenn ihr vergeßt, daß Weihnachten ist. Wir wollen hoffen, daß dieses Fest das letzte in diesem Krieg sein wird!" Die Worte der Oberschwester verblüfften uns nicht nur, sie machten uns auch sehr nachdenklich. Nachdem sie gegangen war, entbrannte eine heiße Debatte darüber, wie wir uns nun verhalten sollten. Den Schwestern zuliebe, darin waren wir uns schließlich einig, wollten wir kräftig zum Gelingen des Festes beitragen. Sie hatten sich wirklich alle erdenkliche Mühe gegeben, es nach den Wünschen der Patienten auszurichten. Wir durften sie deshalb nicht enttäuschen. Allerdings waren wir felsenfest davon überzeugt, daß ihr Traum, in unserem Saal tanzen zu können, nach dem V1-Angriff ausgeträumt war.

Weihnachtsüberraschungen

Langsam wurde es dunkel. Kaum hatten wir die Kerzen des Christbaumes angezündet und einige Weihnachtslieder angestimmt, hörten wir entfernten Chorgesang. Die Tür ging auf, und in unserem Krankenzimmer erschien der Kirchenchor, um auch uns die frohe Weihnachtsbotschaft zu verkünden. Anschließend trugen wir einige deutsche Weihnachtslieder vor. Die besinnliche Stunde gipfelte im gemeinsamen Singen von „Stille Nacht, heilige Nacht". Obwohl jede Gruppe den Text in ihrer Muttersprache artikulierte, erreichten wir eine beeindruckende Harmonie.

Nachdem sich die Chormitglieder mit den besten Wünschen verabschiedet hatten, trat eine besinnliche Stille bei uns ein. Jeder hing seinen eigenen Gedanken an die Angehörigen daheim nach. Die Sorgen um das ungewisse Schicksal der Lieben kamen wieder hoch und machten es uns schwer, Schlaf zu finden.

Der erste Weihnachtstag begann mit einem unerwarteten Erlebnis. Der Bischof von Manchester, der die Patienten im Royal Hospital Salford besuchte, kam auch in unseren Saal und wünschte uns ein frohes Weihnachtsfest und baldige Genesung.

Zum Mittagessen erlebten wir die nächste Überraschung. Wir konnten es kaum fassen, es gab für jeden ein Gläschen mit einem Schlückchen Whisky! Auf unseren Einwand, es sei doch sicher verboten, Kriegsgefangenen Alkohol zu verabreichen, meinten die Schwestern lächelnd: „Tradition is tradition!" Es sei eine so kleine Menge Whisky, eigentlich bedeutungslos, aber der Tradition sei Genüge getan. Für einige von uns war es der erste Whisky ihres Lebens.

Canon Peter Green

Der Nachmittag rückte heran, unsere Spannung stieg. Würde canon Peter Green, der uns einmal in der Woche besuchte, trotz des V1-Beschusses zu uns kommen?

Der canon (Stiftsherr), ein ruhiger, älterer Herr, hatte uns gleich am ersten Freitag nach der Belegung des zivilen Royal Hospital mit uns deutschen Verwundeten – und danach regelmäßig jeden Freitag – in Begleitung einiger Damen aus seiner Gemeinde besucht. Schweigend legte er jedem Patienten ein Päckchen Zigaretten auf den Nachttisch. Seine einzigen Worte waren „Good evening boys" beim Betreten und „Good night boys" beim Verlassen des Saales. Obwohl wortkarg, strahlte Pastor Green eine aus tiefstem Herzen rührende Freundlichkeit aus. Wir Kriegsgefangenen verstanden nicht, warum er das für uns tat. Im Land des Feindes eine solche menschliche Behandlung zu erfahren, konnten wir nicht begreifen, hatte uns doch die nationalsozialistische Erziehung etwas ganz anderes gelehrt. Inzwischen hatten wir uns an die Besuche von canon Green gewöhnt, und das nicht nur wegen der Zigaretten.

Am späten Nachmittag sollte sich die Spannung lösen. Pünktlich zur üblichen Zeit öffnete sich die Saaltür und zu unserer Erleichterung betrat der Pastor in Begleitung einiger weiblicher Mitglieder seiner Gemeinde, die zwei Waschkörbe trugen, den Raum. Und unsere Verblüffung war riesengroß, als sich herausstellte, daß die Körbe Geschenke für uns enthielten. Jeder Einzelne wurde bedacht. Ich bekam einen Schal aus reiner schottischer Wolle, superweich, den ich heute noch besitze. Neben den individuellen Geschenken gab es noch für jeden eine Schachtel Zigaretten. Wir waren sprachlos. Nie und nimmer hätten wir uns träumen lassen, als Kriegsgefangene im Feindesland zum Weihnachtsfest beschenkt zu werden!

Herzlich bedankten wir uns. Ich wurde beauftragt, den Geistlichen zu fragen, in welcher Weise wir unsere Freude und Dankbarkeit bezeugen könnten. Canon Green bat uns daraufhin in fließendem Deutsch, was uns abermals sehr überraschte, man möge ihm ein deutsches Weihnachtslied vorsingen. Nachdem die erste Verwirrung überwunden war, stimmte ein Uscha, ein Unterscharführer der Waffen-SS, „Stille Nacht, heilige Nacht" an, und alle im Saal fielen ein. Danach sangen wir noch andere deutsche Weihnachtslieder.

Mit bewegten Worten bedankte sich der canon. Er habe seinerzeit in Deutschland studiert, erzählte er uns, und die deutschen Weihnachtslieder seien ihm in guter Erinnerung. Unser Gesang sei für ihn das schönste Weihnachtsgeschenk seit vielen Jahren gewesen. Er wechselte dann noch mit jedem einzelnen ein paar Worte und verabschiedete sich bis zum nächsten Freitag.

Nachdem wir um die guten Deutschkenntnisse des canon wußten, waren wir sehr froh, daß in seiner Gegenwart unsererseits nie ein flapsiges Wort, wie das bei Soldaten schon mal üblich ist, über ihn gefallen war. Mit dem Besuch von Pastor Green, mit dem ich bis zu seinem Tod in Briefwechsel stand, war doch noch eine leichte Weihnachtsstimmung bei uns aufgekommen. Für kurze Zeit waren alle Sorgen um die Lieben daheim verdrängt.

Tradition is tradition!

Die Schwestern, die das Lied „Stille Nacht, Heilige Nacht" mit englischem Text mitgesungen hatten, warteten mit Ungeduld auf das Erscheinen der Matron. In der Mittagszeit hatte sie schon mal kurz bei uns hereingeschaut, war aber kommentarlos wieder gegangen. Wir nahmen an, daß damit ihr Weihnachtsbesuch sein Bewenden hatte. „Sie kommt bestimmt noch einmal herauf", widersprachen die Schwestern, „die Matron hatte sich sicher nur ein erstes Bild machen wollen." Also abwarten.

Gegen 17 Uhr erschien tatsächlich die Oberin noch einmal. „Good evening boys! I wish you a merry Christmas", begrüßte sie uns, lief ein paar Schritte durch den Saal und nickte dabei mit dem Kopf, als ob sie es bejahen wollte, bis schließlich die entscheidenden Worte fielen: „Dieser Saal ist am schönsten dekoriert. Nach der Tradition des Hospitals wird hier der Weihnachtstanz stattfinden!"

Die Schwestern klatschten vor Begeisterung in die Hände, und wir Patienten, von ihrer Freude angesteckt, schlossen uns dem Applaus an, obwohl wir es immer noch nicht fassen konnten, was hier vorging. Unbegreiflich, in einem mit deutschen Kriegsgefangenen belegten Krankensaal sollte getanzt werden! Ob das die Wachposten vor unserer Tür überhaupt zuließen?

Bald darauf hörten wir, wie sie mit ihrem Vorgesetzten telefonierten. Und es dauerte auch nicht lange, bis ein Major erschien und – wie konnte es anders sein – die Tanzveranstaltung untersagte. Daraufhin verständigten die Schwestern sofort die Matron, die den Major, der bereits im Begriff war, das Hospital zu verlassen, gerade noch zur Rede stellen konnte. Sie verbat sich seine Einmischung in die Belange des Hospitals.

„I am the matron! Tradition is tradition, and you go off!" – Die weithin hörbaren, deutlichen Worte der Matron trieben dem Offizier die Zornesröte ins Gesicht, nur mühsam konnte er sich beherrschen. Ein für uns unglaubliches Geschehen: Eine Frau wies einen Stabsoffizier im Dienst zurecht. Das sprengte unsere Vorstellungskraft. Noch lange nach Weihnachten diskutierten wir darüber, und was dabei besonders bemerkenswert war: Der SS-Hauptsturmführer wirkte nach diesem Erlebnis sehr, sehr nachdenklich.

Nachdem der Major gegangen war, entfalteten die Schwestern ein emsiges Treiben. Ein Klavier wurde in unseren Saal geschoben, keiner konnte sagen, wo es plötzlich herkam. Noten lagen dabei, und natürlich wurde die Frage gestellt, ob von uns jemand Klavier spielen könne. Der Uscha, der vorher die deutschen Weihnachtslieder angestimmt hatte, erklärte sich sofort bereit, den Klavierpart zu übernehmen. Mit seinem „Gipshaxen" könne er sowieso nicht tanzen, meinte er scherzhaft. Und bald erfüllten flotte Weisen den Raum.

Wie ein Lauffeuer verbreitete sich im Hospital die Nachricht, daß der Weihnachtstanz im „deutschen Saal" stattfindet. Als erste erschienen die verwundeten Engländer, die eine Etage tiefer untergebracht waren, und forderten unsere Krankenschwestern zum Tanz auf. Später kamen noch mutige Zivilisten aus anderen Sälen dazu. Schließlich faßten auch wir uns ein Herz, nicht zuletzt auf Drängen der Schwestern, und baten sie zum Tanz. Selbst die Posten drehten eine Runde, wobei ihre Waffen achtlos auf den Stühlen lagen. Abwechselnd stellten sich die Schwestern unter den Mistelzweig, nach altem Brauch die Herren auffordernd, sie zu küssen. Dem Tanzvergnügen mußte ich junger Kerl, von meinem Gips daran gehindert, leider zuschauen. Doch die Schwestern, die an meinen „Galgen" ebenfalls einen Mistelzweig gehängt hatten, setzten sich in den Pausen an mein Bett, um von mir „armen" Mann einen Kuß zu rauben. Eine durchaus angenehme Behandlung!

In der Zwischenzeit hatte ein Engländer den Uscha (Unterscharführer) am Klavier abgelöst. Unter den Briten, die in den deutschen Saal gekommen waren, befand sich auch ein irischer Captain, mit dem ich mich angeregt unterhielt. Auf die Frage, warum er als Ire bei der britischen Armee diene, antwortete er: „Wir Iren müssen von den Briten lernen, wie wir uns selbst verteidigen können." Den Einwand, daß er für eine fremde Sache sein Leben riskiere, tat er damit ab, dies sei nun einmal das Risiko des Lernenden. Seine Verletzung war zum Glück nicht allzu schwer, nach Ausheilung seiner Wunden wollte er nach Irland zurückkehren. Er gab mir seine Heimatanschrift und betonte, daß ich jederzeit, auch wenn noch Krieg sei, bei ihm willkommen sei. Ich bedankte mich und versprach, im Bedarfsfall davon Gebrauch zu machen. Nach dem Krieg schrieben wir uns noch eine Zeitlang. Der Captain hatte nach seiner Genesung die britische Armee verlassen.

In unserem Saal herrschte eine unbeschwerte, fast ausgelassene Stimmung. Als wäre gar kein Krieg mehr. Bis um Punkt 24 Uhr die Matron erschien und die allgemeine Bettruhe verkündete. Damit ging ein ereignisreicher Tag voller Überraschungen friedlich zu Ende.

Am zweiten Weihnachtstag kam auch das Küchenpersonal zu uns und wünschte frohe Weihnachten und baldige Genesung. Der Bitte der Frauen, deutsche Weihnachtslieder zu singen, leisteten wir sehr gern Folge. Am späten Nachmittag begann das Tanzvergnügen aufs Neue. Natürlich waren auch die Mistelzweige noch an ihren Plätzen.

Trotz der vorausgegangenen Fröhlichkeit kreisten in der nächsten Nacht unsere Gedanken wieder um unsere Familien. Wie war es ihnen zu Weihnachten ergangen?

Es ist fast unmöglich, unseren Seelenzustand zu beschreiben, der besonders in jenen Tagen und Nächten ständig zwischen Freude, Dankbarkeit, Sorgen und Ängsten wechselte.

Am 29. Dezember erschien nach dem Frühstück der Bürgermeister von Salford mit Gattin und Stab, um nach den verwundeten Briten auch uns deutsche Verwundete zu begrüßen und gute Genesung zu wünschen. Am nächsten Tag wurde er dafür in der Presse angegriffen. Auf der ersten Seite war groß aufgemacht die Titelstory zu lesen: „Lord Mayer defends his visit at German wounded". Sein Einwand, auch deutsche Verwundete seien Menschen, wurde nicht nur ignoriert, sondern spöttisch kommentiert. Manche beschimpften ihn wegen seiner Haltung. Doch der Bürgermeister widerstand nicht nur diesen Angriffen, sondern betonte obendrein, jederzeit den Besuch zu wiederholen. Wir Deutschen, aber auch unsere Krankenschwestern empfanden großen Respekt vor so viel Zivilcourage.

Weihnachten 1944 bleibt unvergessen. Die Nächstenliebe und Herzenswärme, die ich als junger Kriegsgefangener von Menschen wie der Matron, den Krankenschwestern, canon Peter Green und dem Bürgermeister von Salford erfuhr, haben bei mir tiefe Spuren hinterlassen.

Am 16. Juli 1947, einen Tag vor meines Vaters Geburtstag, wurde ich in Munsterlager aus der Kriegsgefangenschaft entlassen. Nach seinen Worten war es das schönste Geburtstagsgeschenk, das er je bekommen hatte. Nach Jahren der Trennung kehrte ich zu meinen Eltern und meiner Schwester zurück, die in Ostwestfalen eine neue Heimstätte gefunden hatten. Meine Heimat Oberschlesien habe ich nie wiedergesehen.

Aus dem noch unveröffentlichten Manuskript „Menschlichkeit auch in schweren Kriegszeiten".

[Bevergern, heute Stadtteil von Hörstel, Kreis Steinfurt,
Nordrhein-Westfalen;
1944]

Peter Leroy

Ein Christbaum zweiter Wahl

Es war schon recht winterlich mit Temperaturen um null
Grad, nachts gab es leichten Frost. Wir lagen als Flakschutz
für das Nasse Dreieck*) in Bevergern, südlich Mittellandka-
nals, in Stellung. Die Alliierten waren nach ihrer Landung in
Frankreich durch Belgien und die Niederlande gekommen und
nun im Anmarsch auf das Münsterland. Daher wurden auf
Befehl der Wehrmachtsführung auch vor Bevergern MG-Stel-
lungen zur Erdverteidigung ausgebaut. Dazu mußten auch
einige Soldaten von uns abgestellt werden. Laut Plan wurde
eine MG-Stellung vor dem Friedhof gegraben.

Inzwischen war Weihnachten nicht mehr fern. Seit Tagen
suchten wir für unsere Stellungsbaracke einen Weihnachtsbaum. In den Wäldern dort gibt es aber beinahe ausschließlich Laubbäume. Ausgerechnet beim Bau der MG-Stellung
wurden wir fündig. Da stand eine Fichte von zirka anderthalb Metern Höhe, die ohnehin ausgegraben werden mußte.
So hatten wir endlich den langgesuchten Weihnachtsbaum,
den die Männer gleich mit in unsere Stellung brachten.

Die allgemeine Freude hielt nicht lange an. Beim Besuch
des Batterieführers befahl der Oberleutnant, daß wir ihm

---

*) Als „Nasses Dreieck" wird die Gegend bei Hörstel-Bergeshövede be-
zeichnet, wo der Mittelland- vom Dortmund-Ems-Kanal weg und quer
durch den Teutoburger Wald verläuft.

diesen Baum für seine Baracke in der Befehlsstellung zu überlassen hätten. Wir waren enttäuscht und wären am liebsten
gleich losgezogen, um einen neuen zu suchen. Aber wo?

Auf der Nordseite des Kanals standen um einen Bauern-
hof einige etwa zehn bis zwölf Meter hohe Fichten. Unser
Entschluß stand schnell fest: Eine davon mußte uns ihre
Spitze opfern, die unser Weihnachtsbaum werden sollte.

Der Bauernhof war von Bevergern aus nur über eine Pri-
vatbrücke zu erreichen. So machten wir uns eines Abends
mit Soldat Jelineck, einem Naturmenschen, der sich überall
zurechtfand, auf den Weg. Wegen der allgemeinen Verdunk-
lungspflicht war es stockfinster. Kein Licht strahlte irgendwo, und der Himmel war verhangen. Jelineck hatte eine Säge
auf den Rücken gebunden und kroch über die Brücke. Da
bellte der Hofhund!

Wir hielten alle den Atem an, aber es wurde wieder still. Jelineck erreichte die Fichte, kletterte ein Stück daran hoch – da
bellte der Hund wieder!

Eine Stalltür öffnete sich für einige Augenblicke, und ein brei-
ter Lichtstrahl fiel nach draußen.

Als sich alles wieder beruhigt hatte, kletterte Jelineck weiter wie eine Katze nach oben. Plötzlich hörten wir die Säge
kreischen und vernahmen dann den Absturz der Spitze. Es blieb
alles ruhig, und nach einiger Zeit kam Jelineck mit der Fich-
tenspitze über die Brücke zurückgekrochen. Nun besahen wir
alle den zukünftigen Weihnachtsbaum von etwa anderthalb
Metern Höhe. Oh je! Er besaß oben und zirka sechzig Zentimeter tiefer nur vier kahle Zweige ohne jede Verästelung. Eine
kuriose Fichte, die nun ein Weihnachtsbaum werden mußte.
Trotzdem haben wir diesen Baum mit Lametta geschmückt.
Dazu benutzten wir Silberstreifen, die die alliierten Flugzeuge
in großen Mengen zur Störung der deutschen Radargeräte ab-
warfen. Wir erlebten Gott sei Dank einen Heiligen Abend ohne
Fliegeralarm. Jedoch am Abend des Neujahrstages 1945 war
einer der größten Luftangriffe auf das Nasse Dreieck.

Anneliese Zeppenfeld

Meine geliebte Ulla

Es war eine schlimme Zeit für uns alle. Wir hatten Krieg, der Winter kam mit eisiger Kälte, und das Weihnachtsfest 1944 stand vor der Tür. Während die Erwachsenen sich Sorgen machten, freuten wir Kinder uns schon riesig auf das Christkind. Mama hatte mit uns Plätzchen gebacken, die mangels guter Zutaten sehr hart ausfielen und grau aussahen. Aber für uns waren es Köstlichkeiten. Am anderen Morgen waren sie verschwunden, und Mama meinte: „Das Christkind hat sie geholt und bringt sie uns Weihnachten zurück." Wahrscheinlich hätten sie bei meinem Bruder auch nicht lange überlebt!

Ich konnte dem Christkind noch nicht schreiben, habe aber jeden Abend gebetet und ihm meinen Weihnachtswunsch anvertraut.

Endlich war Heiligabend. Papa, der glücklicherweise noch nicht eingezogen worden war, hatte einen Weihnachtsbaum organisiert. Wir begutachteten ihn kritisch von allen Seiten. Er war sehr häßlich. Da holte Papa sein Werkzeug aus dem Keller und begann, den Baum zu verschönern. Er sägte die unteren Äste ab, bohrte Löcher in den Stamm und fügte die Zweige dort hinein. Langsam bekam unser „Krüppel" Format. Mama sah das alles mit gemischten Gefühlen, denn sie hatte schon geputzt und es gab nur diesen einen Raum, der Küche, Eß- und Wohnzimmer in einem war. Aber der Auf-

Das Foto zeigt meinen Bruder und mich. Die Puppe gehörte dem Fotografen. Zu Weihnachten 1944 wünschte ich mir eine eigene.

wand hatte sich gelohnt. Stolz präsentierte Papa sein Werk und begann, Lametta an die Zweige zu hängen. Das war noch vom letzten Jahr und mußte auch noch einige weitere Feste überstehen. Beim Abschmücken des Baumes wurden die Fäden geglättet, in Zeitungspapier eingerollt und für das nächste Jahr aufgehoben. Baumkerzen gab es nicht zu kaufen.

Die Eltern hatten übers Jahr alle Kerzenreste in den unterschiedlichsten Farben gesammelt und Papa hatte das Wachs in einer alten Dose erwärmt. Als es flüssig war, hatte er es in dünne Metallröhrchen gegossen und als Docht vor dem Festwerden einen dicken Faden durchgezogen. So waren unsere Christbaumkerzen entstanden.

Danach wurden wir Kinder geschrubbt. Dazu wurde in der Mitte des Zimmers eine Zinkwanne aufgestellt und dem Alter nach – zuerst das jüngste – wurden wir „feingemacht". Im Ofen brutzelte das Abendessen. Es gab eine Art Kartoffelkuchen mit Zwiebeln und Gewürzen, in einer Form gebakken. In Scheiben geschnitten und noch in der Pfanne gebraten, schmeckte er herrlich. Vor dem Essen las Papa die Weihnachtsgeschichte. Wir erfuhren, daß das Jesuskind noch ärmer war als wir und in einer Futterkrippe liegen mußte.

Nach dem Essen gingen wir zu Bett. In früheren Zeiten kam das Christkind erst am Morgen und auch nur dann, wenn wir vorher in der Christmette gewesen waren. Am ersten Weihnachtstag zogen wir uns rasch im kalten Schlafzimmer an und machten uns auf den Weg zur Kirche. Wir mußten früh dort sein, um noch einen Platz zu finden. Meine langen Strümpfe, die mit Gummiband am Leibchen befestigt waren, kratzten. Obendrein waren sie mir zu kurz, und ich fror jämmerlich unter meinem Rock. Damals gab es noch keine Strumpfhosen, auch lange Hosen waren für Mädchen nicht üblich.

In der Kirchenbank rückten wir eng zusammen, dadurch wurde uns ein wenig wärmer. Es erklangen wunderschöne Weihnachtslieder, laut hallte die Predigt des Pfarrers. Es war sehr feierlich, doch ich sehnte mich nach unserem warmen Küchenofen, in dem Papa vor der Messe bereits Feuer gemacht hatte. Darüber war ich wohl ein wenig eingeschlafen. Mein Bruder stieß mich in die Seite, und ich bekam gerade noch den Refrain des Schlußliedes mit: „Freue, freue dich, oh Christenheit."

Dann stürmten wir nach Hause. Papa hantierte schon in der Küche. Ein Glöckchen läutete, und die Tür wurde geöffnet. Wir standen da und staunten, sahen unsere Tanne hell im Lichterglanz und waren der Meinung, dies sei absolut der schönste Baum. Gemeinsam sangen wir alle ein Weihnachtslied, dann durften wir unsere Geschenke auspacken. Ich bekam gestrickte Socken, Handschuhe und später bei Oma noch einen Schal dazu. Freude und Dankbarkeit heuchelnd, konnte ich meine Enttäuschung nicht verbergen. Waren denn all meine Gebete vom Christkind nicht erhört worden?

Da entdeckte ich plötzlich noch etwas unter dem Weihnachtsbaum. Ich sah genauer hin und – tat einen Freudenschrei. Da lag sie, die ersehnte, schon im ersten Augenblick heißgeliebte Puppe!

Sie schaute mich mit blauen Augen an, und ich drückte sie sehr vorsichtig an mein Herz. Sie war vom Hals bis an die Füße eingewickelt und zusätzlich noch mit einer Binde fixiert, die fest angenäht war. Sie sei noch ein Baby, meinte die Mama. Daher auch das Aussehen – wie die Wickelkinder in alten Zeiten. Außerdem wäre an der Puppe ein Schildchen angebracht gewesen, worauf gestanden hätte: „Nicht auspacken!" Das wollte ich auch nicht. Ich liebte dieses Wesen heiß und innig und nannte es Ulla. Wir waren unzertrennlich. Ich erzählte meinem kleinen Schatz alle Geheimnisse, die ein Kind haben kann.

Mein Bruder bekam in dem Jahr einen Ball, der schrecklich hart und schwer war. Für die Jungen draußen war das kein Problem. Später hörte ich, daß der Ball aus alten Autoreifen hergestellt worden war. Es waren gute Beziehungen nötig, um an so etwas zu kommen.

Nach langer Zeit wollte ich meiner geliebten Puppe – sie war inzwischen unansehnlich geworden – eine saubere Windel gönnen und packte sie nun doch aus. Da sah ich, daß meine Ulla weder Arme noch Beine hatte. Ich war verzwei-

felt und weinte bitterlich. Mama nahm mich in den Arm und
tröstete mich. Sie erklärte mir, daß es jetzt im Krieg sehr
viele Menschen, auch Kinder, ohne Arme und Beine gäbe.
Natürlich würden sie trotzdem geliebt, vielleicht gerade deshalb noch mehr. Das verstand ich und ich liebte meinen „kleinen Krüppel" weiterhin abgöttisch.

Jahre später, nach der Währungsreform, als man wieder
alles kaufen konnte, gab es auch Puppenersatzteile. Wir hatten hier am Ort sogar einen „Puppendoktor", der alles reparieren konnte. Am ersten Weihnachtsfest danach stand meine Ulla mit Armen, Beinen und einem neuen Kleid unter
dem Tannenbaum. Meine Freude war groß. Glücklich nahm
ich meine wiederhergestellte Ulla in die Arme. Mein Herz
hing wie eh und je an diesem Puppenkind.

Nun war ich aber schon neun Jahre alt, und hatte jetzt
auch noch andere Interessen. So kam es schon mal vor, daß
ich ein Weilchen ohne Ulla sein konnte, ohne sie zu vermis-
sen. Als aber eines Tages mein geliebtes Puppenkind verschwunden war, suchte ich verzweifelt tagelang nach ihr. Ein
unverhoffter, sehr trauriger Abschied!

Mutter erzählte mir später, Ulla sei in gute Hände gekommen. Ein Kind, ärmer als wir es je gewesen waren, sei nun
sehr glücklich mit ihr. Für mich war das ein schwacher Trost.
Es war bitter für mich, und ich fand es nicht richtig, mir das
Liebste ohne meine Zustimmung wegzunehmen. Man hätte
mich fragen können! Vielleicht hätte ich Ulla ja sogar angesichts der Notlage der anderen Familie freiwillig hergegeben.
Die Erinnerung an sie blieb bis heute. Auf die Frage, welches mein schönstes Weihnachtsfest war, gibt es nur eine Antwort: Das Weihnachten mitten im Krieg, als mir das Christkind meine heißgeliebte Ulla schenkte.

[Karlsbad, Böhmen*) – Hof, Bayern;
1943–1947]

Gunda Rechter

Die Weihnachtsmandeln

Eine Mutter von vier Kindern mußte während der Kriegsjahre schon zusehen, wie sie über die Runden kam. In Karls-
bad war das nicht anders als überall in Deutschland. Die
Grundnahrungsmittel waren rationiert. Ohne Marken beziehungsweise Bezugsscheine gab es nichts. Alles andere war
sowieso nicht zu bekommen; es sei denn, man hatte Beziehungen oder irgendwelche Tauschobjekte auf Lager. Maria
hatte beides nicht, dafür aber war sie überaus geschickt und
besaß viel Phantasie. Und außerdem hatte sie Großmutter,
die mit im Haus wohnte, kochte und die Kinder im Zaum
hielt, wenn sie selbst einmal anderweitig beschäftigt war.

Das war Maria besonders, wenn es auf Weihnachten zuging;
da hatte sie wirklich alle Hände voll zu tun. Sie war nämlich
eine Meisterin des „Puppenherrichtens". Aus kleinsten Stof-
fetzen zauberte sie die schönsten Kleidchen, die man sich denken kann. Dazu strickte sie kleine Westen und Mützen, sogar
Schuhe aus kunterbunten Wollresten, und staffierte so die Puppen ihrer eigenen Mädchen, mehr noch aber die der Kinder
anderer Leute aus. Ihr Talent hatte sich schnell herumgespro-
chen. Sie konnte sich vor Aufträgen kaum retten. Die Entloh-
nung erfolgte – wie zu jener Zeit allgemein üblich – meist in
Naturalien. Ein paar Äpfel, Nüsse, ein Körbchen Kartoffeln,

---

*) heute Karlovy Vary in Tschechien

ein Glas Marmelade oder gar ein Töpfchen Schmalz, das alles waren willkommene Zusatzrationen für eine sechsköpfige Familie.

Zuweilen bekam Maria auch mal etwas ganz Besonderes, ein Stück Seife zum Beispiel oder ein paar Buntstifte für die Kinder. Es gab seltsamerweise immer noch Familien, die derartige Schätze auf Vorrat hatten. Als sie allerdings eines Tages von sogenannten besseren Leuten ein Tütchen echte Mandeln als Lohn erhielt, kam das schon fast einem Weihnachtswunder gleich. Stolz zeigte die Mutter ihre Kostbarkeit den Kindern; und diese akzeptierten selbstverständlich, daß die Mandelkerne für das Christkind aufgehoben werden mußten. Um jeden Zwischenfall auszuschließen, wurden sie von der Mutter auch gleich gut versteckt.

Es kam der Heilige Abend. Großmutter thronte ehrwürdig direkt neben dem Lichterbaum in ihrer schönsten schwarzen Sonntagsschürze im Sessel. Maria stimmte „Ihr Kinderlein kommet" an. Die Buben und Mädchen konnten sich aber nicht recht konzentrieren. Zu ungeduldig warteten sie auf die Bescherung. So spannte die Mutter sie auch nicht länger auf die Folter und überreichte einem nach dem andern sein Geschenk. Neben neuen Puppenkleidern für die Mädchen gab es wie üblich selbstgestrickte Socken und Handschuhe – sie waren Großmutters Spezialität; dazu Äpfel, Nüsse, Buntstifte und sonstige Kleinigkeiten, die Maria sich mit der Anfertigung der Puppenkleider verdient hatte.

Als letzte wurde Großmutter beschert, und sie – den Kindern verschlug es fast den Atem – bekam das Tütchen Mandeln. Stolz nahm sie ihr Geschenk in Empfang. Sie öffnete es nicht, hielt es ganz fest in der Hand und wäre nicht im Traum auf den Gedanken gekommen, davon zu kosten; noch weniger, den Kindern auch nur ein Versucherle anzubieten. Selbstbeherrschung zählte für sie zu den Tugenden, die man Kindern nicht früh genug beibringen konnte. Die sehnsüchti-

Das Foto zeigt meine Mutter und ihre vier Töchter 1944 zu Hause in Windsheim unter dem Christbaum. Links oben stehe ich mit meiner großen Puppe, die ich von einer Nachbarin, deren Kind verstorben war, geschenkt bekam.

gen, neidischen Blicke der Kleinen rührten sie nicht im geringsten. Sie ignorierte sie mit undurchdringlicher Miene. Natürlich hätte keines der Kinder gewagt, sie auch nur um eine einzige Mandel zu bitten. Dazu hatten sie viel zu großen Respekt vor der Großmutter.

Das Tütchen verschwand in Omas Stube und wurde von seiner Besitzerin wohlgehütet. Ihre eiserne Selbstdisziplin verbat ihr, jemals davon zu essen. Die Mandelkerne waren ja wirklich viel zu wertvoll!

Als die Familie 1945 das Haus räumen mußte, kam der „Schatz" erstmals wieder zum Vorschein und gehörte zu Großmutters wichtigsten Umzugsgütern, die sie sicherheitshalber unter ihrem Mantel – sozusagen am eigenen Leib – mit sich trug. Selbst die Aussiedlung nach Bayern im Jahr 1946 überstand das Mandeltütchen noch unter diesem besonderen Schutz und gelangte schließlich mit seiner Besitzerin heil und unversehrt bis nach Hof.

Die Großmutter ist inzwischen gestorben. In ihrem Testament waren die Karlsbader Weihnachtsmandeln wohl nicht aufgeführt. So ist auch nicht bekannt, was letztlich aus ihnen geworden ist. Ihre Enkelin, die mir die Geschichte erzählte, hält es aber durchaus für möglich, daß sie heute noch existieren. Denn sie kann sich beim besten Willen nicht vorstellen, daß irgendein Familienmitglied es je gewagt hätte, Großmutters „heilige Mandeln" respektlos wegzuwerfen, selbst wenn das Verfallsdatum – hätte es so etwas damals schon gegeben – nach mehr als fünfzig Jahren längst abgelaufen wäre.

*(Weitere **ZEITGUT**-Beiträge dieser Autorin sind im Autorenverzeichnis am Ende des Buches vermerkt.)*

[Esch bei Elsdorf im Rheinland,
Nordrhein-Westfalen;
1944]

Hilde Haas

Späte Gäste am zweiten Weihnachtsfeiertag

Die Vorweihnachtszeit 1944 verlief schon in einer merkwürdig beklemmenden Stimmung. Trotzdem wurde gebacken und gebastelt. Und wir Kinder genossen die Vorfreude wie in all den Jahren davor. Ich war elf Jahre alt und schrieb Briefe an den Nikolaus und das Christkind. Ich bekam immer eine schöne Antwort, alles in Sütterlin. Bis zum zweiten Schuljahr hatte ich diese eigenwilligen Buchstaben noch gelernt und konnte sie lesen. Ich glaubte, daß dies die Schrift aller älteren oder ehrwürdige Menschen sei, auch meiner Eltern.

Am Abend vor dem Fest rumpelte es in unserem Wohnzimmer. Das waren natürlich die Engel und das Christkind!

Zu sehen bekamen wir nichts, denn die Türklinke konnte man abziehen, deshalb war Spionieren unmöglich. Daß Vater gerade fehlte, wenn es im Weihnachtszimmer laut wurde, fiel nicht auf, weil er oft in seiner Werkstatt arbeitete.

Dann war endlich der Heilige Abend da. In unserer Dorfkirche in Esch stand eine der schönsten Weihnachtskrippen weit und breit. Hinter dem Hochaltar war eine Gebirgslandschaft mit dunklen Tannen aufgebaut, durch die Hirten herunterkamen, die ihre Schafe auf den Schultern trugen. Vor der Hütte, in der das Jesuskind in einer Krippe lag, standen Maria und Josef, Ochs und Esel. Es war ein Weihnachtsmärchen!

Wir Mädchen und Jungen sangen aus voller Kehle die schönen Weihnachtslieder und freuten uns auf die Geschenke, die wir nach der Mette zu Hause bekommen würden. Natürlich war die Bescherung immer der Höhepunkt.

Wenn Vater nachschaute, ob das Christkind gekommen war und Geschenke gebracht hatte, bald darauf das Glöckchen klingelte, dann gab es nur noch Staunen und Freude, auch über die kleinen Geschenke. Stifte und Papier zum Pausen und Malen für mich fehlten nie. Ein Teller voller Leckereien erfreute uns – auch 1944. Stets wurde unter dem Lichterbaum – bei uns damals bereits mit elektrischer Beleuchtung – gesungen. Wenn Vater zur Feier des Tages dazu Mundharmonika spielte und ein paar Wunderkerzen anzündete, war das wirklich der Höhepunkt.

An besonderen Tagen bekamen wir immer Besuch von einer Cousine meines Vaters, die bucklig war und eine Hasenscharte hatte. Das hat mich nie gestört, im Gegenteil! Sie war ledig und immer elegant gekleidet. Ihren Fuchspelz, der nach einem feinen Parfüm roch, durfte ich überstreifen und mich damit im Spiegel und vor der Familie präsentieren. Ich mochte sie ganz besonders; sie gehörte einfach zum Weihnachtsfest!

Auch ein langjähriger Freund meines Vaters, ebenfalls klein und bucklig, war an solchen Feiertagen ein gern gesehener Gast. Wie die Cousine und Vater arbeitete auch er in der Zuckerfabrik, wo ihre Männerfreundschaft entstanden war. Er hatte sich einen Fotoapparat gekauft, und da er lange Zeit Junggeselle war, stand ihm unsere Familie so manchen Sonntag Modell.

Wir Kinder liebten das Weihnachtsfest so sehr, daß wir mit meinem Freund alljährlich ein Ritual pflegten, von dem die Eltern nichts wissen durften. War der Dreikönigstag am 6. Januar vorbei, holten wir, wenn die Eltern nicht zu Hause waren, den schon ziemlich nackten Weihnachtsbaum wieder in

unsere kleine Küche, zündeten ein paar Kerzenstummel an
und spielten Weihnachtsandacht: Zwei von uns legten sich
das Überhandtuch, das damals in jeder Küche über den Hand-
tüchern hing, über die Schultern. Aus dem Gebetbuch wurden lateinische oder deutsche Verse vorgelesen. Die Stochei-
sen (umgangssprachlich für Schürhaken oder Feuerhaken),
die am Herd hingen, mußten herhalten als Klingel für die
verschiedenen Abschnitte der Messe. Daß wir die lateinischen
Verse nicht verstanden, war einerlei, sangen wir doch an fast
allen Sonntagen in der Messe auch das „Tantum ergo sacra-
mentum, veneremur cernui ..."*) Als Kinder fanden wir das
Lateinische toll. Wir intonierten feierlich alle Strophen, und
heilige Schauer überliefen uns – in der Küche ebenso wie im
Gottesdienst.

Bevor Mutter kam, mußte schnell aufgeräumt werden, was
wir nicht immer schafften, weil der religiöse Eifer uns die
Zeit vergessen ließ. So war es in all den Jahren gewesen, so
würde es sicher auch nach diesem Weihnachtsfest 1944 sein.

Das ging unterdessen bereits seinem Ende entgegen. Am
zweiten Feiertag spätabends klopfte es auf einmal an die Tür.
Als Vater vorsichtig und ein wenig ängstlich öffnete, standen draußen acht frierende Soldaten und ihr Leutnant, der
höflich fragte, ob er für seine Kameraden etwas Heißes zu
trinken bekommen könnte. Wie immer waren meine Eltern
gastfreundlich und baten alle herein.

Mutter hatte auch dieses Jahr zwei riesige Platten Streu-
selkuchen gebacken, den Lieblingskuchen meines Vaters.
Eine davon war noch da. Die wurde aufgeteilt, so daß jeder
der Männer etwas bekam. Die Eltern holten auch mit Wurst
gefüllte Weckgläser aus dem Keller, Mutter schnitt dazu ein

---

*) Das Kirchenlied „Tantum ergo" umfaßt die letzten beiden Strophen des
vielfältig vertonten, vom hl. Thomas von Aquin verfaßten Hymnus „Pan-
ge Lingua": „Laßt uns tiefgebeugt verehren dies erhab'ne Sakrament ..."

Mein Vater und ich 1941. Vater hatte Fronturlaub. Wir stehen im Garten des Fronhofes in Esch, den er immer bearbeitet hatte.

Brot auf. „Muckefuck" war immer vorhanden. Dafür wurde hin und wieder Gerste in einem großen Eisentopf geröstet, wobei ein unangenehmer Geruch entstand, der sich in alle Kleider und Textilien setzte, die nicht zuvor entfernt worden waren. Aber der Kaffee schmeckte.

Nun saßen die Männer um uns herum, manche hockten einfach auf dem Fußboden um den Ofen. Und sie schauten mit leuchtenden Augen zum strahlenden Weihnachtsbaum. Einer sah die ganze Zeit meine kleine Schwester an und meinte: „Die Kleene hat die gleichen schwarzen Augen wie meine Frau!"

Wie groß mußte die Sehnsucht der Soldaten nach ihren Lieben und nach der Heimat sein!

So plötzlich wie sie gekommen waren, mußten sie auch wieder weiter. Wohin marschierten sie?

Darüber sprachen sie nicht. Hatten sie die Front verlassen, zogen sie einer anderen entgegen?

Ungewiß wie ihr Schicksal war das vieler Tausender in jener Zeit.

Nach Weihnachten kamen immer wieder endlose Trecks an unserem Haus vorbei. Nicht nur Militärfahrzeuge fuhren dort, sondern nun auch manchmal Firmenwagen von Bäckern, „Tempo"-Wägelchen, Kutschen und andere Fahrzeuge. Ich erinnere mich an eine Kutsche mit Nonnen. Das Bild der Ordensfrauen zwischen den Soldaten hat mich so erschreckt, daß ich mehrere Nächte davon träumte und plötzlich immer mehr Angst bekam; hatte doch keiner der Soldaten gelacht oder gesungen. Niemand rief mehr: „Hallo, Kleine!"

Alle schauten stur vor sich hin.

Wo mochten sie alle wohl am Ende des kommenden Jahres 1945 sein? Würden sie einen Platz in der Herberge bis zum nächsten Weihnachtsfest finden – wenigstens in einem einfachen Stall wie die Heilige Familie?

[Altena/Lenne, Sauerland, Westfalen;
Weihnachten 1945]

Erna Rinke

Meine erste Nachkriegsweihnacht

Weihnachten 1945. Wir hatten wieder Frieden. Keine Angst
mehr im Luftschutzkeller, keine Flak und keine Bomber, kein
Heulen der Sirenen. Es war plötzlich so still um uns her. Bis
wir es begriffen, das dauerte seine Zeit. Ich war 13 Jahre alt.
Mein Vater war bei uns, er konnte im August aus der amerikanischen Kriegsgefangenschaft heimkehren. Wir hatten zu
Weihnachten nur einen Wunsch: Uns einmal richtig sattessen
zu können. Die Zuteilungen auf Lebensmittelkarten waren so
klein, daß wir ständig Hunger litten. Öfter schon war mein
Vater deshalb „hamstern" gegangen, das heißt, er hatte bei
verschiedenen Bauern versucht, etwas Eßbares zu bekommen,
vielleicht Brot oder ein paar Kartoffeln. Er solle erst einmal
einen Tauschgegenstand mitbringen, wurde ihm gesagt, dann
bekäme er auch was. Bei uns zu Hause gab es nichts zum Tauschen, wir hatten selbst nur das Nötigste. Also mußte ich mich
von meiner Puppenstube trennen, was für mich mit vielen Tränen verbunden war. Wer kann sich vorstellen, was es für ein
Kind bedeutet, das Liebste, was es hat, herzugeben?

Ich hing sehr an meiner Puppenstube. Ich hatte sie im Alter von vier Jahren zu Weihnachten bekommen. Meine Freude war riesengroß und währte lange. Die Puppenstube bestand aus einer Küche und einem Schlafzimmer. Sie war komplett eingerichtet mit wunderschönen Möbeln, sogar ein Herd
aus Metall fehlte nicht. In den kleinen Töpfen konnte man

kochen, indem ein Kerzenstück angezündet und in den Herd gestellt wurde. In der Beerenzeit habe ich Heidelbeer-, Himbeer- und Preiselbeerkompott für meine Püppchen gekocht. Für mich als Puppenmutter gab es einen geregelten Tagesablauf. Am Abend brachte ich meine Puppen ins Schlafzimmer und dort zu Bett. Zur guten Nacht sang ich ihnen ein Schlaflied. Es gab in den beiden Stuben auch Fenster mit Gardinen davor, Tapeten an den Wänden und kleine Teppiche. Alles in allem war die Puppenstube für mich das Schönste und Wertvollste, was ich besaß. Aber ich mußte dieses Opfer bringen, damit wir nicht verhungerten.

Nun zog mein Vater mit einem Handwagen über die Berge und bekam bei einem Bauern für die Puppenstube Weizen, Mehl, ein Stück Speck und Kartoffeln. Als die Nahrungsmit-

Das einzige Kinderfoto, das ich besitze, zeigt meine Eltern, unsere Oma, meine Schwester und mich 1938. Wegen zwei schwerer Ohrenoperationen mußte ich einen Verband tragen.

tel zur Neige gingen, blieb uns noch der Weizen, der in unserer großen Kaffeemühle gemahlen wurde. Aus dem Weizenschrot buken wir im Ofen Plätzchen, nur mit Wasser vermengt, ohne Fett und ohne Zucker. Aber wir waren so froh, es schmeckte uns wie Kuchen.

Nun nahte das Weihnachtsfest. Mutter hatte von Speck und Mehl etwas zur Seite gelegt, so daß sie zu Weihnachten Speckpfannkuchen zubereiten konnte. Unser Wunsch hatte sich erfüllt, wir konnten uns endlich wieder einmal richtig satt essen. Wie waren wir glücklich!

Vater hatte ein Tannenbäumchen besorgt. Auf den bunten Tellern lagen die Weizenplätzchen. Wir hatten weiße Weihnachten mit hohem Schnee. Und viel Freude im Herzen, auch ohne Geschenke. „Friede auf Erden", diese Worte hatten Weihnachten 1945 für alle eine große Bedeutung. Wenn ich an dieses und die nun schon so zahlreichen Weihnachtsfeste denke, die darauf folgten, so ist bei allen für mich die friedvolle, anheimelnde Atmosphäre wichtiger gewesen als Geschenke. Davon handelt auch ein Gedicht, das aus meiner Feder stammt.

Der Weihnachtsfrieden

*Wie schön ist's doch, wenn im Advent
die Flocken leis' vom Himmel fallen,
wenn durch die Stuben Düfte zieh'n
und Weihnachtslieder froh erschallen.*

*Die Zeit der Stille und Besinnung,
sie weckt die Freude auf das Fest,
vom Dorf her läuten Kirchenglocken,
in jedem Herz die Hoffnung wächst.*

*Nun ist er da, der Heiligabend,
der Baum erstrahlt im Lichterglanz.
Oh, möge doch der Weihnachtsfriede
erfüllen uns're Herzen ganz.*

[Dölitz bei Gnoien, Mecklenburg-Vorpommern;
Weihnachten 1945]

Ingelore Höpke

Schleckermäulchens Weihnachtsfest

Unvergeßlich bleibt mir Weihnachten 1945. Auf der Flucht von Kronheide bei Stettin waren wir vom zügigen Vormarsch der Russen im mecklenburgischen Dölitz überholt, und so blieben wir an diesem Ort. Familie Klörs, die ein Gasthaus besaß, mußte viele Flüchtlinge aufnehmen; auch meine Mutter, meine beiden Brüder Karl-Heinz und Rolf und ich wurden bei ihnen einquartiert. Die Einrichtung unseres Zimmers bestand aus Ofen, Tisch, vier Stühlen, zwei Betten, einem Schrank und einer Petroleumleuchte. Wir waren dankbar, hier untergekommen zu sein, und froh, daß wir uns alle mit Frau Klörs, der Wirtsfrau, so gut verstanden. Da meine Mutter Handarbeitslehrerin war, beschäftigte sie sich mit Näh- und Strickarbeiten, um damit Lebensmittel und Petroleum tauschen zu können. Sie half auch öfter auf einem Bauernhof, wo sie zu der Bäuerin Frau Hunzinger ebenfalls ein gutes Verhältnis hatte

Nun kam die Weihnachtszeit immer näher und mit ihr die Gedanken an frühere Weihnachtsfeste. Wie ganz anders würde diesmal alles aussehen, so ohne Baum und Plätzchen! Nicht einmal eine Kerze würde leuchten.

Da hatte Mutter die Idee, viele Socken zu stricken, was sie beim Schein der Petroleumlampe sofort in Angriff nahm. Die Socken tauschte sie dann bei Frau Hunziger gegen Mehl ein. Weil sie der Bäuerin auch bei der Gewinnung von Zuckerrübensirup half, bekam Mutter etwas von dem kostbaren Endprodukt ab. Obendrein bot die Bäuerin ihr an, gemeinsam aus diesen Zutaten Plätzchen zu backen. Welch eine Freude für meine Mutter! Jetzt hatte sie für Weihnachten wenigstens Plätzchen für ihre Kinder. Was für ein Jubel aber erst bei uns Kindern, als sie mit den duftenden Plätzchen, die sie in einen Kissenbezug gesteckt hatte, ankam!

Aber noch war nicht Weihnachten. Also wurde der Kissenbezug samt Inhalt auf der Hutablage im Kleiderschrank verstaut.

So verging ein Tag um den anderen. Während Mutter bei der Bäuerin für Essen und Brennholz mithalf, waren wir Kinder allein in dem Zimmer. Tagtäglich hatten wir den Kleiderschrank mit den leckeren Plätzchen vor Augen. Bei dem Gedanken daran lief uns das Wasser im Mund zusammen, und Weihnachten erschien uns noch sooo fern.

Eines Tages öffneten wir vorsichtig den Schrank – oh, wie duftete das lecker! Nur schnell wieder zumachen! Wir warteten auf Mutter, aber als die nicht kam, öffneten wir den Schrank zum zweiten Mal. Warum eigentlich bis Weihnachten warten?, dachte ich plötzlich, schließlich hatten wir schon lange Advent.

„Und überhaupt", wandte ich mich nun an meine Brüder, „die Mama merkt doch gar nicht, wenn da ein paar Plätzchen fehlen!"

Gesagt, getan. Rolf mit seinen fünf Jahren wurde befohlen, sich auf das Bett zu setzen und nicht zu rühren. Weil wir nicht sicher waren, ob er uns verpetzen würde, versprachen wir ihm ganz viele Plätzchen.

Der Schrank hatte unten ein Fachteil für Schuhe. Das war doch ideal, um darauf zu steigen und mit den Händen nach dem Kissenbezug auf der Hutablage zu angeln!

Kleider gab es innen fast gar keine. Als nun mein großer Bruder Karl-Heinz und ich, neuneinhalb und siebeneinhalb Jahre alt, mit unserem Gewicht unten das Schuhteil beschwerten und mit den Händen oben an der Hutablage zogen, neigte sich das leichte Möbel nach vorne, kippte schließlich um und begrub uns beide unter sich. Wie durch ein Wunder blieb der Schrank heil und auch wir beide hatten uns nicht verletzt. Die Kissenhülle mit ihrem verlockenden Inhalt lag auf dem Boden.

Als der erste Schreck vorüber war und zum Glück auch keiner im Hause das Getöse mitbekommen hatte, fragten wir uns, was nun?

„Wir müssen den Schrank hochstemmen", sagte mein Bruder und übernahm auch gleich das Kommando. Gesagt, getan. Wir zwei rappelten uns so gut es ging in die Hocke, immer noch den Schrank über uns, und bewegten mit unseren kindlichen Körpern das riesige Teil langsam nach oben. Es war sehr mühsam und ging nur langsam voran, während mein Bruder immerzu mit hochrotem Kopf keuchte: „Stemmen, stemmen!" – Diese Worte klingen mir noch heute, nach 66 Jahren, im Ohr.

Wir beide schafften es tatsächlich, mit vereinten Kräften den Schrank wieder aufzustellen. Erst jetzt schaute ich mich um und sah unseren jüngsten Bruder immer noch wie vor Schreck erstarrt auf dem Bett sitzen.

Nach der ausgestandenen Angst und dem kräftezehrenden Hochwuchten hatten wir nun wirklich eine ausgiebige Plätzchenmahlzeit verdient!

Unser kleinster Bruder kam dabei auch nicht zu kurz; schließlich mußten wir ihn gleich doppelt zum Schweigen verpflichten. Als unsere Mutter nach Hause kam, war von dem ganzen Plätzchenabenteuer nichts mehr zu entdecken und wir drei eine absolut eingeschworene Gemeinschaft mit versiegelten Lippen.

Nun waren wir auf den Geschmack gekommen. Die Plätzchen hatten zwar rapide abgenommen, aber nichts hielt uns davon ab, am nächsten Tage das gleiche zu wagen. Wir hatten allerdings aus dem umgestürzten Schrank eine Lehre gezogen und nahmen nun einen Stuhl zu Hilfe, um an das heißbegehrte Weihnachtsgebäck zu gelangen. Alles klappte wunderbar, und es schmeckte herrlich.

Leider blieb es auch bei zwei Freveltaten nicht. Inzwischen hatten wir uns so an die guten Plätzchen gewöhnt, daß das heimliche Naschen fast einem Ritual gleichkam. Kaum war die Mutter aus dem Haus, brach für uns die leckere Plätzchenzeit an. Nach einigen Tagen befanden sich nur noch Krümel in der Kissenhülle. Jetzt beschlich uns doch ein mulmiges Gefühl, denn nun stand das Weihnachtsfest ganz nah vor der Tür, und wir hatten zum Fest überhaupt nichts mehr von all den süßen Köstlichkeiten. Vor allem: Wie würde Mutter reagieren?

Es kam, wie es kommen mußte: Wir saßen am Heiligen Abend am Tisch, Mutter stand fröhlich lächelnd auf und ging zum Schrank mit den Worten: „Jetzt hole ich die Plätzchen, und die lassen wir uns alle gemeinsam recht gut schmecken."

Aber wie erstarrte ihr Gesicht, als sie die leere Kissenhülle herausholte! Auch wir hielten die Luft an. Was kam jetzt?

Mit einem ernsten und zugleich traurigen Gesichtsausdruck schaute Mutter uns an und sagte knapp: „Ausziehen und ins Bett!"

Flugs folgten wir aufs Wort. Da waren wir noch mal sehr glimpflich davongekommen, dachten wir im ersten Augenblick. Dann aber fühlten wir irgendwie schmerzlich, daß wir uns um einen schönen Abend betrogen hatten. Ganz tief drinnen ahnten wir, wieviel Mühe und Entbehrung Mutter auf sich genommen hatte, um uns ein paar festliche Stunden bereiten zu können – und wir hatten alles vermasselt!

So lagen wir mit trüben Gedanken im Bett; ich glaube nicht, daß wir schliefen.

Irgendwann klopfte es an der Tür. Wir schreckten hoch, denn das schlechte Gewissen plagte uns. In der Tür stand die Tochter von Frau Hunzinger und wünschte uns eine frohe Weihnacht. Sie trug ein Bäumchen, das in einem Topf eingepflanzt war. Zwei Kerzen steckten darauf, und eine

Kerze hielt sie in der Hand. Einen Korb mit Kartoffeln, Steckrüben, Wurst und Speck brachte sie auch mit. Wir trauten unseren Augen kaum. Es schien uns, als wäre wirklich das Christkind zu uns gekommen. Jetzt war es doch Weihnachten geworden, denn wir hatten ein richtiges Christbäumchen!

Am nächsten Tag kochte unsere Mutter ein tolles Weihnachtsessen und verlor kein Wort über die verschwundenen Plätzchen.

Dieses erste Weihnachtsfest nach dem Krieg wird uns allen immer in Erinnerung bleiben und je älter ich werde, um so mehr wird mir bewußt, was meine Mutter damals für uns geleistet hat.

[Braunsberg, Ostpreußen – Heiligenbeil – Frisches Haff – Frische Nehrung – Pillau – Warnemünde/Ostsee – Schneverdingen, Lüneburger Heide, Niedersachsen; 1945–1951]

Rüdiger Stüwe

Mit meiner Lok im Rucksack übers Eis

Die Lokomotive steht auf meinem Schreibtisch, seitlich vor mir. Ein halbes Kilo wiegt sie, ist zum Aufziehen, Spurbreite 2,6 cm, Höhe mit Schornstein 9 cm, Länge 18 cm. Ein kleines schwarzes Ungetüm mit roten Puffern, roten Seitenleisten und roten Rädern. Ich schiebe sie mit meiner rechten Hand über die linke. Doch will sich das gute Gefühl, das ich in den ersten Jahren nach dem Krieg empfand, wenn die Lok über meine Hand glitt, nicht mehr einstellen.

Dieses einst so geliebte Spielzeug habe ich als Sechsjähriger in meinem Rucksack auf der Flucht übers Eis geschleppt, dann in Pillau auf den Frachter „Rostock", der uns über die Ostsee nach Warnemünde brachte, und schließlich in verschiedenen Eisenbahnzügen mit richtigen Dampflokomotiven, bis wir in dem kleinen verschlafenen Heideort Schneverdingen ausstiegen. Ob ich sie in der uns zugewiesenen Unterkunft gleich auspackte?

Ich weiß es nicht mehr. Aber aufgezogen und über die Dielen unseres Zimmers laufen lassen habe ich sie bestimmt nicht mehr. Dazu war unsere Lage zu ernst. Zu meiner Vorsicht trug sicher auch bei, daß ich sie unerlaubterweise auf die Flucht mitgenommen hatte.

„Nein, Rüdiger, die mußt du hierlassen. Wir können nur das Wichtigste mitnehmen. Außerdem ist sie zu schwer für dich", sagte meine Mutter, als uns Soldaten der deutschen

Meine auf der Flucht gerettete Lokomotive, Spurbreite 2,6 cm, erinnert mich an meine alte Heimat Ostpreußen und an meinen Vater, der 1942 in Rußland gefallen ist.

Wehrmacht am 12. Februar 1945 zur Eile antrieben. Schon wandte sie sich ihrem eigenen großen Rucksack zu und überlegte, was sie noch mitnehmen oder was sie wieder auspacken sollte. Ich stand traurig und unschlüssig da, die Lokomotive noch in der Hand. Da lächelte mir ein Soldat, der die Szene mitbekommen hatte, freundlich zu. Ich faßte das als nachträgliche Erlaubnis von höherer Stelle auf und ließ die Lokomotive wieder im Rucksack verschwinden. Meine Mutter hatte Wichtigeres zu tun, als meinen Rucksack zu kontrollieren.

Nur einmal während unserer Flucht wurde es brenzlig für mich. Nach unserem Marsch über das Eis des Frischen Haffs übernachteten wir in einem Instandsetzungswagen der Wehrmacht auf der Nehrung. Beim Aufbruch nach dem Hafen Pillau am nächsten Morgen stellte sich heraus, daß

N.S.D.A.P.
Ortsgruppe Braunsberg Ost
Stadtgauten

Braunsberg, den 15. Dezember 1944

Zu der am Dienstag, den 19. Dezember 1944 um 14 Uhr in Vereinshaus stattfindenden Weihnachtsfeier der Kriegspatenkinder des Gauleiters Erich K o c h lade ich Sie und Ihre Kinder hiermit herzlich ein.

Der Ortsgruppenleiter

Diese Einladung ist als Ausweis mitzubringen.

Frau Frieda Stüwe
Mühlenstr. 9

einer meiner Handschuhe fehlte. Draußen herrschte eine Eiseskälte. Bei 20 Grad minus kann man sich nicht ohne Handschuhe auf einen längeren Weg begeben. Ich öffnete schnell meinen Rucksack und begann hektisch, aber vorsichtig, darin zu wühlen. Schon streckte meine Mutter fordernd ihren Arm aus, und ich fürchtete die unmittelbar bevorstehende Entdeckung meiner Lokomotive. Da fragte ein Soldat im Wagen: „Ist das Ihr Handschuh?"

Er war es. Erleichtert beeilte ich mich, den Rucksack wieder zuzuschnüren. Abends vorm Schlafengehen hatten wir draußen mit den Soldaten um ein kleines Feuer herum gestanden, um uns aufzuwärmen. Dabei mußte ich den Handschuh ausgezogen und liegengelassen haben.

Wie mir Mutter erzählte, als wir schon einige Jahre Neubürger Schneverdingens waren, hatte mir meine Großtante die Lokomotive mit Eisenbahnwaggons, Schienen und Bahnhof in meinem vierten Lebensjahr zu Weihnachten geschenkt. Staunend und mit großen Augen soll ich davor gestanden haben, während mein Vater die Bahn mit wachsender Begeisterung vorführte. Unser nächstes Weihnachtsfest sollte er nicht mehr erleben, er ist im Juli 1942 in Rußland gefallen.

In unserer zweiten Heimat in Schneverdingen war an Schienen und Waggons natürlich nicht zu denken. Es ging

---

Links: Dieser Einladung der NSDAP-Ortsgruppe Braunsberg in Ostpreußen zu einer Weihnachtsfeier der Kriegspatenkinder mußte meine Mutter Folge leisten. Sie ging mit meinem Bruder und mir am 19. Dezember 1944 zu der Weihnachtsfeier. Ich kann mich daran nicht mehr erinnern. Im Gedächtnis ist mir nur geblieben, daß ich als Geschenk von meinem „Paten" ein Pferdegespann aus Holz bekam. Anlaß solcher Veranstaltungen war, daß der Gauleiter von Ostpreußen, Erich Koch, sich zum Paten der Kinder gefallener deutscher Soldaten erklärt hatte. Erich Koch war es übrigens auch zu „verdanken", daß die Flucht aus Ostpreußen erst sehr spät erlaubt wurde, als es für viele schon zu spät war. Koch selbst hatte sich schon lange vorher aus der Gefahrenzone Ostpreußens abgesetzt.

ums tägliche Überleben. Was würden wir am nächsten Tag zu essen haben?

Fünf Jahre später, als wir aus dem Gröbsten heraus waren, galten Aufzieheisenbahnen, auch Uhrwerkbahnen genannt, als nichts Begehrenswertes mehr. Zu Weihnachten 1951 bekam mein jüngerer Bruder eine elektrische Märklin-Eisenbahn geschenkt. Neid plagte mich angesichts des Surrens und Schnurrens und des Trafogeräusches nicht, denn ich stand vor einem neuen Fahrrad, Marke NSU. Auf die Idee, meine gute, alte Lokomotive zu holen, kam ich nicht. Ich hatte sie vergessen.

Die letzte große Freude mit ihr hatte ich Weihnachten 1948 erlebt. Ein Bekannter meiner Mutter, der uns ab und zu besuchte, auch um von mir unbemerkt, meine inzwischen ramponierte Lok zu reparieren, hatte dies mit großem Erfolg getan, wie sich später herausstellen sollte. Wir wohnten damals bei Holtschenbartels, einem ortsbekannten Holzschuhmacher und seiner Familie. Sie schenkten mir und meinem Bruder am Heiligen Abend eine Holzeisenbahn auf Rädern, ohne Schienen. Die Freude in meinem Gesicht war sicher nicht ganz echt. Noch heute spüre ich ein wenig das Gefühl der Enttäuschung von damals. Natürlich werde ich an meine richtige Eisenbahn zu Hause mit den wunderbaren grünen Waggons, ihren überstehenden schwarzen Dächern, das Klicken beim Einrasten der Verbindungen, die Schienen und das Geräusch des fahrenden Zugs gedacht haben. Der Vergleich wird die Unvollkommenheit der Holzbahn zu offen sichtbar gemacht haben: angemalte Holzklötze letztlich.

Um so größer war meine Freude, als meine Mutter zu später Stunde meine reparierte Lokomotive in mein Blickfeld stellte. Frisch schwarz lackiert sah sie aus wie neu. Ich nahm sie in die Hand, zog sie vorsichtig auf und ließ sie über die Holzdielen unseres Zimmers laufen. Bevor ich ins

Ja, lieber Weihnachtsmann, diesmal braust du deinen Sack nicht so voll machen als im vorigen Jahr bei uns. Ich wünsche mir, erstens einen schön geschmückten Tannenbaum, worauf ein bunter Teller folgt. Jetzt, im Winter wird es tüchtig frieren. Mein sehnsüchster Wunsch sind nun ein paar Schlittschuhe. Im dunklen geh' ich auch nicht gern r'naus, deshalb möchte ich eine Taschenlampe. Viele Grüße, dein Rüdiger.

Mein Wunschzettel für den Weihnachtsmann aus dem Jahr 1950. Die Schlittschuhe, die ich mir so sehnlich wünschte, habe ich tatsächlich zu Weihnachten 1950 bekommen.

Bett schlüpfte, stellte ich sie vor meinem Bett auf, so daß ich sie noch vorm Einschlafen sehen konnte, in ihrer ganzen eisernen Pracht.

(Weitere ZEITGUT-Beiträge dieses Autors sind am Buchende vermerkt.)

[im Argonnerwald, zirka 50 km vom Lager Sedan
entfernt, Frankreich;
1945]

Christian Kergel

Weihnachten 1945 im Argonnerwald

„Alles wirkliche Leben ist Begegnung" (Martin Buber)

Wir sind 15 deutsche Gefangene aller Altersstufen in franzö-
sischer Kriegsgefangenschaft, ich bin der Jüngste, gerade
18 Jahre geworden. Wir sollen hier, im tiefsten Wald, nach
traditioneller althergebrachter Methode Holzkohle herstellen,
als ein Köhlerei-Arbeitskommando. Wir bauen einen Meiler.
Ein erster kreisrunder Metallring von zirka fünf Metern
Durchmesser bildet die Begrenzung. Dann werden die Holzscheite stehend um drei in der Mitte errichtete Pfähle (Quan-
ten) aufgestellt und mit Erde und Rasen belegt. Der Verbren-
nungsvorgang erfolgt unter der geringsten Luftzufuhr, damit
wenig Holz verbrennt und so viel Holzkohle wie möglich entsteht. Nach dem Abkühlen nehmen wir den Meiler auseinander. Das wird auch „Kohlenziehen" genannt. Dann packen wir
die langen Hölzer in „Bündeln" zusammen und tragen sie auf
unseren Schultern durch das unwegsame Waldgelände zu einem LKW, der am Waldrand auf uns wartet.

Es ist für uns eine schwere und ungewohnte Arbeit, zumal wir kräftemäßig und gesundheitlich nach den Wochen
in den Lagern unter freiem Himmel in schlechter Verfassung
sind. Allerdings sind die vollkommen unzureichenden hygie-
nischen und sanitären Verhältnisse auf die Dauer noch bela-
stender als diese schwere Arbeit. Vor allem fehlt es hier im

Das Foto zeigt mich mit 17 Jahren im September 1944 beim Arbeitsdienst in Halbau-Schlesien.

Wald an Wasser. Wir kommen zu unserer Unterkunft von Ruß und Kohlenstaub geschwärzt – oft ist kein Wasser da und wenn, dann reichen sie nicht, diese Pfützen zum Waschen. Nur einmal am Tag kommt ein Bauer mit einem Ochsenkarren und einem Tank, dessen Inhalt für 15 Menschen zum Kochen, Waschen und für die Reinigung der Wäsche und Kleidung niemals ausreicht. Eine intensive körperliche hygienische Reinigung ist unmöglich.

Und die Verpflegung! Eintönig, substanzlos, wenig Gehalt und wenig Nährwert. Die Menge des Essens reicht zwar aus, der Magen wird gefüllt, aber die Kraft fehlt. Geschmack hat es nicht. Größtenteils gibt es Erbsensuppe. Die Erbsen, aus Wehrmachtsbeständen, in Säcken gelagert. Käfer haben sich eingenistet! Der arme Koch schöpft emsig mit einer großen Schaumkelle die Käfer ab, es kommen neue – er führt einen verbitterten Kampf. Hin und wieder beißen wir auf einen Käfer. Es ist widerlich! Oft ohne Salz, ohne Fett, ohne Fleisch. Der

Koch kocht übrigens im Freien auf einer von uns selbst gebauten Kochstelle! Was wird im Winter?

Soviel steht fest. Diese Arbeits- und Lebensbedingungen entsprechen nicht den Bestimmungen des III. Genfer Abkommens zur Behandlung der Kriegsgefangenen, die jeder Gewahrsamsmacht völkerrechtliche und humanitäre Verpflichtung sind!

Wir 15 vom „Köhler-Kommando" sind eine verschworene Gemeinschaft. Jeder hilft jedem, so gut er kann – der Stärkere dem Schwächeren. Wir alle sind beseelt von dem Gedanken: durchhalten, kämpfen, nicht krank werden, damit wir unsere Angehörigen und die Heimat wiedersehen!

So vergehen die Wochen, der Herbst, der Winter steht vor der Tür, der erste in Kriegsgefangenschaft für uns alle. Uns plagen große Sorgen. Wie sollen wir unter diesen Bedingungen, mit der unzureichenden Kleidung und dem schadhaften Schuhwerk, die Arbeit im Winter durchhalten?

Die Erkrankungen häufen sich. Ein Kamerad wird mit Verdacht auf Hirnhautentzündung in ein Krankenhaus gebracht, wir hören nichts mehr von ihm.

Der Winter ist nun mit großer Kälte eingezogen, es schneit. Die Arbeit ist undurchführbar. Jetzt sind wir erst recht abgeschnitten von allem Leben ringsherum. Wir fühlen uns vergessen in diesem Wald. Es ist der 23. Dezember 1945. Wir sitzen in unserer Unterkunft, einem ehemaligen Stall – untätig – jeder ist mit sich beschäftigt, da und dort ein Gespräch. Zum Glück strahlt der Kanonenofen Wärme aus, die aber nur den nächsten Umkreis erfaßt. Es herrscht eine gedrückte Stimmung, eine große Niedergeschlagenheit. Gerade nun zu Weihnachten denkt jeder an die Heimat, die Angehörigen. Erinnerungen, Bilder werden wach. Die frohen Weihnachtsfeste in der Kindheit und Jugendzeit wecken die Sehnsucht!

Da geschieht plötzlich etwas völlig Unerwartetes: Ein Wagen mit dem Zeichen des Roten Kreuzes kämpft sich durch den Schnee. Zwei Männer steigen aus: ein Vertreter des Fran-

zösischen Roten Kreuzes und ein Beauftragter der Lagerverwaltung in Sedan. Sie tragen zwei Säcke herein, mehrere
große Dosen. Was ist das?

Wir sind überrascht und neugierig: Es sind „Liebesgaben"
des Internationalen Komitees vom Roten Kreuz (IKRK).
Gefangenenbetreuung nach den Genfer Rotkreuz-Abkom-
men. Eine gutgelungene Weihnachtsbescherung!

Aber es geschieht noch etwas Überraschenderes. Der Ver-
treter der Lagerverwaltung holt eine Postkarte aus seiner
Jackentasche, hält sie hoch und erklärt: „Dies ist eine Karte
des Internationalen Suchdienstes vom Roten Kreuz in Genf."
Er nennt den Namen des Kameraden. Hastig greift der zur
Karte, überfliegt sie und schreit jubelnd auf: „Sie leben!
Meine Frau, meine Kinder! Meine Familie hat überlebt!"

Ja, er kann es kaum glauben, aber es ist die Schrift seiner
Frau. Das ist nun eine wirkliche Weihnachtsfreude, wir freu-
en uns mit ihm. Es ist ein Segen Gottes, der jeden von uns
mit Kraft und Hoffnung erfüllt und uns auch bestärkt, hier
weiter durchzuhalten. Zum Abschied erklärt der Vertreter
aus Sedan: „Nachrichten des Suchdienstes des IKRK werden umgehend überbracht!"

Wir bedanken uns sehr, die Männer fahren ab.

Als erster wird nun unser Koch aktiv und untersucht die
Geschenke. Da ist ein Sack Mehl, Dosen mit Milchpulver und
Eipulver. „Na, da kann ich ja mal etwas Besonderes kochen",
frohlockt er und stellt uns eine leckere Mehlsuppe zum Heiligen Abend in Aussicht. Nun wird auch noch der Sack ausge-
leert, der für jeden von uns Päckchen des IKRK – „Liebesgaben Gefangenenbetreuung" enthält. Aber wir wollen diese erst
am nächsten Tag öffnen, eine echte kleine Bescherung!

Heiliger Abend 1945. Das erste Weihnachten in Kriegsgefangenschaft. Es hat ganz tüchtig geschneit und der sonst so
düstere Wald trägt ein helles Festkleid. Eine friedliche, trau-
liche Winterlandschaft umgibt uns hier, und ich spreche nur
für mich das alte Kinderlied: „Leise rieselt der Schnee…"

Unser Koch hat tatsächlich eine Mehlsuppe gekocht, die er mit Freude serviert. Wir genießen sie. Sie schmeckt uns köstlich. Noch niemals haben wir wohl im Leben eine Mehlsuppe so gewürdigt. „Morgen", sagt der Koch, „werde ich sie mit Eipulver verfeinern!"

Der Abend verläuft still und ruhig, da und dort ein Gespräch, ein Rückblick …

Und nun kommt die Bescherung! Jeder öffnet sein Päckchen. Na, da staunen wir: Schokolade, Kekse, zwei Kerzen, auch etwas Papier und ein Stift, vor allem endlich Seife und Hygieneartikel und jeweils drei Schachteln Zigaretten!

Diese sind besonders wertvoll, denn sie können demnächst eingetauscht werden, für etwas Eßbares oder die Erfüllung anderer kleiner Wünsche. Auch die Raucher, die rauchen nicht!

Meine Gedanken wenden sich der Heimat zu, und ich verfasse in der Nacht bei flackerndem Kerzenschein das Gedicht „Heimatsehnsucht". Das ist die erste von drei Strophen:

> *Heimat, Heimat, Vaterland,*
> *traurig ist mein Herz, mein Sinn.*
> *All mein Denken, meine Sehnsucht*
> *ziehen mächtig zu Dir hin.*
> *Elternhaus, Du stilles, trautes,*
> *lange sah ich Dich nicht mehr,*
> *denk ich an die seeligen Stunden,*
> *wird das Herz mir, ach so schwer …*

Später zeichne ich mit einfachsten Mitteln eine Winterlandschaft, eine schlesische, in Erinnerung an die Reisen mit den Eltern ins Riesengebirge. Auch hier wandert der Mond über eine einsame Schneelandschaft. Denkt in Deutschland noch jemand auch an mich? Haben meine Eltern überlebt?

Nun schneit es wieder stundenlang und die empfundene Abgeschiedenheit verstärkt sich zu einem Gefühl der Hoffnungslosigkeit. Ich bin erst 18 Jahre und gefangen, hilflos ausgeliefert.

Dieses Bild malte ich mit einfachsten Mitteln, die mir ein freundlicher Franzose besorgt hatte, am zweiten Weihnachtstag 1945 in Erinnerung an meine glückliche Kindheit im verschneiten Riesengebirge in Schlesien.

Der erste Weihnachtstag ist ein diesiger Tag, der spät anbricht, eine bleierne Folge von stickigen Stunden, hier auf engstem Raum. Als einen Feiertag empfinden wir ihn nicht. Denn es kommt auch kein Wasser an! Hat uns der Bauer etwa vergessen? Kommt er mit seinem Ochsen und dem Wasserbottich nicht durch den Schnee?

Das läuft auch für den Koch total negativ. Er ist ärgerlich und fragt, ob er die guten Zutaten etwa mit aufgetauten Eiszapfen kochen soll, denn es wird schon Nachmittag und die Dämmerung setzt bald ein. Ja, und da passiert wieder etwas Unerwartetes: Wir hören plötzlich das Klingeln von Pferdeglöckchen und ein Schlitten hält vor unserem Stall! Zwei Männer springen herab und schleppen zwei große Töpfe und gutverpackte Körbe herein. Was ist denn das?

Einer der beiden Männer begrüßt uns in fließendem Deutsch: „Frohe Weihnachten! Ich war Kriegsgefangener auf einem Bauernhof in Ostpreußen, hatte es dort sehr gut, gehörte praktisch zur Familie. Ich bin auch mit dem Bauern und den Angehörigen geflohen. Nun möchte ich einen kleinen Dank abstatten und etwas Gutes tun. So haben meine Frau und meine Tochter einiges zusammengestellt."

Wir sind regelrecht platt und können vor Rührung gar nicht reagieren, müssen alle ganz schön schlucken. Nein, er erwartet auch keine großen Dankesreden. Die beiden drücken jedem von uns die Hand und sagen immer wieder: „Frohe Weihnachten" und: „Bleibt gesund und kommt bald in die Heimat!"

Wir können nur nachrufen: „Vielen, vielen Dank!" – und schon verschwindet der Schlitten in der Dunkelheit.

Das ist ja nun wirklich wie der Weihnachtsmann im Märchen, der uns im Schlitten Köstliches bringt! Es ist für uns das tiefgreifendste Erlebnis, ein Beweis, daß Menschlichkeit und Friedenshoffnung zwischen unseren Völkern leben!

Wir genießen später schmackhaften, gehaltvollen Eintopf und herrliche Baguettes, leckere Käsesorten und manch andere Überraschung aus den Körben. So gut uns das alles schmeckt, viel wichtiger ist für uns die Tatsache, daß wir nicht vergessen sind, daß es hier Menschen gibt, die Versöhnungsbereitschaft und Menschlichkeit im Herzen tragen.

Jedesmal wird der 24. Dezember nun anders sein, und jedes Mal wird er mir mehr Lebenszuversicht spenden. Aber immer werde ich mit besonderer Dankbarkeit zurückdenken an dieses Weihnachtsfest 1945 im eingeschneiten Holzschuppen im Argonnerwald, als mitfühlende Menschen an uns dachten und wir jeder ein Licht der Hoffnung anzünden konnten, dort in trostloser Abgeschiedenheit ...

*(Weitere **ZEITGUT**-Beiträge dieses Autors sind am Buchende vermerkt.)*

[Hamburg;
Mitte der 50er Jahre / Weihnachten 1945]

Otto Witte

Heimkehr am Heiligabend

Es war so wie jedes Jahr, die Familie hatte sich bei den Großeltern versammelt, um gemeinsam Weihnachten zu feiern,
und wie in jedem Jahr hatte der Opa die Kerzen am Christbaum angezündet, um dann mit dem kleinen Porzellanglöck-
chen zur Bescherung zu rufen. Jetzt saß er in seinem Sessel
unter dem großen Bild mit dem Pferdefuhrwerk und beobachtete lächelnd, wie alle mehr oder weniger gespannt ihre
Gaben auspackten.

Otto drehte sein Geschenk in den Händen hin und her.
Eigentlich hatte er sich für seine Dampfmaschine ein Säge-
werk gewünscht, aber Tante Lisbeth, die im Auftrag von Opa
die Geschenke einkaufte, hatte für ihn die vierte Ausgabe
des Buches „Das neue Universum" auf den Gabentisch gelegt. Eine richtige Überraschung war das nun wirklich nicht,
denn die Bände 1, 2 und 3 waren ihm bereits in den letzten
Jahren beschert worden. Wenn es diesmal wenigstens ein
Billy Jenkins oder ein Karl May gewesen wäre. Aber alljährlich ein „Neues Universum" wurde ihm langsam zu viel.

Ursula, Ottos Schwester, blätterte scheinbar interessiert
in ihrem Buch „Handarbeit für Mädchen" – in Begeisterungs-
stürme brach sie dabei jedoch nicht gerade aus. Onkel Leo
und Onkel Artur zeigten sich wacker hocherfreut, als sie nun-
mehr das dritte Mal in Folge Schlipse mit Patentknoten überreicht bekamen. Diverse Kochtöpfe und Baumwollsocken

wurden auch mit einem eher matten „Oh, das habe ich mir
schon immer gewünscht" aus dem Geschenkpapier befreit.
Für Tante Elfriede und Tante Erna gab es den neuesten
Schrei – Geschirrhandtücher mit aufgedrucktem Jahreska-
lender. Otto stellte sich vor, wie seine Tanten jedesmal an
den Wäscheschrank rasten, um nachzusehen, welcher Tag
gerade wäre. Das war ja eine tolle Erfindung! Vielleicht sollte man den Verlag des „Neuen Universums" auf diese um-
wälzende Schöpfung hinweisen, falls denen der Stoff für weitere Bände ausginge.

Auch Ottos Vater wußte mit seinem Weihnachtsgeschenk
nicht so recht umzugehen – eine Geschenkdose mit fünfzig
Zigaretten der Marke „Gold Dollar". Tante Lisbeth war es
doch tatsächlich entgangen, daß sich ihr Bruder bereits vor
zwei Jahren das Rauchen abgewöhnt hatte!

In der Hoffnung, das Wunderwerk deutscher Krawattenkunst
elegant loszuwerden, hielt Onkel Artur seinen Patentschlips
hoch und meinte: „Wir können ja tauschen – ich rauche noch!"

„Ja, leider", brummelte seine Frau aus dem Hintergrund
und verdrehte dabei die Augen.

Der Großvater, der merkte, daß hier irgend etwas aus dem
Ruder lief, entzündete die unvermeidliche Zigarre, schaute
seine Familie nachdenklich an und sagte: „Wenn es recht ist,
möchte ich euch jetzt eine Geschichte erzählen." Er zog um-
ständlich an der Zigarre und begann:

„Seit Tagen war Schnee gefallen, es war ein feiner pulve-
riger Schnee und die Flocken hatten versucht, das Elend
der Menschen barmherzig mit einem weißen Tuch zuzu-
decken. Doch die Schornsteine der ausgebombten Häuser,
die Wurzeln und die Äste der von Granaten zerrissenen und
gesplitterten Bäume zeigten noch immer wie anklagende
Finger in den Himmel. Der Schnee saugte alle Geräusche
auf, selbst große herabfallende Trümmerteile schienen lautlos im Schnee zu versinken. Da wo einst die Kastanienallee

von der Hauptstraße abgezweigt war, sah man zuerst einen sich langsam vorwärts bewegenden dunklen Punkt, dann wurde aus dem Punkt ein senkrechter Strich und aus dem senkrechten Strich wurde ein Mensch. Es war ein großer, abgemagerter Mann in einem alten knöchellangen Militärmantel. Die Mütze hatte er mit einem Schal fest um den Kopf gebunden und seine Schuhe waren so zerrissen, daß sie den Namen nicht mehr verdienten.

Der Mann blieb immer wieder stehen, sah sich um – so als versuchte er, irgend etwas Vertrautes in der Trümmerwüste zu erkennen. Aber der Krieg hatte ganze Arbeit geleistet, alles war ganz fremd. Einmal meinte er, ein Kinderweinen zu hören, aber es war wohl das leise Wimmern des Windes, der durch die zerbombten Häuser strich.

Wieder blieb der Mann stehen, diesmal, um ein Emailschild zu entziffern, das an einem umgestürzten Gartenzaun hin- und herschwang. Lautlos formten seine Lippen die Aufschrift ‚Elektro-Baumann'.

Endlich, dachte der Mann, noch ein paar hundert Meter, und ich bin zu Hause. Zu Hause bei meiner Frau, zu Hause bei meinen Kindern, zu Hause bei meinen Eltern.

Jetzt ging er nicht mehr langsam suchend, nun lief er immer schneller die Straße hinunter. In seinen Augen wechselten sich Angst und Hoffnung ab.

Als er abgehetzt vor dem stand, was einmal sein Zuhause gewesen war, zeigten seine Augen keine Hoffnung mehr. Von dem Elternhaus, in dem er mit seiner Familie gelebt und glücklich gewesen war, stand nur noch eine schiefe Außenmauer. Aus einem Kellerfenster schlängelte sich wie eine festgefrorene Riesenschlange ein zurückgelassener Feuerwehrschlauch durch den Schnee, um irgendwo in den Trümmern zu verschwinden. Kein Lebenszeichen, keine lachende Familie im Garten, keine winkenden Nachbarn – nur Tod und Zerstörung. Alle Wünsche und Vorstellungen, die ihn am Leben erhalten und vorwärtsgetrieben hatten – nur Illusion.

Die leeren Fensterhöhlen schienen ihn hämisch anzugrin-
sen. ‚Na Soldat, das hast du nun von deinem Dreckskrieg',
schienen sie zu sagen. Der Mann, der geglaubt hatte, bei all
dem Elend und der Grausamkeit des Krieges das Weinen ver-
lernt zu haben, wurde eines anderen belehrt. Verzweiflung
und Trauer schüttelten seinen ausgezehrten Körper, und die
Tränen rannen ihm durch das zerfurchte, unrasierte Gesicht.
Wohl eine Stunde oder länger saß er zusammengekauert, den
Kopf in die Hände vergraben, auf einer zerbrochenen Trep-
penstufe, ohne sich zu bewegen. Er spürte weder die Kälte
noch die Nässe.

Doch dann trieb ihn eine unbestimmte Regung, aufzustehen und näher an die Ruine heranzugehen. War es der abge-
rissene Pappkarton, der mit einem Stein auf einem Mauer-
sims befestigt war und im Wind hin und her klatschte?

Er wußte es nicht. Erst sah er darüber hinweg, doch dann
bemerkte er Schrift auf der Pappe. Verwaschen und fast un-
leserlich stand da, mit einem Buntstift geschrieben:

> *Hans, wir leben, sind bei Familie Lang untergekommen.*

Seine Familie hatte ihm eine Botschaft hinterlassen!

Der Mann strich mit den Fingern über die aufgeweichte
Pappe und las immer und immer wieder den Satz „Wir leben. Wir leben. Wir leben ...'

Plötzlich hob er den Kopf und schrie laut in den Himmel:
‚Danke, lieber Gott, ich danke dir!'

Dann sagte er es noch einmal leise – nur für sich.

Er nahm das Pappschild vom Sims, faltete es sorgsam zusammen, steckte es in die Innentasche seines Mantels, drehte sich um und ging mit ausholenden Schritten zur Straße.
Was waren für ihn zehn Kilometer zu seiner Familie, für ihn,
der bereits ungezählte Kilometer gelaufen war, grüne Grenzen überschritten und Militärkontrollen umgangen hatte?

Fast schon am Ende der Allee bemerkte er eine Frau, die in den Trümmern nach Brennholz suchte. Die Frau sah kurz auf, grüßte, um dann weiter an einem Brett zu zerren, das im Schutt festsaß. Der Mann ging erst ein paar Schritte weiter, besann sich dann und kehrte um, der Frau das Brett herauszuziehen zu helfen. Zu zweit gelang es gut und ging schnell. Ein kurzes Nicken von ihr – wohl als Dank – schon ging er wieder zur Straße. Dann fiel ihm etwas ein; er drehte sich noch mal um und fragte: ‚Entschuldigung, welches Datum haben wir eigentlich?'

Sie sah ihn erstaunt an und antwortete: ‚Heute ist der 24. Dezember 1945, Heiligabend ist heute!'

Der Mann schluckte, preßte die Lippen aufeinander, dann griff er vorsichtig in die Manteltasche und holte einen Kanten trockenes Brot und ein in Zeitungspapier eingeschlagenes Stück Speck heraus. Er sah die zwei Schätze, die er bei einem Bauern erbettelt und so lange mitgeschleppt hatte, einen Moment an, dann ging er noch einmal zu der Frau zurück, drückte sie ihr in die Hände und sagte: ‚Frohe Weihnachten.'

Sie sah ihn mit einem merkwürdigen Ausdruck an: ‚Aber Sie haben doch selbst Hunger!'

‚Nehmen Sie nur', redete er ihr zu, ‚ich wurde heute schon beschenkt', drehte sich um und eilte zur Straße zurück. Die Frau lächelte dankbar, aber auch ein bißchen erstaunt. Leise hörte sie den davoneilenden Mann vor sich hin pfeifen. Sie kannte das Lied: ‚In der Heimat, in der Heimat, da gibt's ein Wiedersehen ...'

Lange schaute sie ihm noch nach. Aus dem Mann wurde wieder ein senkrechter Strich, aus dem senkrechten Strich wurde wieder ein dunkler Punkt und am Ende der Allee war der dunkle Punkt im Schneetreiben verschwunden."

Es war still geworden in dem kleinen Wohnzimmer, nur die Wachskerzen am Weihnachtsbaum knisterten vor sich hin. Großvater legte die Zigarre in den Aschenbecher, atme-

te tief durch und schaute seine Familie an. Irgendwie sahen
alle ein wenig bedrückt aus; und der eine oder andere rieb
sich wohl auch klammheimlich die feucht gewordenen Augen. Onkel Artur riß ein uraltes Witzchen, damit keiner merken sollte, wie er sich schneuzte.

Plötzlich war eigentlich niemand mehr unzufrieden mit
seinem Geschenk, sondern nur noch glücklich, daß sie zusammen Weihnachten feiern konnten.

„So, nun laßt uns mal gehen, damit wir nicht zu spät zur
Christmette kommen", sagte Oma leise.

Alle, bis auf den Großvater, gingen nach draußen, um sich
ihre Mäntel und Jacken anzuziehen. Dann erhob sich auch
der Großvater aus dem Sessel, löschte die Kerzen am Weihnachtsbaum, ging zum Wohnzimmerschrank und öffnete die
obere Tür. Zwischen zwei Fotoalben zog er ein Stück Pappe
heraus, auf das vor langer Zeit seine Frau mit einem grü-
nem Stift geschrieben hatte: „Hans, wir leben, sind bei Familie Lang untergekommen." Er schaute noch einen Moment
auf die verblaßten Buchstaben, schob die Pappe zurück ins
Regal, ging zum Fenster, zog den Vorhang zur Seite, blickte
auf die kahlen verschneiten Bäume und für einen kurzen
Moment meinte er, daß zwischen den Kastanien ein großer
hagerer Mann mit einem knöchellangen Mantel stünde und
ihm zuwinkte. Obwohl der Großvater wußte, daß es ein Trug-
bild von Schatten, Licht und Erinnerung war, winkte er zurück. Dann zog er den Vorhang langsam zu und ging zu seiner wartenden Familie.

Als sie vor das Haus traten, hatte wieder dichter Schnee-
fall eingesetzt. Sie hakten sich gegenseitig unter und gingen
in die Richtung, aus der die Kirchenglocken gedämpft zu ihnen herüberklangen. Auch diesmal war es fast wie in jedem
Jahr, nur meinten alle, das Licht, das aus den kleinen Fenstern der Kirche in die Heilige Nacht schien, leuchte in diesem Jahr irgendwie wärmer.

[Friedberg, bei Frankfurt/Main, Hessen;
1945]

Eva Korhammer

Der 24. Zucker oder Der liebe Gott sieht alles!

Der Krieg war zwar seit ein paar Monaten vorbei, die Bombenangst halbwegs versiegt, aber niemand erwartete viel Glanz vom Weihnachtsfest 1945. Alles Irdische war bestimmt von dem Begriff „Ersatz", war es nun Süßstoff statt Zucker, SOWEI statt Hühnerei oder Grieß-Majoran-Pampe statt Schmalz. Silberstreifen am Horizont mußte man sich selber polieren. Meine Mutter verstand sich auf Silberstreifen. Selbst dem glanzlosen Advent 1945 verpaßte sie ein paar Schattierungen. Flieger-Stanniol, noch kurz zuvor von der Luftabwehr eingesetzt, ließ sich zu Lametta schnippeln, Kugeln ließen sich aus nassem Papier formen, und die roten Hershey-Schokoladendosen der Amis verwandelten sich, mit einem Wachsrestebrei und einem Kordeldocht gefüllt, in dicke Multicolor-Adventskerzen. Was fehlte, war die Geheimniskrämerei um die Geschenke. Aber auch bei uns Kindern war die Bombenangst groß genug gewesen, daß ich mit meinen zwölf Jahren fast ehrlichen Herzens den Erwachsenen nachplapperte: „Hauptsache, wir sind davongekommen!"

Was für ein aufregendes Erlebnis, eines schönen Vorweihnachtstages herauszufinden, daß meine Mutter doch etwas vor mir versteckte!

Viele Geheimplätze gab es nicht in unserer Küchen-Bad-Wohn-Schlaf-Mansarde, in die man uns Frankfurter Stadt-

flüchtlinge zwangseinquartiert hatte. Sie mußten also ziemlich klein sein, die Geschenke, und sie hatten etwas mit
den Tagen zu tun, an denen Mama im Café Bauer aushalf.
So etwas wie Rührung hielt mich wohl davon ab, meiner
üblichen Neugier nachzugeben und das Geheimnis zu knak-
ken – bis zu jenem verhängnisvollen Vormittag, an dem die
Schule uns wegen Kohlenmangels ausfiel. Meine Mutter
kam eine halbe Stunde nach mir heim. Eine halbe Stunde
zu spät ...

Nicht, daß ich sofort auf die Pirsch gegangen wäre!

Im Grunde hatte ich nur Langeweile, und da entdeckt man
plötzlich die nebensächlichsten Dinge. Zum Beispiel, daß das
rosa Alpenveilchen auf dem Regalbrett total schief stand.

Ehrlich, ich wollte es einfach nur wieder richtig hinstellen.
Aber das erste Stück Zucker, das ich unter dem kleinen Topf
fand, löste eine Kettenreaktion aus. Wie die Wünschelrute auf
Wasser, so war ich plötzlich auf Zuckerwürfel programmiert
und spürte sie überall auf: in Papas Sockenröllchen, im Blei-
stiftspitzer, in der Streichholzschachtel, in der Mulde des Ker-
zenständers, im Nähzeug, in der Matratzenritze.

Nein, ich mochte meiner Mutter nicht die Freude verderben! Ich wollte die kleinen weißen Wunder in ihren Verstek-
ken lassen. Aber wer wirft den ersten Zuckerwürfel – äh,
Stein – auf eine ausgehungerte, sehr magere Zwölfjährige?

Unversehens hatte ich den aus der Matratzenritze im
Mund!

Zuerst ließ ich den kostbaren kleinen Kubus nur andächtig auf mich wirken. Dann saugte ich ihn langsam voll Spuk-
ke, fing an, ihn im Mund zu bewegen, ihn vorsichtig gegen
meinen Gaumen zu drücken, zu ertasten, wie er sich in einen süßen Hügel verwandelte, dessen Masse knirschend
schwand, bis schließlich nichts als eine breite ribbelige Spur
zurückblieb. Meine Zunge brannte, mein Kopf glühte vor Ge-
wissensbissen. Ich wurde auf einmal schwer vor Müdigkeit,
ließ mich auf die Matratze fallen und tauchte ab.

Der grelle Strahl unserer Luftschutztaschenlampe schreckte mich hoch.

„Mund auf, Zunge raus!" befahl meine Mutter. Neben ihr stand Dr. Schreiner aus dem Parterre.

Schnell versuchte ich, letzte verräterische Zuckerkrümel zu verschlucken. Aber meine Mutter drückte schon mit einem Löffelstiel meine Zunge herunter. „Der Doktor muß dir in den Hals gucken", erklärte sie. „Du scheinst krank zu sein! Schläfst mitten am Tag ein und hast überall Pusteln!"

Der Arzt untersuchte schweigend ein paar Hautstellen.

„Masern hatte sie schon", klärte meine Mutter ihn auf. „Vielleicht Röteln oder Windpocken?"

Mir war jetzt klar, warum meine Arme und mein Hals so juckten. Sie waren übersät mit knallroten Punkten, einige

Zuckermarken aus dem Jahr 1950. In der Bundesrepublik Deutschland wurden die Lebensmittelkarten 1950 abgeschafft. Dies geschah in zwei Etappen: Am 22. Januar wurde die Aufhebung der Rationierungen mit Ausnahme von Zucker mit Wirkung ab dem 1. März bekanntgegeben. Am 31. März beschloß das Bundeskabinett unter Konrad Adenauer die Aufhebung aller noch verbliebenen Einschränkungen zum 1.Mai 1950. In Berlin wurde eine Zeit lang noch Milch auf Karten ausgegeben und für Kranke gab es Krankenzulagekarten. In der DDR wurde die Lebensmittelkarte bis Mai 1958 benutzt. Quelle: Wikipedia davon aufgekratzt und blutig. Und ich wußte auf der Stelle mehr als Mama und der Doktor zusammen: Das war die Strafe GOTTES! ER hatte ihn gesehen, meinen Weihnachtsgeschenk-Diebstahl!

„Zucker!" ergänzte ich heiser die Aufzählung meiner Mutter.

„Unsinn!" entschied sie, „von Zucker kriegt man keine Pusteln!"

Mir wäre als gerechte Strafe GOTTES selbst Diabetes angemessen erschienen. Aber Dr. Schreiners Gelächter holte mich aus meiner demütigen Stimmung.

„Nach so einem Krieg sind selbst die Mücken ausgehungert", amüsierte er sich. „Im Winter habe ich solche Stiche jedenfalls noch nie gesehen! Wo es nicht mal was Süßes gibt!"

An Heiligabend stand unter unserem Bonsai-Weihnachtsbaum eine bunte Blechdose mit 23 Zuckerwürfeln, allesamt aus Mutters Café-Arbeitstagen im Advent. „Den 24. hast du ja schon verputzt", stellte sie seelenruhig fest.

Dreiundzwanzig süße Geschenke! Mama mußte sie die restliche Adventszeit über mit sich herumgeschleppt haben. Um GOTT vor weiteren Enttäuschungen durch mich zu bewahren.

*(Weitere **ZEITGUT**-Beiträge dieser Autorin sind im Autorenverzeichnis am Ende des Buches vermerkt.)*

[Ohlendorf, Kreis Harburg, bei Hamburg;
1945]

Irmgard Strek

Die Puppe mit den Wollzöpfen

Im Januar 1945 flohen wir aus Ostpreußen. Nach der Flucht,
die mit schrecklichen Ereignissen und Erlebnissen verbunden war, lebten meine Mutter und ich im Landkreis Harburg
in einer ehemaligen Jugendherberge. Im ersten Stock teilten
wir uns mit einer jungen Frau und ihren zwei kleinen Kindern einen großen Raum. Eine graue Wolldecke, die zum In-
ventar der Herberge gehörte, diente als Raumteiler. So schütz-
ten wir uns ein wenig vor den Blicken unserer Mitbewohner.
Die Einrichtung bestand aus einem Metallbett, in dem ich mit
meiner Mutter schlief. Eine große hölzerne Wehrmachtskiste
diente uns als Schrank und Tisch. In ihr bewahrten wir unsere wenigen Haushaltsartikel auf: zwei tiefe Tellern, zwei Löffel, zwei Messer und zwei Becher. Den einzigen großen Email-
le-Kochtopf hütete meine Mutter wie ihren Augapfel. In jenen Tagen war es nicht ungewöhnlich, daß hin und wieder
etwas „gemopst" wurde. Jeder mußte zusehen, daß er zurecht
kam und wo er blieb. Da nahm es manch einer mit dem Ei-
gentum anderer nicht so genau.

Unserer Mitbewohnerin aber liehen wir den Topf ab und
zu. Oft kochten wir auch gemeinsam darin, wenn es was zu
kochen gab. Je nachdem, was im Haus war, wurden darin Pell-
kartoffeln, Milchsuppe oder etwas anderes zubereitet. Als
Kochstelle diente uns ein Eisenofen, etwa einen Meter hoch.
Er hatte oben eine herausnehmbare Platte, so daß man den

Topf auf die offene Flamme stellen konnte. Im Winter war er auch unsere einzige Heizquelle. Dann befeuerten wir ihn zusätzlich mit Briketts, die uns Flüchtlingen von der Gemeinde zugeteilt wurden.

Ein wichtiger Bestandteil unseres Haushaltes war ein goldfarbener Marmeladeneimer mit etwa acht bis zehn Liter Fassungsvermögen, an dem ein Drahtbügel angebracht war. Mit viel Glück bekam man so etwas bei dem einzigen Kaufmann im Ort. Wer wie wir zwei solche Eimer besaß, hatte das große Los gezogen. Wir holten unter anderem unser Wasser damit. Die Pumpe stand unten im Hof. Brauchte man Marmelade, ging man mit einem kleinen Gefäß zum Kolonialwarenladen. Marmelade wurde damals noch abgewogen und lose verkauft. Dafür gab es sogar einen Abschnitt auf der Lebensmittelkarte. Der Kaufmann, ein älterer Herr, hat wohl immer den Löffel abgeleckt, denn wenn er nach dem Abwiegen zum Tresen kam, hing noch Marmelade an seinem Bart.

Der Sommer 1945 war warm, mit viel Sonnenschein und schönem Wetter. Viele Mütter suchten mit ihren Kindern im Wald Himbeeren und Blaubeeren. Holz und abgebrochene Zweige für den Winter wurden bei der Gelegenheit auch gleich mitgenommen. Trockene Tannen- und Kiefernzapfen wanderten in die mitgebrachten Säcke. Auch harzige Rindenstücke, sogenannte Kienspäne, kamen dazu. Sie brannten sehr gut und dienten uns sogar als Fackeln, wenn Stromsperre war. An dem Gestank und der Rauchentwicklung störte sich damals niemand.

Wir Kinder streiften oft durch Wald, Feld und Flur. Zumeist barfuß, denn Schuhe waren noch Mangelware und viel zu kostbar, um sie beim Spielen zu tragen. Im Herbst wurden Pilze gesammelt und unser Speiseplan so um eine Abwechslung reicher. Ich mußte lernen, die Pilzarten zu bestimmen. Das begriff ich sehr schnell und wurde darin immer sicherer.

Im November war ich zehn Jahre alt geworden, jetzt nahte schon das Weihnachtsfest. Wo bekommen wir dieses Jahr einen Tannenbaum her, fragte ich mich, womit werden wir ihn schmücken?

Das Thema Weihnachtsbaum wagte ich bei meiner Mutter gar nicht anzuschneiden. Mein Vater und meine drei großen Schwestern wurden noch vermißt. Mein einziger Bruder war schon 1944 im Krieg gefallen. Weihnachtsstimmung konnte bei meiner Mutter in dieser Lage nicht aufkommen.

Wehmütig erinnerte ich mich daran, wie unser Vater mich in der Heimat in Groß Keylau mit in den weit vor dem Dorf liegenden Wald genommen hatte. Ich saß auf dem Schlitten, den Vater zog. Der Weg kam mir sehr lang vor, auch weil ich daran dachte, daß ich auf dem Rückweg würde zu Fuß gehen müssen. Vater hatte dann einen schönen Baum ausgesucht, ihn gefällt und auf den Rodel geladen. Seine Spitze ragte ein gutes Stück darüber hinaus. Schmücken durfte ich ihn zu Hause mit meiner älteren Schwester. Trotz der Kriegsjahre besaßen wir schönen Christbaumschmuck. Die bunten, halbrunden Kugeln habe ich immer besonders geliebt. Lametta war selbstverständlich, ab und zu Glöckchen, golden und silbern. Engelshaar durfte nicht fehlen, bunte Vögel wurden in den Zweigen versteckt, dazwischen die selbstgebackenen Pfefferkuchen mit Mandeln gehängt und als Krönung die Spitze in Gestalt eines Engels aufgesteckt. Alles spiegelte sich im Glanz der roten, blauen, gelben, weißen und gedrehten Kerzen. Der Baum war immer sehr bunt. Wenn wir dann das Lied sangen „Der Christbaum ist der schönste Baum, den wir auf Erden kennen", hatte ich keinen Zweifel, daß es auch so war.

Wie schrecklich anders jetzt alles war! Ich hatte keinen Vater mehr, der mit in den Wald ging, um einen Baum zu holen. Deshalb aber auf einen Weihnachtsbaum verzichten? Nein! Niemals! – Das wollte ich nicht.

Ich erinnerte mich an eine Stelle, wo wir im Sommer Holz gesammelt hatten. Unter einer großen Tanne standen viele kleine Bäume, die sich selbst ausgesamt hatten. Dahin wollte ich gehen und mir eines davon holen. Daß es nicht eine mächtige Tanne wie einst sein würde, machte nichts. Abstriche machen waren wir gewohnt. Zwei Tage vor Weihnachten nahm ich mir unseren zweiten Marmeladeneimer und zog los. Bald hatte ich die bewußte Stelle erreicht und suchte mir das kleinste, etwa 50 cm hohe Bäumchen aus. Ohne große Anstrengung gelang es mir, es aus dem lockeren Waldboden zu ziehen und mit Erde in meinen Eimer zu setzen. Ich war glücklich!

Zu Hause angekommen, staunte Mutter über meine Unternehmung. Sie hatte Mühe, die feuchten Augen nicht überlaufen zu lassen, dann sagte sie zu mir: „Genau genommen hast du das Bäumchen gestohlen, mein Kind!"

„Nein, nein", schrie ich fast, „sie sind nicht gepflanzt worden, sie wachsen einfach so im Wald!" Die Tränen liefen mir übers Gesicht. „Nein, Mama! Ich habe nicht gestohlen!"

Ich war so stolz auf mich gewesen und jetzt dieser Vorwurf!

Aber dann streckte Mutter die Hand aus und drückte mich an ihre Brust. „Es ist schon gut", beruhigte sie mich. „Wir wollen überlegen, wie wir das Bäumchen schmücken."

Die Schwierigkeiten fingen bei den Kerzen an. Mutter aber wußte Rat. Aus noch vorhandenen „Hindenburgkerzen" – sie hatten etwa die Form heutiger Teelichter, waren aber größer im Umfang und hatten eine undefinierbare Farbe – stellten wir unsere Christbaumkerzen her. Dazu nahmen wir gebrauchte Tablettenröhrchen, die damals noch aus Leichtmetall waren. Die Dochte drehten wir aus Stopftwist. Das Einschmelzen der Hindenburgkerzen geschah in einer alten Konservendose auf dem besagten Ofen. Es stank fürchterlich!

Als das Wachs flüssig war, gossen wir es in die Tablettenröhrchen.

Dann überlegten wir, woraus wir die Kugeln machen sollten. Da hatte ich eine Idee. Silbrige Stanniolstreifen, Überbleibsel des Krieges, lagen noch jetzt in großen Mengen im

Wald und auf den Wiesen herum. Feindliche Flugzeuge hatten sie abgeworfen, um die deutsche Fliegerabwehr zu stören. Für unser Bäumchen war das nun ein Glücksfall! Ich
sammelte, trocknete sie und strich sie glatt.

In mühevoller Kleinarbeit fertigte ich zuerst Lametta an.
Die Sternchen, die ich ebenfalls aus diesen schmalen Streifen schnitt, fielen sehr zierlich aus, für den kleinen Baum
aber waren sie goldrichtig. Kugeln formte ich, indem ich einige Streifen zusammenknüllte. Material war ja genug vorhanden. So entstanden dann kleinere und größere Bällchen.
Zum Aufhängen opferte Mutter etwas Nähgarn. Mein Bäumchen gefiel mir schon sehr gut!

Zu gerne hätte ich auch etwas Rotes für den Baum gehabt. Doch es gab weder Buntpapier noch Klebstoff. An Tu-
sche und Buntstifte war schon gar nicht zu denken.

Inzwischen waren die Kerzen hart geworden. Wir tauch-
ten die Röhrchen, drei Stück an der Zahl, in heißes Wasser.
Jetzt konnten wir die Kerzen mühelos herausziehen. Ich
schnitt die Kerzen nochmal in der Mitte durch; somit hatten
wir sechs Kerzen, die den Baum erstrahlen lassen konnten.

Doch mit jedem Erfolg stellte sich auch sogleich ein neues
Problem ein. Wir brauchten Kerzenhalter!

Wieder hatte Mutter eine Idee. Ihr Spruch „Man kann noch
so dumm sein, man muß sich nur zu helfen wissen!" klingt mir
heute noch in den Ohren. Oh ja, Not macht erfinderisch!

Spontan löste Mutter drei Nadeln aus ihrem Haarknoten
und drehte mir daraus die Kerzenhalter. Ich war ihr sehr
dankbar dafür.

Drei Tage waren mit unserer Bastelei vergangen. Mutter,
so glaubte ich, hatte in dieser Zeit der Ablenkung ihre trüben
Gedanken etwas verdrängen können. Am liebsten hätte ich
schon jetzt die Kerzen angezündet, aber Heiligabend war erst
morgen. Bis dahin mußte ich mich wohl oder übel gedulden.
Also verließ ich das Zimmer und ging nach draußen. Ich hoffte, hier eines der Kinder aus dem Haus zu treffen, um mit

ihm zu spielen. Es war schon fast dunkel, als ich wieder unsere Stube betrat. Mutter saß am Fenster mit einer Näharbeit in der Hand und war eingeschlafen. Durch das Schließen der Tür wach geworden, schob sie ihr Nähzeug sogleich unters Bett. Ich knipste das Licht an und merkte, daß sie etwas verstört drein- schaute. Ich dachte mir jedoch nichts dabei.

Am nächsten Tag zählte ich förmlich die Stunden. Nach dem bescheidenen Abendbrot, das wie immer aus Milchsuppe und einem Butterbrot bestand, verstauten wir alles Übriggebliebene wieder in unserer Wehrmachtskiste. Danach legte Mutter ihr schwarzes Dreiecktuch darüber. Ich stellte sorgfältig mein Tannenbäumchen darauf. Der goldfarbene Marmeladeneimer hob sich wunderbar von dem schwarzen Tuch ab.

Endlich war der Moment gekommen! Ich durfte die Kerzen anzünden. Mutter schaute mir aufmerksam zu. So wie wir es gewohnt waren, stimmte sie nun das Lied „Stille Nacht, Heilige Nacht" an. Sie versuchte wohl auch meinetwegen, ihre Tränen dabei zu unterdrücken. Es gelang ihr nicht!

Für einen Augenblick waren wir beide ganz still. Kurz darauf begann ich, ganz alleine zu singen:

> „*Der Christbaum ist der schönste Baum,*
> *den wir auf Erden kennen ...*"

Ich stockte, denn weiter kannte ich den Text nicht mehr. Nun sang Mutter weiter:

> „*... Im Garten klein, im engsten Raum,*
> *wie lieblich blüht der Wunderbaum,*
> *wenn seine Lichter brennen,*
> *wenn seine Lichter brennen, ja brennen!*"

Dieses schöne Lied paßte genau zu unserer Situation. Mutter bückte sich und griff unters Bett. Dort holte sie ein in Zeitungspapier gewickeltes Etwas hervor. Mit den Worten: „Dieses schenke ich dir zu Weihnachten, mein Kind!" übergab sie mir das Päckchen. Ich sah Mama erstaunt an.

Erhofft hatte ich nichts. Es fühlte sich weich an. Vorsichtig wickelte ich das Papier aus.

„Oh, eine Puppe", rief ich, „eine Puppe! Danke, Mama!"

Sie war ungefähr zwanzig Zentimeter groß. Mutter hatte sie aus weichem, rosafarbenem Stoff genäht und ausgestopft. Dieses Material kannte ich von meiner Unterwäsche her. Nun wußte ich auch, wo mein seit langem vermißter Unterrock abgeblieben war. Doch gut so, ich hatte ihn sowieso nicht gerne getragen.

Ich besaß wieder eine Puppe! Natürlich eine andere als jene, die wir bei der Flucht, wie vieles andere, schweren Herzens hatten zurücklassen müssen. Das Gesicht dieser Puppe war aufgestickt. Helle aufgeräufelte Wolle ersetzte die Haare. Sie waren so lang, daß ich sogar Zöpfe flechten konnte. Außerdem trug mein Puppenkind ein Kleidchen aus sogenanntem Tarnstoff. Mutter hatte die linke Seite verwendet, so sah er heller aus. Diesen Stoff hatten wir im Sommer von einer Sammelstelle kostenlos abholen können, und Mutter hatte daraus schon Kleider, Röcke, Schürzen und Bettwäsche genäht. Alles mit der Hand!

Den Rest des Abends befaßte ich mich ausschließlich damit, meine Puppe aus- und anzuziehen. Währenddessen gab Mutter mir Ratschläge, wie ich in Zukunft meine Puppenkleider selbst gestalten konnte. Ich glaube, an diesem Tag ist bei mir die Freude am Schneidern geweckt worden.

Die Kerzen am Baum waren längst abgebrannt. Ich hatte gar nicht bemerkt, daß Mutter das Licht schon wieder eingeschaltet hatte.

Viele Weihnachtsfeste sollten in meinem Leben noch folgen, die meisten davon fröhlicher und üppiger. Doch das von 1945 kann ich nicht vergessen. Ich erinnere mich jedes Jahr zur Weihnachtszeit mit Wehmut daran.

[Neuruppin, Brandenburg;
1946]

Erika Mann

Der verschwundene Baumschmuck

Die Jahre nach dem Krieg waren eine schwere Zeit. Es war kalt, es gab keine Kohlen und Holz wurde überall geklaut. Möbelstücke, auch Zäune verschwanden, um ein warmes Zimmer zu bekommen. Wir Kinder konnten damals vieles nicht verstehen. Ich war die Älteste von drei Geschwistern, 1935 geboren, meine Schwester war 1937 und mein Bruder 1940 auf die Welt gekommen.

An einige Weihnachtsfeste kann ich mich noch gut erinnern. Unser Vater war in der fortgeschrittenen Adventszeit oft unterwegs. Es war dunkel, der Frost klirrte und der Wald war weit. Eines Tages stand ein Tannenbaum auf dem Hof. Vater machte nicht viele Worte. Er sagte nur: „Der ist vom Weihnachtsmann!"

Unseren Weihnachtsbraten besorgte er auch in kalten Nächten. Dazu suchte er auf Feldern und in verwahrlosten Gärten nach Spuren im Schnee und legte Schlingen. Danach konnte er nichts weiter tun als nach Hause zu gehen und abzuwarten – so lange, bis sich ein Meister Lampe in einer Schlinge verfangen hatte. Wenn Vater dann nach angemessener Zeit nachsehen ging, war ihm manchmal jemand zuvorgekommen und Hase samt Schlinge waren verschwunden. Das, was Vater da trieb, war nichts anderes als Wilderei. Natürlich war es verboten, aber wer hielt sich in der Hungersnot schon daran?

Wir Kinder durften von all dem selbstverständlich nichts wissen. Dennoch bemerkten wir die Heimlichtuerei der Eltern und später ihre frohen Gesichter, wenn es geklappt hatte. Die Ursache ihrer Fröhlichkeit blieb uns allerdings verborgen. An den Weihnachtsfeiertagen freuten wir uns alle über den großen Hasenbraten mit Rotkohl und Klößen. Das war bald schöner als Geschenke. Keines von uns Kindern machte sich lange Gedanken darüber, woher dieser Segen kam.

Dank Vaters Rührigkeit hatten wir schon ein Jahr nach dem Krieg zu Weihnachten einen Baum, aber keinen Baumschmuck. Der war in den Jahren zuvor kaputtgegangen. Neuen gab es noch nicht zu kaufen, es gab ja nicht einmal wirklich Lebensnotwendiges, an solche Luxusdinge wie Weihnachtszierat war überhaupt nicht zu denken. Also beschlossen meine Schwester und ich, selbst Weihnachtsschmuck zu fabrizieren. Wie, das hatten wir in einem alten Bastelbuch gesehen. Aus Roggenmehl, Salz und Wasser kneteten wir einen dicken Salzteig. Der wurde ausgerollt, Sterne, Herzen und andere hübsche Figuren ausgestochen. Löcher für die Aufhänger durften nicht vergessen werden. Dann legten wir alles zum Trocknen auf unseren alten Herd. Diese Prozedur dauerte sehr lange, wir verloren schon beinahe die Geduld.

Dann war es aber doch endlich so weit. Wir konnten uns beide nicht verkneifen, das Gebäck zu kosten. Es schmeckte grauenvoll, es war salzig und knochenhart. Doch es sollte ja auch nicht gegessen werden, sondern unseren Baum zieren. Und diesen Zweck erfüllten unsere kleinen Werke gut, sie sahen sehr hübsch aus. Wir haben dann noch Bindfaden zum Anhängen durch die Figuren gezogen. Nachdem Vater den Baum aufgestellt hatte, wurden sie in die Zweige gehängt. Lametta hatten wir zwar auch nicht mehr, doch zum Glück noch einige alte Kerzen.

Am zweiten Weihnachtstag kamen unsere Cousins zu Besuch. Unsere Mutter hatte Kinderkaffee gekocht, etwas Kuchen war auch noch vorhanden. Heini war elf und Günter

Das Plätzchenbacken steigert die Vorfreude auf das Weihnachtsfest. Und
am besten schmecken nun einmal die Selbstgebackenen!
Plätzchen aus Salzteig als Schmuck für den Weihnachtsbaum, wie ihn die
beiden Schwestern in dieser Geschichte buken, sind eigentlich ungenieß-
bar. Doch er ist ein preiswertes und vielseitiges Bastelmaterial. Man kann
daraus auch Figuren, Abdrücke und anderes formen.
Zutaten für den Salzteig: 2 Tassen Mehl, 1 Tasse Salz, 1 Tasse Wasser.
Damit der Teig schön geschmeidig wird, kann man etwas Tapetenkleister,
Kartoffelstärke oder 1 Teelöffel Salatöl dazugeben.

zwölf Jahre alt. Im Nu war der Kuchenteller leer. Die Jungen hatten immer Hunger, und so glitt ihr Blick auch zu unserem Weihnachtsbaum, dessen originellen Schmuck sie anerkennend musterten.

Über Nacht hatte es gefroren, und es lag Schnee. Meine Schwester und ich wollten endlich raus zum Schlittern und Schlittschuhlaufen. Wir besaßen nur ein Paar Schlittschuhe, die schon recht alt waren und die wir abwechselnd benutzten. Die im Herbst überschwemmten Wiesen waren bei Frost stets mit dickem Eis überzogen. Es machte uns großen Spaß, dort zu schlittern. Mutter hatte nichts dagegen, denn man konnte nicht einbrechen und somit auch nicht ertrinken. Trotzdem wollten die Jungen nicht mitkommen.

Als wir im Dunkeln nach Hause kamen, waren sie nicht mehr da. Meine Schwester und ich gingen ins warme Wohnzimmer; aber, oh Schreck, der Baum war ratzekahl leer! Kein einziger Keks hing mehr in den Zweigen!

Später darauf angesprochen, leugneten Heini und Günter alles. Doch eigentlich hatten sie uns einen Gefallen getan: Zum Fest hatten wir einen schön geschmückten Weihnachtsbaum und mußten ihn danach nicht einmal mehr abputzen!

Und bis zum nächsten Weihnachten war es ja noch weit. Da würde uns gewiß etwas Neues einfallen.

*(Weitere **ZEITGUT**-Beiträge der Autorin sind am Buchende vermerkt.)*

[Hamburg-St. Pauli;
1946]

Werner Steffen

Heiligabend auf der Davidwache

Der Hamburger Stadtteil St. Pauli liegt an diesem Heiligabend im Dunkeln. Nur vor der Davidwache brennt eine Straßenlampe. Auf den Trümmerstraßen huschende Gestalten; aus Fenstern, Kellern und Notunterkünften dringt trübes Licht. Schornsteine und die vielen aus Fenstern ragenden Ofenrohre lassen Rauch in den frostigen Himmel aufsteigen. Nur wenige Kneipen und Gaststätten haben geöffnet, auf den Tischen brennen „Hindenburglichter". Nicht selten sind die Fenster mit Holz vernagelt. Wände und Eingänge zeigen defekte Reklameschilder von Biersorten, die es nicht mehr gibt. Stattdessen werden „Molkebier" und Kartoffelschnaps angeboten.

Hamburg leidet in diesem Winter 1946 unter einer langen Kältewelle mit Temperaturen zwischen minus 15 bis minus 20 Grad. Die Polizisten der Wache hungern und frieren wie die meisten Menschen. Auch für Polizeiwachen gibt es in zwölf Stunden nur zwei Stunden Strom. Karbidlampen erhellen notdürftig den Wachraum während der Nacht, und ein kleiner Ofen verbreitet ein bißchen Wärme.

Die Nebenstraßen zeigen deutlich die Spuren des Krieges: Trümmerberge, ausgebrannte Häuser, Ruinen, Feldbahngleise zur Schuttbeseitigung. Ein eisiger Wind bläst von Osten, Eisschollen treiben auf der Elbe, nur wenige Schiffe liegen im Hafen.

*Die Davidwache im Hamburger Stadtteil St. Pauli, Deutschlands klein-
stes (0,92 km²), aber sicherlich berühmtestes Polizeirevier, in einer
Aufnahme aus den 50er Jahren. Das 1914 fertiggestellte rote Backstein-
gebäude an der Reeperbahn hatte den Zweiten Weltkrieg ohne größere
bauliche Schäden überstanden. Hier begann ich nach meiner Entlassung aus amerikanischer Kriegsgefangenschaft am 1. März 1946 meinen
Dienst als Wachpolizist.*

In den erhalten gebliebenen Lokalen auf der Reeperbahn herrscht Betrieb. Wer Beziehungen hat, kann bei „Onkel Hugo", im „Heckel", „Jürs", „Alkazar", „Schmidt", „Rittins" und in der „Kajüte" auch ein Essen bekommen. In der Herbertstraße dagegen ist wenig los.

Über die Reeperbahn fährt die Straßenbahnlinie 6 – ein Motorwagen mit zwei Anhängern – in Richtung Altona. Die Bahn ist gut besetzt, nur die sonst üblichen Trittbrettfahrer fehlen. Eine englische MP-Streife folgt der Bahn. Kurz danach bimmelt die Linie 14, von den Landungsbrücken kommend, über die Kreuzung Reeperbahn/Davidstraße. Einige Fenster der Bahn sind mit Pappe vernagelt. Wenige Kraftfahrzeuge, einige Radfahrer, die von der Arbeit im Hafen kommen.

Im Schwarzmarktgebiet zwischen Hamburger Berg und Talstraße zeigt sich in diesen Stunden wenig Publikum. „Knopf's Lichtspielhaus", eines der wenigen Kinos, spielt heute Abend nicht. Somit fehlt auch das Polizeiaufgebot, um die drängelnden Menschen zur Ruhe zu bringen.

Dunkles Licht im Wohnbunker Reeperbahn. Zwanzig Stufen unter der Erde befindet sich hier ein vollbelegtes Männerwohnheim mit Luftschutzbetten und Blechschränken, dicht an dicht. In einer Ecke steht ein kleiner Tannenbaum. Die Stimmung ist überall auf dem Tiefpunkt, zumal die Lebensmittelversorgung mangelhaft ist – selbst für die Feiertage gab es keine Sonderzuteilungen – und Heizmaterial fehlt ebenfalls*). Auch Tannenbäume und Kerzen sind Mangelware.

---

*) Im Dezember 1946 beginnt einer der kältesten Winter in Mitteleuropa. Eis und Schnee legen den Verkehr zu Wasser und zu Lande weitgehend lahm. Getreidelieferungen aus Amerika liegen in den Häfen fest, Kartoffelsonderlieferungen kommen erfroren an, Vieh kann nicht transportiert werden. Die Lebensmittelreserven schmelzen dramatisch, teilweise bis auf den Bestand für nur noch drei Tage. Die härteste der drei Kältewellen des „Hungerwinters" folgt im Januar 1947. Die Elbe ist komplett vereist.

Unzerstört ist auf St. Pauli die Davidwache, das 36. Polizeirevier. Auch hier gibt es nur trübes Licht. Die Polizisten im Wachraum, alte und junge, tragen unter der Uniform alles, was warm hält. Pullover sind begehrte Artikel. Der Wachbetrieb kennt auch am Heiligabend keine Pausen; eine Doppelstreife verläßt das Gebäude. Ihre Bewaffnung besteht aus einem Holzknüppel und einer Schußwaffe mit fünf Patronen für jeweils zwei Beamte. Zwei weitere Beamte gehen in die Bernhard-Nocht-Straße zum Postenstehen vor einem englischen Soldatenheim. Dort müssen sie auch einen großen Berg Kohlen bewachen. Eine schwierige Angelegenheit, weil alle Deutschen frieren.

In der Wache herrscht die alltägliche Atmosphäre: Wieder einmal erfahren die Diensthabenden, daß in einer Kellerwirtschaft selbstgebrannter Methylalkohol ausgeschenkt wird. Schnapsausschank ist verboten, aber nicht zu verhindern. Zwei englische Soldaten betreten die Wache. Sie suchen ihre Einheit, die in Hamburg sein soll. Flüchtlinge und Hilfesuchende klagen ihr Leid. Die Polizisten hören sie an und helfen, wenn sie eine Möglichkeit dazu sehen. Aber oft müssen sie resignieren. Auch sie frieren, hungern und schlafen zum Teil in den Polizeirevieren, weil sie keine Unterkunft haben. Es ist bitter, wenn selbst einer Flüchtlingsfrau nicht geholfen werden kann, der man die letzten Schuhe gestohlen hat.

Auch die Festgenommenen haben sich hauptsächlich Eigentumsdelikte und Schwarzmarktvergehen zuschulden kommen lassen. Jetzt müssen Berichte darüber angefertigt und sichergestelltes Diebes- und Schwarzhandelsgut registriert werden. Für illegale Geschäfte gilt die Zigarettenwährung. Eine Zigarette ist sieben bis acht Reichsmark wert.

Ein Unfall beim Holzsammeln in den Trümmern wird gemeldet. Schnelle Hilfe ist nötig. Dann brechen Beamte zu einem Einsatz in einer Kneipe auf. Dort wird gerade ein Streit mit Messern ausgetragen. Unterdessen betritt ein Seemann aus Brasilien die Wache. Er fühlt sich von einem Mädchen

*Das Foto zeigt mich
als Wachtmeister 1946.*

übervorteilt und will seinen Bohnenkaffee zurück. Echter Bohnenkaffee ist eine Kostbarkeit.

Ein Tannenbaum mit einigen wenigen Lichtern steht in der Wache, um den sich diensthabende und die hier untergekommenen dienstfreien Beamten versammeln. Die Stunden, in denen die Männer hier mit einem sogenannten Heißgetränk und einem Stück Stollen für jeden beieinander sitzen, geben ihnen das Gefühl, eine große Familie zu sein. Jonni Schlüter, der Chef, spricht einige Worte. Man könne nicht menschlich genug sein, sagt er dabei. Ich bin mit zwanzig Jahren der jüngste Beamte der Davidwache und werde diesen Satz nie vergessen.

[Mannebach bei Ilmenau – Ilmenau, Thüringen –
Westberlin;
Dezember 1947]

Günter Schneider

Bücklinge oder Christbaumschmuck?

*Was ich hier erzählen will, ist eine Geschichte, die ich nicht selbst
erlebt habe, sondern meine Mutter. Sie ist aber so schön und so
lustig, daß sie es einfach verdient, festgehalten zu werden.*

Es war im Dezember 1947. Mutter fuhr zu dieser Zeit ab
und zu nach Berlin, wo sie in den Westsektoren der Stadt
Waren beschaffte, die bei uns in der sowjetischen Besatzungs-
zone nicht zu ergattern waren. Damit wurde dann wieder etwas anderes eingetauscht – „gekuttelt" sagte man damals.
Mutter besorgte in Westberlin meistens ganz leichte Seiden-
tücher in allen Farben. Um die „heiße Ware" sicher nach Hause zu bringen, hatte sie immer ein Kissen dabei. Eine Seite
wurde nach „Geschäftsabschluß" aufgetrennt, die Seidentü-
cher hineingestopft und alles wieder säuberlich zugenäht. Im
Zug setzte sie sich dann darauf, und alles sah ganz und gar
alltäglich aus – sie hatte eben für ein wenig mehr Bequem-
lichkeit auf der Reise gesorgt. Bisher war sie mit dieser Methode stets unbehelligt durch alle Kontrollen gekommen. Nie
hatte man bei ihr etwas gefunden.

Der Wirt vom Gasthaus „Katz" in Stützerbach – er war ein
in weitem Umkreis bekanntes Original – hatte meine Mutter
gebeten, ihn doch einmal mitzunehmen. Er wolle sich zum
Fest auch einmal etwas Besonderes gönnen und es in Westberlin auf dem Schwarzmarkt beschaffen. So sind sie dann

einige Tage vor Weihnachten zusammen losgefahren. An jenem Wintertag 1947 kaufte der Wirt in Westberlin eine Kiste Bücklinge, eine flache Holzkiste, mit Ölpapier ausgelegt, die Brettchen mit Klammern verschlossen. Die Bücklinge rochen natürlich zehn Meter gegen den Wind.

Die Abteile in den Zügen damals waren so gebaut, daß sich auf den Bänken quer zur Fahrtrichtung immer acht Menschen gegenüber saßen. An beiden Seiten befand sich eine Tür. Außen lief das Trittbrett am ganzen Waggon entlang. Die Kontrolleure gingen während der Fahrt von Tür zu Tür und inspizierten in jedem Abteil das Gepäck der Reisenden. Es war damals an der Tagesordnung, daß die Züge von der sogenannten Volkskontrolle besucht und den Menschen alles abgenommen wurde, was sie gehamstert hatten.

Das Abteil, in dem meine Mutter und der Katz-Wirt saßen, stank furchtbar nach Fisch. Kaum waren die Kontrolleure eingestiegen, stürzten sie sich zunächst auf die mitreisenden Frauen. Sie wurden fündig und nahmen ihnen alles ab – bis auf meine Mutter, die seelenruhig auf ihrem Kissen saß.

Auch der Katz-Wirt saß unbeteiligt da. Er hatte sich aus Tabakstangen eine Pfeife gestopft und qualmte vor sich hin. Als die Kontrolleure zu ihm kamen, fragten sie ihn, ob die Kiste da oben im Gepäcknetz ihm gehöre. Gelassen bejahte er und wurde nun nach deren Inhalt befragt. Seelenruhig antwortete er: „Christbaumschmuck!"

Natürlich ließen die Männer es nicht bei dieser Antwort bewenden, sondern baten ihn, die Kiste zu öffnen. Der Wirt verlor keinen Moment seinen Gleichmut: „Ich weiß, was drin ist", meinte er nur. „Wenn ihr es auch wissen wollt, dann macht sie halt auf!"

Einer der Filzer holte die Kiste daraufhin herunter, nahm ein Taschenmesser und machte zwei Klammern von einem Brettchen los. „Das sind doch Bücklinge, die Sie da haben!", rief er empört!"

Gut, das stand ja schon vorher fest, man roch es doch im ganzen Abteil. Der Wirt aber blieb lässig. Unbeeindruckt stellte er fest: „Das ist Christbaumschmuck! Ihr schreibt uns ja schon viel vor, wollt alles reglementieren, was wir zu tun und zu lassen haben, aber an meinen Christbaum kann ich immer noch hängen, was ich will!"

Darauf brach im ganzen Abteil ein solches Gelächter los, daß die Kontrolleure am Ende mitlachen mußten. Und dann geschah ein Wunder: Sie ließen nicht nur dem Wirt seine Bücklinge, sondern gaben den Frauen, deren Waren sie zuvor konfisziert hatten, sogar ihre Sachen zurück.

Was mag wohl in ihren Köpfen vorgegangen sein?

Vielleicht wollten sie einmal menschlich erscheinen, da ja die ganze Autorität sowieso zum Teufel war.

In Ilmenau mußten sehr viele Reisende umsteigen. Sie alle hatten einen riesigen Zorn, weil ihnen alles abgenommen worden war. Als sie sahen, daß der Katz-Wirt immer noch seine Bücklingskiste besaß, schnappten die Leute fast über. Der ganze Zug war gnadenlos kontrolliert worden. Nur die Leute aus dem Abteil mit der Bücklingskiste trugen glücklich ihre Schwarzmarkt- und Hamsterwaren bei sich. Für sie war das Weihnachtsfest gerettet. Ein seltener Fall, daß solch eine heikle Situation mit Humor und Schlitzohrigkeit zum guten Ende geführt worden war. Diese Geschichte machte damals auf dem ganzen Thüringer Wald die Runde, und es wurde viel darüber gelacht.

Aus: Günter Schneider, „Ein ganz normales Leben", erschienen im Eigenverlag 2004.

[Frankfurt/Main – Fulda, Hessen – Leipzig, Sachsen;
1947]

Elfie Reimer

Eine etwas andere Silvesternacht

Seit einer Stunde steht der Zug auf freier Strecke. Draußen fallen dichte Flocken aus dem von Wolken verhangenen Himmel. Der Zug ist ungeheizt, die Kälte kriecht durch den ganzen Körper. Eng gedrängt sitzen die Passagiere auf den harten Sitzbänken, deren schäbiger Kunststoffbezug sich über die ausgesessene Polsterung spannt. Niemand spricht ein Wort.

Das alte Ehepaar mir gegenüber starrt aus dem Fenster, obwohl draußen nichts zu sehen ist als eine schneebedeckte Landschaft. Es schneit ununterbrochen. Durch den Schneevorhang hindurch kann man in der Ferne lediglich ein paar Bäume schemenhaft erkennen.

Die Stille ist bedrückend. Keiner der Passagiere wagt es, das Schweigen zu brechen. Es ist, als ob jeder befürchte, ein gesprochenes Wort könne die Ruhe stören.

Durch halbgeschlossene Lider beobachte ich das Ehepaar. Wenn nicht schon die Kleidung und die mißtrauischen Blicke sie verrieten, so wäre es ihr beredtes Schweigen, das sie als Besucher aus der Ostzone kennzeichnet. Ich habe dieses Mißtrauen bei meinen Fahrten auf dieser Strecke schon oft bemerkt.

Wir befinden uns im Interzonenzug nach Leipzig. Ich werde den Zug in Fulda verlassen. Wenn er bald weiterfährt, kann ich noch vor Mitternacht bei meinen Eltern sein. Aber wann wird er sich wieder in Bewegung setzen?

Der Zugschaffner weiß es nicht.

Obwohl ich warme, pelzgefütterte Stiefel trage, spüre ich die Kälte in den Füßen. Ich stehe auf und versuche, mir etwas Bewegung zu verschaffen, soweit dies in dem engen Abteil möglich ist. Das Abteil zu verlassen, ist unmöglich; der Gang ist überfüllt und vollgestellt mit Kartons, Rucksäcken und Koffern, die den noch nicht lange zu Ende gegangenen Krieg überlebt haben.

Die alleinreisende Dame neben mir am Fensterplatz wirft mir einen vorwurfsvollen Blick zu, als ich ihr beim Aufstehen versehentlich auf den Fuß trete. Ihr teurer Pelzmantel läßt mich vermuten, daß sie aus dem Westen stammt. Ich weiß nicht, wofür sie mich hält. Meine Entschuldigung nimmt sie äußerst unwillig entgegen.

Der grauhaarige Herr in der Ecke gegenüber sieht von seinem Buch auf, in dem er bisher gelesen hat. Als er es für einen Moment zuklappt, kann ich den Titel erkennen: es ist Zuckmayers neuestes Buch „Des Teufels General". Ich bin versucht, ein Gespräch darüber zu beginnen, aber ich verpasse den rechten Zeitpunkt, er hat bereits wieder zu lesen begonnen.

Der Zug steht noch immer. Draußen beginnt es dunkel zu werden. Die schwache Deckenbeleuchtung taucht das Abteil in ein gespenstisches Licht.

Der hagere junge Mann zu meiner Rechten hat eine Thermosflasche aus seinem Gepäck hervorgeholt. Erst jetzt fällt mir auf, daß der rechte Ärmel seines Mantels leer ist. Das untere Ende ist mit einer großen Sicherheitsnadel an der Schulter des abgetragenen Wollmantels befestigt.

Ich helfe dem Mann beim Öffnen der Flasche und halte den Blechbecher, damit er sich Kaffee eingießen kann. Er bedankt sich mit einem Lächeln, das mich frösteln läßt. Auch so ein armes Schwein, das der Krieg um seine Jugend und Gesundheit gebracht hat, denke ich. Er trinkt ganz langsam, wobei er Mühe hat, den Becher mit den klammen Fingern festzuhalten.

Das Schweigen in dem Abteil ist unerträglich geworden. Ich halte es nicht mehr aus. Ohne jemand direkt anzusprechen, versuche ich es mit einer Frage: „Ob wir wohl heute noch an unser Ziel kommen?"

Keine Reaktion.

Doch ich gebe nicht auf. „Schließlich ist heute Silvester, da wollen wir doch alle mit unseren Angehörigen das neue Jahr begrüßen."

Der Erste, der den Faden aufnimmt, ist der junge Mann neben mir: „Hoffentlich wird es ein gutes Jahr. Schlechte hatten wir bereits zu viele. Jetzt, wo der Krieg zu Ende ist, brauchen wir wenigstens nicht mehr um unser Leben zu bangen. Es kann ja eigentlich nur besser werden."

Vorsichtiger Optimismus klingt aus seinen Worten, und als hätten alle darauf gewartet, daß jemand den Anfang macht, ist das Schweigen plötzlich gebrochen.

Der alte Herr legt sein Buch aus der Hand und erzählt von seinem Sohn, den er in Fulda besuchen wolle. „Gott sei Dank haben die Russen Fulda nicht besetzt, sonst könnte ich heute nicht so einfach hinfahren", fügt er nachdenklich hinzu.

Die Dame zu meiner Linken ist gar nicht mehr so hochnäsig, sondern trägt mit der Bemerkung, daß sie ihre Reise ebenfalls in Fulda beenden werde, zu der nun fast fröhlichen Stimmung bei. „Mein Bruder ist Weihnachten aus der Gefangenschaft zurückgekehrt, es war irgendwo in Sibirien. Wir sind froh, daß er noch einmal davongekommen ist. Nun treffen wir uns in unserem Elternhaus, das glücklicherweise die Bombenangriffe auf die Stadt überstanden hat", fügt sie erklärend hinzu.

Die Unterhaltung wird immer lebhafter. Die Kälte des Abteils ist plötzlich nicht mehr spürbar. Nur das alte Ehepaar beteiligt sich nicht an unserem Erzählen.

Ich blicke auf meine Armbanduhr. Es sind nur noch wenige Minuten bis Mitternacht. Meine Eltern werden vergeblich mit dem Silvesteressen auf mich warten. Da habe ich eine Idee. Ich nehme meine Reisetasche aus dem Gepäcknetz und hole eine Flasche Sekt hervor.

„Das sollte eine Geschenk für meine Eltern sein", sage ich. „Die Tochter meiner Nachbarin ist im Offizierskasino der amerikanischen Militärregierung in Frankfurt beschäftigt. Sie hat mir den Sekt gegen eine goldene Halskette überlassen", füge ich hinzu, als ich die verwunderten Blicke der Mitreisenden bemerke. Schließlich sind Lebensmittel noch rationiert, und von alkoholischen Getränken kann man bestenfalls träumen.

Um so größer ist die Freude, als ich fortfahre. „Was soll's! Da wir offensichtlich dazu verurteilt sind, das neue Jahr in diesem Zug zu beginnen, werden wir die Flasche gemeinsam leeren."

Der alte Herr bietet sich an, die Flasche zu öffnen, der junge Mann stellt seinen Becher zur Verfügung. Ich gieße den Sekt ein und zähle die Sekunden: zehn, neun, acht, sieben, sechs, fünf, vier, drei, zwei, eins – Prosit Neujahr!

Wir reichen den Becher reihum. Ich fülle jeweils Sekt nach und stoße mit der Flasche mit den anderen Reisenden an.

„Auf ein glückliches und friedvolles neues Jahr!"

Das alte Ehepaar hat nun anscheinend sein Mißtrauen verloren und beteiligt sich zaghaft an der Unterhaltung.

„Wir waren über die Weihnachtsfeiertage bei unserer Tochter in Heidelberg", sagt die Frau, und der Mann ergänzt: „Es war das erste Mal, daß wir unseren Enkel sehen konnten." Seine Augen glänzen feucht. „Es waren wunderschöne Tage. Aber nun fahren wir wieder heim nach Leipzig. Da sind wir ja zu Hause."

Es klingt wie eine Entschuldigung. Nachdenklich nickt die Frau zu den Worten ihres Mannes.

Irgendwann setzt sich der Zug in Bewegung. Als wir Fulda erreichen, ist Silvester längst vorüber. Ein neues Jahr hat begonnen.

[Glüsingen, Kreis Gifhorn – Ehra-Lessien, Samtgemeinde Brome – Wolfsburg, Niedersachsen; 1948 – 1956]

Ingrid Behm

Weihnachten in der Flüchtlingssiedlung

In der Vorweihnachtszeit 1948 lebten meine Mutter und ich in einem Flüchtlingslager in Glüsingen im Kreis Gifhorn. Mein Vater war 40 Kilometer entfernt im Männergemeinschaftslager am Mittellandkanal gegenüber dem Volkswagenwerk in Wolfsburg untergebracht, wo er bald nach seiner Entlassung aus amerikanischer Kriegsgefangenschaft Arbeit gefunden hatte. Es bestand Bahnverbindung, und so war es möglich, einander öfter zu sehen. Zu Weihnachten konnten wir sogar alle drei zusammen in Wolfsburg bei ihm in der Baracke sein, weil viele der Männer während der Festtage abwesend waren. Meine Eltern pilgerten mit mir am Abend zu einer kleinen abgelegenen Dorfkirche, um mir das Kind in der Krippe und den strahlenden Weihnachtsbaum zu zeigen. Doch vor lauter Menschen kamen wir nicht hinein, und ich sah nichts als einen hellen Schein durch die Fenster. Mutti tröstete mich mit dem Lichterbaum bei uns im Lager in Glüsingen zwischen den Baracken. Es war mein erstes Weihnachtsfest im Westen und das erste Weihnachtsfest überhaupt, an das ich mich erinnere.

Im Herbst 1948, nach Beendigung meines ersten Schuljahres, waren meine Mutter und ich aus Ost-Berlin geflüchtet. Hans-Herbert, mein älterer Bruder, war bei meiner Tante in Berlin-Bohnsdorf geblieben. Er lehnte den Aufenthalt in einem Flüchtlingslager ab. Später, wenn wir eine richtige Wohnung haben würden, wollte er nachkommen.

Mich beschäftigte später immer wieder die Frage: Ab wann, in welchem Alter nimmt ein Kind Weihnachten als solches überhaupt wahr? Was ist normal? Ist es die Regel, daß ein Kind erst siebenjährig Weihnachten im eigentlichen Sinne kennenlernt?

Nein! Die Umstände des Krieges haben es vereitelt. Weihnachten blieb für mich irgendwie aus. Ich denke, all unsere armen alleingelassenen Mütter hätten damals im Krieg und auch danach uns Kindern von Herzen gern ein friedvolles, fröhliches Weihnachtsfest bereitet, wenn sie es gekonnt hätten. Wie sollten sie? Es war kaum möglich! Wäre es nicht so dramatisch gewesen, könnte man meinen, in den Notjahren erlebten wir die wahren Weihnachten mit ähnlichen Entbehrungen wie einst das heilige Paar bei Jesus' Geburt. Doch wir sollen uns ja freuen über das Ereignis damals in Bethlehem, uns auch beschenken und Liebe vermitteln!

Endlich wieder zusammen!

Wider Erwarten war die Lagerzeit nach insgesamt fünf Monaten für uns beendet. Im Februar des neuen Jahres 1949 kamen wir zusammen mit vielen anderen Flüchtlingsfamilien aus dem Lager Glüsingen nach Ehra-Lessien, das noch näher bei Wolfsburg lag. Dort, auf dem ehemaligen Bombenabwurfversuchsgelände, standen uns die eilends umgerüsteten Wehrmachts-Verwaltungsbaracken als Wohnraum zur Verfügung. Dank der Bemühungen des Kreisflüchtlingsamtes konnten wir nun nach allen Strapazen des Krieges zusammen mit Vater ein neues, lebenswertes Leben beginnen. Das sollte uns wohl gelingen in dieser wunderschönen Wald- und Heidelandschaft!

Jede Familie hatte endlich zwei oder drei Räume für sich allein. Die Toiletten und Waschräume befanden sich auf dem Flur. Möbel bekamen wir aus Wehrmachtsbeständen zugeteilt. Jeder Person war ein Bettgestell mit Strohsack zugedacht; dazu ein Stuhl und diverses Geschirr. Einen Schrank,

Gruß aus Ehra-Lessin (Platz)

1949 unser neues Zuhause: die Barackensiedlung bei Ehra-Lessien im Kreis Gifhorn, „Am Platz" genannt. Damals gehörte sie zum Forst Munster-Heide, heute zum Bundeswehr-Truppenübungsplatz Ehra-Lessien.

eher ein Spind, gab es und einen Tisch. Unser war so groß, daß Vater zwei daraus machte. Die Menschen schienen zufrieden und glücklich zu sein; und wenn die Väter schon Arbeit hatten, konnten sie sich auch bald etwas leisten.

Für die Gemeinde Ehra-Lessien war diese abseits gelegene Barackensiedlung mit annähernd 300 Flüchtlingen aus den deutschen Ostgebieten fast eine Überforderung, zumal die Einheimischen vielleicht zweifelten, ob diese Leute richtige Deutsche seien. Sie mußten sich auch erst darauf einstellen, freien Zugang zu diesem Gelände zu haben, war es doch bis dahin ein geheimes, abgeriegeltes militärisches Gebiet gewesen. Aber mit der Zeit lief alles wunderbar. Wir waren nun eingebürgert in Niedersachsen, in der britischen Zone. Unsere Baracken waren nicht solche, wie wir sie aus den bisherigen Lagern kannten – es waren Steinbaracken, nicht gemauert, aber immerhin verputzt von innen und außen. Unsere Baracke 10 war ein Winkelbau; also mit zwei Fluren und im Winkel ein großer und ein kleiner Vorraum mit dem Haupteingang. Im Krieg war sie das Stabsgebäude gewesen.

In der U-Baracke, ehemals Casino, wurde für uns eine Schule mit zwei Klassenräumen eingerichtet und eine Lehrkraft, Frau Schymroch aus der Glüsinger Lagerschule, „mitgeliefert". Sie bewohnte mit ihrer Familie das hübsche Blockhaus vorn an der Wache, wo es zunächst noch einen Schlagbaum gab, der aber bald verschwand. Die Fahrt der Väter zur Arbeit ins 24 Kilometer entfernte Wolfsburg verlief reibungslos mit Bussen der Firma Wallheim. Ein Auto besaß niemand.

Der erste Sommer kam und mit ihm die Früchte der Wälder. Frauen und Kinder pflückten eimerweise Beeren; die

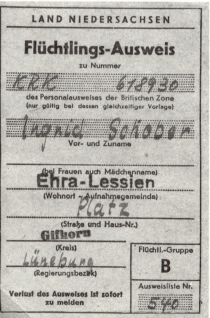

Mein Flüchtlingsausweis, ausgestellt am 21. April 1949.

1950: Meine Mutter und ich schauen aus den Fenstern unserer Baracken-
wohnung in Ehra-Lessien. Im Vorgarten hatten meine Eltern ein Beet an-
gelegt, auf dem der Grünkohl für unser Weihnachtsessen wuchs.

Väter nahmen sie gut verschnürt mit ins Volkswagenwerk,
wo sie Abnehmer fanden. Ebenso wurden auch Pilze gehandelt. Großzügig konnten wir uns mit Holz für den Winter
bevorraten. Das war früher in Berlin-Bohnsdorf absolute
Mangelware gewesen. Säckeweise schleppten wir Kienäpfel
heim. Um all dieses wertvolle Gut lagern zu können, hatten
unsere Väter gleich einen Schuppen gebaut; ebenso eine Bleibe für Hühner, mit Draht überspannt. Das war wichtig, denn
der Habicht holte sich gern ein Huhn.

Wir Kinder konnten spielen und in Freiheit die Gegend er-
kunden, ohne Angst haben zu müssen. Den Anblick der blü-

henden, hügeligen Heideflächen und deren Duft mit allen Sinnen zu genießen, war ein Erlebnis besonderer Art.

Wintermärchenstimmung

Als der Winter sich ankündigte und die Advents- und Weihnachtszeit nahte, war es besonders schön. Es lag unbeschreibliche Spannung in der Luft, die ich bis dahin nie so erlebt hatte. Sie wurde noch verstärkt und bewußt angeregt durch unsere Lehrerin, die mit uns Kindern die schönen Weihnachtslieder sang. Ich war begeistert!

Jede Familie, woher sie auch stammte, brachte ihre eigenen weihnachtlichen Traditionen und Gewohnheiten ein, wie sie sie aus der Heimat kannten. Da zogen wundersame süße und pikante Düfte durch die Flure, unbekannte Gerüche, die mich sehr beeindruckten. Hinter den Türen knisterte es förmlich vor Übereifer. Und draußen glitzernder Schnee! Schwer lag er auf den Ästen der hohen Kiefern; ganz leicht und sacht stiebte er herab wie Filigran. Dieser Advent mit seiner klaren Dezemberluft verbreitete Wintermärchenstimmung pur.

Ein Tannenbäumchen holten wir uns vom Förster. Es bekam seinen Platz mal in der Küche, ein anderes Jahr im Schlafraum – eine gute Stube hatten wir nicht. „Doch vor der Bescherung erst das Essen", bestimmte Mutti. Am Weihnachtsabend gab es immer Grünkohl mit Wellfleisch und Salzkartoffeln und zum Nachtisch schlesische Mohnklöße – so kannten sie es von den Eltern im Brandenburgischen. Es war köstlich, wie Mutti kochte. Und wie es uns schmeckte! Vati sprach das Tischgebet. So hatten sie es immer gehalten. Und dann?

Mehr und mehr wurde es ruhig in unserer Baracke 10. Auffällige Stille kehrte ein; kein Gerenne mehr vor unserer Tür zu den Toiletten und Waschräumen. Was ließ die Menschen zur Ruhe kommen? Rührte sie das Wunder der heiligen Nacht, damals wie heute immer noch?

Weihnachten, Fest der Familie, über Generationen weitergegeben, der Höhepunkt des Advents, Jesu Geburt!

Ja, so begegnete nun endlich auch mir Weihnachten; von da an alle Jahre wieder. Und immer besser verstand ich den Sinn. Selig erfüllt von der Weihnachtsbotschaft, die auch für uns Frieden auf Erden gebracht hatte, gingen wir zu Bett. Unsere Gedanken waren bei unseren Lieben in Berlin-Bohnsdorf und in der Ostzone. Die Weihnachtspost war rechtzeitig auf den Weg gebracht worden; Briefe waren ja unsere einzige Verbindung zwischen West und Ost.

Bevor ich am Heiligabend einschlief, erinnerte mich Mutti daran, daß Träume in den Weihnachtsnächten in Erfüllung gingen. Ich solle sie mir immer merken. Ja, tatsächlich, ein Traum wurde 1954 wahr: der vom kleinen Schwesterchen – reichlich spät, als ich bereits 13 Jahre alt war. Und der Traum vom eigenen Zimmer erfüllte sich, als wir zwei Jahre später in eine Neubauwohnung von VW in das Städtchen Fallersleben zogen, heute ein Ortsteil von Wolfsburg. Mein Bruder kam dennoch nicht. Er ist Berlin treu geblieben bis auf den heutigen Tag.

Mein Weihnachtstraum erfüllte sich: Im Dezember 1954 wurde meine kleine Schwester Liliane geboren.

[Höxter/Weser, Weserbergland,
Nordrhein-Westfalen;
1948]

Doris Henninger

Als der kleine Engel weinte

Es war die Zeit nach dem Krieg. In der kleinen Stadt Höxter an der Weser hatten die Weihnachtsvorbereitungen begonnen. Viel gab es ja noch nicht. Aber das wenige, das übriggeblieben oder wieder neu erworben war, wurde genutzt, um Straßen, Häuser, Marktplatz und Kirche zu schmücken. Sehr bescheiden zwar, ja eigentlich sogar kärglich, aber damals empfanden es alle als festlich und prächtig.

In der Stadt lebten auch einige Flüchtlingsfamilien, als Zwangseinweisung der Behörden in ohnehin schon überfüllten Häusern oder in Barackenlagern untergebracht. Viele erkannte man an der Art, wie sie sich bewegten, wie sie schauten. Fragende Blicke, suchend, zweifelnd. Manche Gesichter zeigten abgründige Trauer, auch Angst. Sie schienen immer auf der Suche nach etwas. Nach der Vergangenheit, die sie verloren hatten, oder der Zukunft, die ungewiß vor ihnen lag?

In der alten Kirche standen wie jedes Jahr zwei riesige Weihnachtsbäume rechts und links des Altars – alte hohe Fichten, im Wald geschlagen und dann mit viel Aufwand in die Kirche gebracht. Sie bildeten die Kulisse für das Krippenspiel, das von Kindern aufgeführt werden sollte. Auch die Andeutung einer Herberge und eines Stalles fehlten nicht. Während des Spiels hatten die Hirten vor einer der Fichten zu kauern und sich an einem Reisighaufen zu wärmen. Sogar echte Schaf- und Ziegenfelle lagen da.

Ich hörte, daß auch zwei Flüchtlingsmädchen dabei sein würden. Die große Schwester sollte die Maria darstellen. Sie war sanft, mit langen schwarzen Haaren, genau so, wie man sich Maria vorstellt. Die kleine spielte eigentlich keine Rolle, stumm sollte sie als Engel die Szene vervollständigen, weil Engel eben dazugehören zu der Weihnachtsgeschichte von Bethlehem.

Ich kannte diese kinderreiche Familie etwas. Die Mutter wartete noch immer auf ihren Mann, der irgendwo im Osten geblieben war. Mit ihren Kindern war sie lange unterwegs gewesen, zu Fuß durch Schnee und Eis, und hatte hier nun eine vorläufige Bleibe gefunden. Wie es weitergehen würde, wußte sie noch nicht. Es war auch damals nicht so einfach, als Alleinerziehende mit fünf Kindern unterzukommen.

Am Tag des Heiligen Abends besuchte ich in der alten Kirche das Krippenspiel. Wieder einmal die alte Geschichte, eigentlich schon fade und abgestanden durch ungezählte Wiederholungen zur Zeit und Unzeit, dachte ich. War sie überhaupt noch zeitgemäß?

Erst hatte ich gar nicht hingehen wollen. Doch als die Kleine, die den Engel darstellen sollte, mich erwartungsvoll fragte, ob ich denn auch käme, hatte ich es nicht fertig gebracht, nein zu sagen. So saß ich nun in der kalten Kirche. Fast konnte man den Atem als kleine weiße Wolke wahrnehmen. Ich dachte sehnsüchtig an meine warme Stube daheim, während das Spiel begann.

Die jüngere der beiden Schwestern kauerte als Engel vor der ganzen Szene. Eigentlich nur eine kleine Statistin. Sie saß da, in einen weißen Umhang gehüllt. Die Hände hielt sie vor der Brust gegeneinander gelegt – eine fromme Geste in der Art wie sie bei den alten Meistern manchmal dargestellt ist.

Jetzt traten Josef und Maria auf, sie suchten eine Herberge. Überall trafen sie nur auf geschlossene Tore und abweisende Gesichter.

„Kalt ist es", klagte Maria mit sanfter Stimme. „Bitte gebt uns Raum in eurer Herberge."

Die kinderreiche Flüchtlingsfamilie Sennlaub 1947. Rechts außen ist die große Schwester, die „Maria" zu sehen. Der kleine „Engel" sitzt auf Mutters Schoß.

Diese Worte kennt sie nicht nur aus dem Spiel, begriff ich plötzlich, die sind ihr durch vielfache eigene Bitten an fremden Türen vertraut.

Hatten sich anfangs noch einige geräuspert oder miteinander geflüstert, so lag jetzt tiefe Stille über dem Kirchenschiff. Ganz leise war es geworden, als nun die laute, harte Stimme des Wirtes gnadenlos donnerte: „Schert euch fort! Hier ist kein Platz für euch. Seht ihr nicht selbst, daß alles voll ist?"

In diesem Augenblick sah ich etwas ganz anderes: Dem kleinen Engel strömten die Tränen nur so über das Gesicht. Immer mehr wurden es. Schließlich hockte da nur noch ein bitterlich schluchzendes Etwas, das dennoch versuchte, Haltung zu wahren. Die Aufmerksamkeit der Zuschauer galt längst nicht mehr dem heiligen Paar, sondern dem kleinen unglücklichen Himmelsboten, der so tapfer versuchte, seine Tränen zu beherrschen. Einer der Hirten konnte es nicht mehr mit ansehen, beugte sich zu der Kleinen hinunter und versuchte, sie zu trösten: „Es ist doch nur ein Spiel."

Der Engel jedoch schluchzte: „Aber es ist wie in Wirklichkeit, und es ist so traurig!"

Ja, dachte ich, indem ich ihn ansah, es ist so traurig. Und du hast die heiligen Höhen der Himmlischen verlassen, bist Zeuge dieser Hartherzigkeit geworden, und es rührt dich an.

Die kleine Engelsdarstellerin konnte nicht mehr in ihre Rolle zurückfinden. Sie mußte so sehr weinen, daß man sie aus der Szene entfernte. Ihre unaufhaltsam fließenden Tränen paßten nicht in das Konzept des Spiels. Engel sollen Gott loben, nicht weinen. Vielleicht waren diese Tränen aber ehrlicher als der herrlichste Gesang. Aus tiefster Seele kamen sie gewiß.

Nach der Aufführung des Krippenspiels in der evangelischen Kirche Höxter stellten sich alle Mitwirkenden noch einmal für dieses Foto auf.

[Zweibrücken, Pfalz;
1948]

Walter Danner

Eine schöne Bescherung

Begonnen hatte jene Weihnacht im Jahre 1948 genauso wie
schon in den Jahren zuvor. Es war ein wenig Schnee gefallen
und ziemlich kalt, als die Familie in hoffnungsvoller Stimmung nach dem Besuch der Christmette nach Hause eilte;
teils weil alle nicht noch länger auf die warme Wohnstube
mit dem Baum warten wollten, teils, weil sie einfach Hunger hatten. Der Großmutter wurde vor der Haustür der Vor-
tritt gelassen, denn sie verwahrte den Haustürschlüssel, einen dieser altertümlich großen mit Bart, wie sie für die mäch-
tigen Kastenschlösser üblich waren. Solche Schlüssel wurden damals aus hartem, aber sprödem Temperguß hergestellt
und anschließend gefeilt, um ihnen ihre jeweilige Paßform
und die exakten Maße zu geben. Großmutter ging also zur
Tür und schickte sich an, sie zu öffnen. Doch was war das?
Der Schlüssel ließ sich im Schloß nicht drehen.

„Laß mich mal probieren!" Schon war dem Großvater der
Schlüssel ausgehändigt, und ebenso schnell zog er den zylin-
drischen langen Teil mit dem ovalen Griffstück aus dem Schlüsselloch zurück. Der Bart aber war abgebrochen und steckte im
Schloß. Die Tür blieb somit verschlossen, und wir standen ratlos davor. Wahrscheinlich war es schon nach 20 Uhr.

In den Nachbarhäusern saß man bestimmt schon friedlich am Weihnachtsbaum oder war vielleicht noch in der
Küche mit Kartoffelsalat und Würstchen beschäftigt. Inzwi-

schen war die Versorgung mit Nahrungsmitteln des Alltags hinreichend gesichert, so daß die Lebensmittelkarten für die Weihnachtsfeiertage nicht mehr wie noch in den Vorjahren lange zuvor aufgespart werden mußten.

Alkoholische Getränke allerdings waren fast unerschwinglich, wenn es sich nicht um Obstwein oder Schwarzgebranntem handelte. Im Angebot war gesüßter Tee, meist aus selbstgepflanzter Pfefferminze oder selbstgesammelten Kräutern. Was wurde in diesen Tagen nicht alles an Teemischungen ausprobiert und sich gegenseitig empfohlen! Unter anderem solchen aus Wild- und Gartenkräutern und getrockneten Apfelschalen, Tees, die ja heutzutage aus ganz anderen Gründen wieder getrunken werden.

Auf jeden Fall gab es nun zum Fest Essen, das für alle reichte, und jeder freute sich auf den Weihnachtsschmaus. Vor dem Aufbruch zur Kirche war in allen Häusern nochmals ein dickes Holzscheit im Küchenherd nachgelegt worden, um im Topf das Wasser warmzuhalten.

Wir aber standen plötzlich und unvorbereitet mit fünf Personen vor der verschlossenen Haustür.

Da hatte Großvater eine Idee, deren Gelingen allerdings keineswegs gewiß war. Drei Häuser weiter hatte ein Blechschmied in einer alten Scheune eine kleine Werkstatt, die nicht richtig verschlossen werden konnte. Aber keiner von uns wollte unberechtigt dort eindringen, um vielleicht Werkzeuge zu finden, mit denen das Schloß geöffnet werden könnte. Zum Glück wohnte die Schwester des Handwerkers im Nachbarhaus; wir wollten sie um Erlaubnis bitten. Doch weder Klopfen noch Rufen hatten Erfolg. Es dauerte mindestens eine halbe Stunde, bis Großvater beim gemeinsamen Nachbarn über dessen Hofzaun gestiegen war und vom rückwärtigen Garten aus auf sich aufmerksam machen konnte. Als er dann endlich die Werkstatt betreten hatte, war unser Problem noch lange nicht gelöst, denn hier gab es kein elektrisches Licht. Wie Werkzeuge finden?

Streichhölzer waren extrem knapp, Kerzen oder Öllampe – woher nehmen?

Inzwischen hatte der von uns verursachte Lärm in der ansonsten völlig leeren weihnachtlichen Straße Aufmerksamkeit erregt. Ein dem Alkohol sehr zugetaner Zeitgenosse, den man im Alltag wegen seiner häufigen Trunkenheit unbedingt mied, bot mit schwerer Zunge seine Hilfe an. Wir wollten sie nicht annehmen, aber wir mußten – es gab keine Wahl. Er verstand etwas vom Biegen und Ausschmieden eines Notschlüssels, eines sogenannten Dietrichs. Vermutlich hatte er öfter das Problem mit verlorengegangenen Schlüsseln. Die hätte er für seine Behausung eigentlich nicht benötigt, denn dort war mit Sicherheit nichts zu stehlen. Wie dem auch sei, der Mann war ein Meister der Improvisation. Nur allzugut wußte man, daß ihm dadurch auch seine Alkoholbeschaffung immer wieder gelang. Mit schwerer Zunge beschwerte er sich, daß man ihn gegen seinen Willen und trotz seiner vehementen Proteste kurz zuvor als letzten Gast am Heiligen Abend aus einer Wirtschaft hinausgeworfen hatte.

Im Dunkel der Werkstatt, die auch keine Straßenlaterne notdürftig erhellte, denn für die fehlte der Strom und die Lampen waren oft defekt, fand Großvater sich nur mühsam zurecht. Auf dem Boden und in übervollen, ungeordneten Schubladen unter einer alten Werkbankplatte mit allen denkbaren Holz- und Metallteilen, die vielleicht irgendwann noch zu gebrauchen waren, suchend, entdeckte er schließlich doch ein Stück geeigneten dicken Draht. Oder war es ein dünner, langer Schließhaken?

Auch ein Hammer wurde gefunden.

Wie der hilfsbereite Mitbürger sich in seiner Verfassung und im Finstern auf dem ertasteten Amboß die Spitze des Rundstahls flach ausschmiedete und danach rechtwinklig abbog, ist vor allem im Nachhinein bewundernswert.

Der erste Versuch zu öffnen schlug fehl, denn das abgewinkelte Teilstück war zu kurz. Der zweite brachte dann den erhofften Erfolg; unsere Haustür war wieder offen. Alles in allem hatte diese Aktion einschließlich der Vorbereitungen mehr als zwei Stunden gedauert. Wir Kinder glaubten, nahe am Erfrieren zu sein und freuten uns auf die anheimelnde Wärme drinnen. Aber welche Enttäuschung: Die Wohnung war inzwischen kalt, das Feuer im Küchenherd und der Wohnstube schon lange erloschen. Ein jetzt neu entfachtes würde aber zu lange brauchen, um gemütliche Temperaturen zu verbreiten.

„Wir lassen die Bescherung heute ausfallen und holen sie morgen früh nach", wurde schließlich beschlossen. Hungrig und gut durchgekühlt – letzteres war das größere Übel – gingen wir alle ohne jeglichen Widerspruch zu Bett. Wir Kinder durften den größten Teil unserer Bekleidung vom Kirchgang anbehalten, und so stellte sich wenigstens hier recht bald wohlige Wärme ein.

Unser hilfsbereiter Freund hatte zwar ohne jegliches Zögern die Einladung zum Heiligen Abend angenommen, als aber auch er feststellen mußte, daß das Feuer ausgegangen und alles kalt war, entschied er sich wieder für die Straße und torkelte heimwärts.

Am nächsten Morgen war die Großmutter vorzeitig aufgestanden und hatte zunächst im Küchenherd für genügend Glut gesorgt. Sie konnte sogar auf einer Blechschaufel einen Teil davon in den Ofen des Wohnzimmers tragen, um dort schneller gleichfalls ein munteres Feuer zu entfachen.

Erstaunlich, niemand bekam Schnupfen oder erkrankte. Der abgebrochene Schlüsselbart wurde nach den Feiertagen vom Nachbarn wieder angelötet. Hartlöten war für ihn eine seiner wichtigen Tätigkeiten, brachte ihm doch das ganze Dorf löchrige Töpfe und undichte Pfannen, die er mit Messinglot flickte.

Unser damaliges Wohnhaus ist verkauft, Schloß und Tür sind schon lange ausgetauscht. Der Schlüssel aber blieb bis heute erhalten.

[Martinfeld bei Heiligenstadt,
im Eichsfeld, Thüringen;
1949/50]

Anna Maria Metz

Mutter muß es schaffen

In der Nachkriegszeit waren Wohnungen sehr knapp. Meine Mutter wohnte 1949 mit uns beiden Töchtern mit im Haus unseres Onkels, dem Bruder unseres Vaters. Ich war fünf Jahre, meiner Schwester vier Jahre älter. Wir hatten dort im Haus eine kleine Wohnküche und ein Schlafzimmer. Die Familie meines Onkels bestand aus Onkel, Tante, zwei Cousinen, die sieben und zehn Jahre älter waren als ich, und zwei Cousins, jeweils ein Jahr jünger als meine Schwester und ich. Mein Onkel war Ostern 1949 erst aus russischer Gefangenschaft gekommen, mein Vater war immer noch vermißt.

Anfang November wurde meine Mutter schwerkrank. Der Hausarzt behandelte sie auf Gelbsucht und überwies sie nicht in eine Klinik. Sie war lange krank, konnte deshalb nicht arbeiten, so daß wir kaum noch Geld hatten. Das kleine Kapital, das meine Eltern einst zum Bauen angespart hatten, war entwertet worden, so daß wir nun mittellos dastanden und auch wenig zu essen hatten.

Dann kam der Nikolaustag heran, der bei uns im Eichsfeld die Kinder bereits am Vorabend des 6. Dezember beschert. Meine Schwester, die ja schon wußte, daß die Eltern die Gaben des Heiligen Nikolaus kaufen mußten, hatte mich auf den Tag vorbereitet und mir erzählt, in diesem Jahr könne der Heilige Nikolaus nicht zu uns kommen, weil unsere Mama schwerkrank ist. Doch am Abend des 5. Dezember rief

*Der letzte vor seiner Versetzung nach Ostpreußen eilig geschriebene
Feldpostbrief meines Vaters vom 24. November 1944 mit der neuen Feldpost-
nummer. Ende 1949 galt mein Vater noch immer als vermißt, Mutter bekam keinerlei finanzielle Unterstützung.*

Das Foto zeigt meine Mutter mit ihren zwei Töchtern Anna Maria (links)
und Waltraud im September 1947 im Garten meines Onkels.

auf einmal unser Onkel von unten: „Annemarie und Waltraud, kommt schnell runter zu uns! Der Nikolaus ist da und
hat auch für euch eine Kleinigkeit mitgebracht!"

Kaum hatten wir das vernommen, rannten wir auch schon
hinunter. Freudestrahlend stand ich dann vor dem Nikolaus,
sagte ihm ein Gedicht auf und bekam auch sofort ein Ge-

schenk. Ich nahm an, daß Süßigkeiten in der Tüte waren, die er mir überreichte, damals durchaus noch nicht wieder selbstverständlich. Dennoch freute ich mich am allermeisten über eine Wurst, die ich ebenfalls von dem Heiligen Mann erhielt. Das ist mir deshalb so deutlich in Erinnerung geblieben, weil damals mein großer Cousin eine Rüge vom Nikolaus bekommen hat und als Geschenk einen „Wursteknüppel", einen Stock, an dem eine harte Wurst hing. Ich lief ganz schnell zu unserer Mama ans Bett und erzählte ihr voller Freude: „Mama, wir haben wieder etwas zu essen. Der Nikolaus hat mir eine Wurst gebracht! Und Norbert hat den Wursteknüppel gekriegt."

Leider wurde unsere Mutter noch lange nicht gesund. Der Hausarzt nahm sie schließlich mit in sein kleines Privatkrankenhaus im Nachbarort, wo sie bis kurz vor Weihnachten lag. Es wurde nicht besser mit ihr, sondern immer schlechter. Sie fühlte es wohl und sagte zum Arzt: „Wenn ich sterben muß, dann will ich wenigstens Weihnachten noch einmal zu Hause bei meinen Kindern sein."

Der Arzt hatte immer wieder Einwände, wollte sie auf keinen Fall nach Hause bringen. Unsere Mutter ließ sich aber nicht halten. Sie bat meine Tante um Hilfe. Die kleidete sie zusammen mit meiner Schwester an, dann schleppten beide unsere Mutter zur Bushaltestelle, damit sie mit dem Bus nach Hause fahren konnten. Taxis gab es nicht, wir hätten auch kein Geld dafür gehabt.

Da lag sie nun am Heiligabend zu Hause, abgemagert bis auf achtzig Pfund. Auch das Christkind konnte nicht zu uns kommen. Wir freuten uns aber trotzdem, denn unsere Mama war ja wieder bei uns.

In der Kirche St. Ursula war die Weihnachtskrippe aufgebaut, dazu das „Nickemännchen", wie wir sagten. Das war ein kleiner Mohr als Spardose für die Kinder der Dritten Welt. Warf man eine Münze hinein, so nickte er mit dem Kopf.

Auch ich wollte gern etwas in das Nickemännchen stecken und bettelte bei meiner Mama um Geld. Endlich sagte sie: „Geh an den Küchenschrank, da liegt mein Portemonnaie, es sind noch 14 Pfennig darin. Teilt sie euch, jede gibt dem Nickemännchen sieben Pfennig, dann wollen wir dieses Jahr Weihnachten so arm sein wie das Jesuskind in der Krippe."

Gesagt, getan! Ich war glücklich, daß auch ich den armen Kindern etwas schenken konnte, und berichtete zu Hause gleich Mama davon. Wenn auch das Christkind nicht zu uns kommen konnte, so hatte ich doch wenigstens in der Kirche meine Weihnachtsfreude gehabt.

Aber was war das? Ich hörte doch das Christkind läuten?

Da rief auch schon meine große Cousine, wir sollten schnell zu ihnen kommen. Das Christkind sei dagewesen und habe auch für uns etwas hingelegt.

Wie der Wind lief ich voraus und stand wie angewurzelt vor dem geschmückten Baum, der Weihnachtskrippe und den Geschenken für alle. Für mich hatte das Christkind einen kleinen Waschbottich mit Ständer und ein kleines Waschbrett für meine Puppenstube gebracht. Meine Schwester bekam einen geheimnisvollen Brief und auch ein paar Süßigkeiten. Wir hatten wieder Geld!

Als ich etwas älter war, erzählte mir meine Schwester das genauer: Unsere älteste Cousine hatte uns die Weihnachtsüberraschung beschert. Vor kurzem hatte sie eine Arbeit in der Zigarettenfabrik begonnen und von ihrem ersten Geld die Geschenke für mich gekauft. Im dem Briefkuvert aber für meine Schwester war der gesamte restliche Lohn unserer Cousine. Sie gab es uns, damit wir das Nötigste zum Leben kaufen konnten!

Als das Weihnachtsfest vorbei war, schrieb der Hausarzt endlich eine Überweisung für meine Mutter ins Kreiskrankenhaus. Allerdings erst auf Drängen unserer Krankenschwester, einer Ordensschwester im Dorf, die ihm ins Gewissen geredet hatte. Am Tag der Heiligen Drei Könige, also am 6. Januar, kam sie in die Klinik. Die Ärzte konnten nicht begreifen, daß der Hausarzt sie nicht früher überwiesen hatte. Die Galle war ins Blut gegangen und die Leber war bereits angegriffen. Sie sah nicht mehr gelb aus, sondern richtig dunkelgrün wie die Galle. Dr. Gertler, der Chefarzt des Krankenhauses, operierte sie und tat alles Menschenmögliche für sie, hatte aber wenig Hoffnung, daß sie überleben würde.

Doch meine Mutter klammerte sich an jeden Strohhalm. Sie bat alle, die in der Klinik in ihrer Nähe waren, für sie zu beten. „Ich muß es doch schaffen", sagte sie, „was soll aus meinen Kindern werden? Sie haben doch keinen Vater mehr."

Es beteten wirklich alle für sie, sogar laut auf ihren Zimmern während Mutters Operation. Alle auf der Station haben an ihrem und unserem Schicksal Anteil genommen und um sie gebangt. Nach etwa sechs Wochen schwieriger Genesung hatte Mutter es geschafft und konnte das erste Mal selbst über den Flur zur Toilette gehen. Der Stationsarzt rief alle Schwestern und Ärzte zusammen und sagte: „Dort geht sie hin, fast wie ein Wunder! Nur durch den Mut und ihren festen Willen hat es die Frau geschafft."

Ende März konnte unsere Mutter das Krankenhaus verlassen. Es dauerte noch fast ein ganzes Jahr, bis sie sich wieder richtig erholt hatte. Sie konnte uns noch großziehen und war bis zu ihrem Tode 1989 immer für uns da.

Unser Vater ist nie mehr aus dem Krieg heimgekehrt. Vermißt wurde er seit Januar 1945. In Ostpreußen, heute Polen, war er als Sanitäter eingesetzt gewesen. Trotz intensiver Bemühungen meiner Mutter, auch über das Rote Kreuz, konnte sie nie etwas in Erfahrung bringen.

[Zweibrücken, Pfalz;
1949]

Walter Danner

Wer nicht warten kann ...

Mein Vater war erst seit wenigen Wochen wieder zu Hause, heimgekehrt aus mehr als vier Jahren Kriegsgefangenschaft, deren größten Teil er aufgrund glücklicher Umstände als „freier Arbeiter" bei einem kinderlosen Pferdehändler in Südfrankreich, relativ gut versorgt und gerecht behandelt, hatte verbringen können. Das Glück in ernsten Zeiten war ihm auch nach seiner Rückkehr hold: Seine Arbeit in der landwirtschaftlichen Maschinenfabrik Heinrich Lanz, aus der er vor fast neun Jahren zum Kriegsdienst bei der Marine requiriert worden war, hatte er wieder aufnehmen können.

Die Firma hatte sich für die erste Weihnacht nach der Währungsreform für ihre Arbeiter, noch waren sie nicht zu „Mitarbeitern" geworden, etwas Besonderes einfallen lassen: Sie wollte zu einer Zeit, als das Angebot an Kinderspielzeug noch sehr dürftig war, unter Zuhilfenahme ihrer geschäftlichen Verbindungen – schließlich stellte man selbst auch hochgradig nachgefragte, knappe Güter her – Weihnachtsgeschenke für alle „Lanzer" beschaffen. Jeder Werksangehörige mit Kindern konnte aus einer für damalige Zeiten langen Liste auswählen. Allerdings betonte die Geschäftsleitung, nichts versprechen zu können; sie hoffe vielmehr, daß alle angemeldeten Wünsche weitgehend realisiert werden könnten.

Mutig und hoffnungsvoll trug mein Vater sich bei „Dampfmaschine mit Kleingenerator" ein. Pech für ihn – oder für
mich? –, daß ich mitbekam, was er in seiner Firma beim
Christkind bestellt hatte.

In einem Betrieb, der Mähbinder herstellte, fiel es selbst
damals nicht schwer, entsprechend viel Verpackungs- und
Bindematerial zur Verfügung zu halten, und so brachte Vater eines Tages auf dem Gepäckträger seines Fahrrades ein
in dickes Papier und mit vielen Schnüren eingewickeltes
größeres Paket nach Hause und tat dabei ganz geheimnisvoll. Weil er auch seine Freude über den Erfolg nicht ver-
leugnen konnte und sich in Andeutungen selbst mir gegenüber erging, dämmerte mir, daß es wohl die bestellte Dampfmaschine war. Ich hatte so etwas schon bei einem älteren
Nachbarjungen gesehen. Ich war dabei, als der nach vielen
Versuchen und Improvisationen die Sache zum Laufen
brachte. Zuvor hatte es einige Probleme gegeben, zum Beispiel mit der Dichtheit des kleinen Kessels und den Dampf-
leitungen. Und solch ein Wunder der Technik sollte nun
auch mein Besitz werden?

Unglaublich, unvorstellbar! Dabei war es noch so schrecklich lange bis Weihnachten!

Für mich wurde die Ungewißheit mit jedem neuen Tag
quälender, die Neugier brachte mich fast um. War es wirklich eine Dampfmaschine? Hatte ich mich damals nicht ver-
hört? Hatte ich vielleicht das Gesehene falsch gedeutet? Was
tun? Konnte ich überhaupt etwas tun?

Als ich die Dringlichkeit, endlich Gewißheit zu erlangen,
schließlich nicht mehr ertragen konnte, ergab sich eine un-
erwartete Gelegenheit. Alle waren weggegangen. Ich fühlte
mich hinreichend sicher, für einige Stunden gehörte mir allein das ganze Haus. Jetzt oder nie!

Ich brauchte nicht lange zu suchen und wurde recht schnell
fündig. Im großen Kleiderschrank im Schlafzimmer der Eltern, zugedeckt mit gestapelter Wäsche, fand sich das ge-

heimnisvolle Bündel. Meine Fähigkeiten weit überschätzend, war ich überzeugt, diese einfache Verpackung nicht nur öffnen, sondern auch wieder in ihren Originalzustand zurückversetzen zu können. Nicht ohne Herzklopfen machte ich mich ans Auspacken. Zuerst sehr zögerlich, dann aber immer selbstsicherer. Schließlich hatte ich inmitten eines ganzen Berges von altem Papier das Ziel aller meiner Weihnachtswünsche und Hoffnungen ausgegraben: Eine nagelneue kleine Dampfmaschine, mit etwas Fantasie das genaue Abbild jener großen Maschinen, die bei „Lanz" für den Antrieb von Dreschmaschinen mittels langer lederner Flachriemen damals gebaut wurden, stand in ihrer vollen Schönheit vor mir!

Es war nicht zu ertragen, auf den ersten Probebetrieb noch bis Weihnachten zu warten. Ich rannte zu Heinz, dem Nachbarjungen. Der kannte sich ja mit jenen weißen „Esbit-Festspiritus"-Tabletten aus. Noch hätte alles halbwegs gutgehen können, wenn Heinz nicht daheim gewesen wäre, doch ich traf ihn an und er kam mit. So schnell wie gedacht, war es getan. Der Kessel wurde mit Wasser gefüllt, die Heizflamme brannte. Nach einer Weile entwich der erste Dampf, dann mehr und mehr. Schon ließ sich der Kolben anstoßen und damit das Schwungrad zu ersten Umdrehungen bringen. Dampf, der aus der Pfeife entwich, konnte leicht gestoppt werden. Wenn man den Stößel niederdrückte, also unten hielt, hörte diese Energieverschwendung sofort auf. Daß es sich bei der Pfeife um das Sicherheitsventil handelte, begriffen wir nicht und setzten eine fixe Idee in die Tat um: Ein Haltedraht kam über Kessel und Ventilhebel, der Dampfverlust war vorbei und die Dampfmaschine drehte über den kleinen Kolben in dem waagerechten Zylinder und der Kolbenstange das Schwungrad. Je mehr Dampf aus dem beheizten Kessel kam, desto schneller lief das Wunderwerk. Der Generator erzeugte mehr Strom, das Glühbirnchen leuchtete heller und heller.

Dann aber passierte es: Noch ehe die erste Tablette vollständig abgebrannt war, gab es ein dumpfes Geräusch, Spritzer sprühten nicht nur herum; das Sicherheitsventil hatte
sich vom Dampfkessel gelöst und heißes Kesselwasser lief
über Tisch und Boden!

Das Schwungrad stand sofort still. Nichts ging mehr. Ratlos und betroffen saßen wir dem geschundenen Objekt gegenüber. Was tun?

Heinz wußte es für sich sofort: „Ich gehe nach Hause, ich
bin sowieso schon zu spät dran!"

Was aber konnte ich machen?

Es war wenig und obendrein war alles einfach zum Weinen.
Mir blieb einzig, alles gut abzutrocknen und zurück in die
Verpackung zu stecken. Vor allem sachgerecht und originalgetreu wieder einwickeln und verschnüren! Danach zurück in
den Schrank und wieder gut zudecken!

Ein weihnachtliches Wunder war alles, was ich in dieser
schrecklichen Situation noch erhoffen konnte.

Mit dem Näherrücken des Weihnachtsabends fürchtete ich
mehr und mehr, daß ein solches Weihnachtswunder ausbleiben
würde. Daß sich so etwas in unseren Tagen noch zutragen könnte, hatte ich noch nie gelesen – und erst recht nicht erlebt.

Der Weihnachtsabend ließ sich nicht hinauszögern, geschweige denn verhindern. So kam es dann zwangsläufig, wie
es kommen mußte, die Bescherung im doppelten Sinn des Wortes. Sie verlief überraschend und gänzlich anders, als ich es
erwartet hatte. Zunächst erfüllten sich ganz realistisch meine schlimmsten Befürchtungen: Das Christkind hatte doch
tatsächlich eine unbrauchbare Dampfmaschine gebracht!
Meine auf den Nikolaus als helfenden Reparaturschlosser gesetzte Hoffnung war nicht in Erfüllung gegangen. Diese Art
Weihnachtswunder war definitiv nicht geschehen.

Sicherlich hatten alle Erwachsenen in der Familie meine
Freveltat schon lange vor dem Fest entdeckt; und ganz ge

wiß war mein Verhalten für Vater, der mir mit der Dampf-maschine eine außergewöhnliche Weihnachtsfreude hatte bereiten wollen, eine große Enttäuschung gewesen. So hatten sie sich alle abgesprochen, und jetzt geschah das Unglaubliche: Von mir gänzlich unerwartet, äußerten sie sich zu dem defekten Geschenk mit keinem Wort. Niemand bezog Stellung oder zeigte wenigstens bedauernde Anteilnahme. Niemand sagte auch nur ein einziges Wort dazu. Die Großeltern nicht und auch nicht die Eltern. Der Bruder war noch zu klein und deshalb auch nicht an diesem Komplott beteiligt. Noch nicht einmal eine Rüge erging – es gab auch keine der üblichen verbalen Belehrungen.

Selbst später wurde die beschädigte Dampfmaschine niemals Gegenstand hämischer Worte oder Rückfragen. Die Zeit

Meine Dampfmaschine, die ich zu Weihnachten 1949 geschenkt bekommen hatte, stand jahrzehntelang im Keller. Rechts ist das defekte Sichterheitsventil zu erkennen.

zeigte dann, daß dieses eingeschworene Verhalten letztlich das Schlimmste für mich an der ganzen Geschichte wurde.

Weil ich nun ein Spielzeug hatte, mit dem ich nicht spielen konnte, legte ich es irgendwo ab. Erst beim Schreiben dieser Geschichte kam mir der Gedanke, danach in Keller und Speicher zu forschen. Es gelang mir tatsächlich, es aus Kisten und Schachteln mit Angesammeltem aus zurückliegenden Jahrzehnten auszugraben. So besitze ich heute eine defekte, ansonsten aber noch sehr gut erhaltene relativ alte Dampfmaschine.

Nun aber entstand der unbändige Wunsch, sie jetzt endlich zu reparieren und ihre dampfgetriebenen Kräfte wiederzubeleben. Keiner der Wissenden einer damals gut schauspielernden verschworenen Familiengemeinschaft ist mehr am Leben. So könnte aus einem unbrauchbar gewordenen Relikt aus Kindertagen ein vielsagendes Erinnerungsstück werden. Dies wäre dann aber auch noch eine einzigartige Gelegenheit, um endlich mit einer kindlichen Demütigung klarzukommen, die ich allerdings selbst verschuldet hatte.

Wie schön wäre es, wenn das Vorhaben gelänge, dann könnte vielleicht mein Enkel voll ungetrübter Freude damit spielen! Wenn ich sie dann noch vor Weihnachten richtig gut verstecke, wird ihm mein Malheur von einst nicht passieren und unser aller Weihnachtsfest ungetrübt sein. Ich hoffe nicht nur, sondern ich glaube einfach daran, daß es zu schaffen sein wird, die Dampfmaschine endlich in Gang zu bringen!

[Berlin-Tempelhof – Berlin-Wilmersdorf;
1949]

Barbara Charlotte Held

Was der Mensch dem Menschen ist

„Das habt ihr wirklich großartig gemacht", sagte der Mann
am Mikrofon zu uns, die wir auf der Bühne standen, und das
Publikum im Saal klatschte bestätigend laut und lange. Lob
und Applaus galten uns zehn Kindern, die gerade Handstand,
Purzelbäume, Brücken und andere Turnkunststücke vorge-
führt hatten. Wir verneigten uns, eine akkurate Reihe in
weißen Turnhosen und weißen Oberteilen mit Rüschenär-
meln. „Und nun singen wir alle gemeinsam das Lied vom
Kling-Glöckchen, während die jungen Künstler ihren wohl-
verdienten Lohn erhalten. Jeder bekommt einen bunten Teller mit Weihnachtsleckereien aus Sarotti-Schokolade!"
Ich stand auf der Bühne zwischen den anderen mit offenem Mund, schaute und staunte. So einen großen Tannenbaum mit so vielen Kugeln hatte ich noch nie gesehen. Und
überall goldene Schleifen, Weihnachtsdecken und rote Kerzen auf den Tischen. Kakao und Kuchen für alle, hatte der
Ansager gesagt, alles von Sarotti spendiert. Für Familien zur
Weihnachtszeit, hier in den Räumen der Schokoladenfabrik
in Berlin-Tempelhof, vier Jahre nach Kriegsende.
Nun überreichte auch mir jemand den versprochenen bunten Teller. Was war da alles drauf?
Oh, ein Schokoladenherz, Pfefferkuchen, Dominosteine,
Schokoladenkringel. Obendrauf lag ein Wiener Würstchen!
Ein Würstchen, für mich!

Meine Wangen glühten, ich hielt den Pappteller, meinen kostbaren Besitz, ganz fest mit beiden Händen.

Unsere Betreuerin kam zu mir: „Komm Kleines! Wir müssen gehen, dieser süße Teller geht natürlich mit dir!"

Sie zwinkerte mir zu, zog mich hinter die Bühne, wo die anderen schon auf uns warteten.

„Ich bin sehr stolz auf euch alle", sagte sie, während sie mich leicht an sich drückte.

Ich schaute zu ihr hoch. Sie war die Frau aus dem Radio. Jeden Morgen ermunterte sie die Hörer vom RIAS Berlin zur Frühgymnastik und seit ein paar Wochen auch uns, die bedürftigen Kinder aus ihrer unmittelbaren Nachbarschaft. Wir turnten mit ihr, wobei sie für Raum, Kleidung und auch für Auftritte wie jetzt eben mit diesen herrlichen Gaben sorgte. Ich hätte sie gern umarmt, traute mich aber nicht, sondern gesellte mich zu meiner Schwester Sieglinde, die bei den etwas größeren Kindern stand. Sie war schon über sieben, ich erst fünfeinhalb Jahre alt, die Jüngste hier und das erste Mal dabei.

Wie wir nach Hause kamen, weiß ich nicht mehr. Sehr deutlich aber erinnere ich mich genau an die Situation, als Sieglinde und ich uns in unserem Treppenhaus befanden. Meine Schwester sprang eilig voraus, um Mutti den Tellerreichtum zu zeigen. Wir wohnten im zweiten Stock eines Wilmersdorfer Altbaus mit hohen Treppenstufen. Ich kam nur langsam voran. Auf dem Weihnachtsteller, den ich vorsichtig mit beiden Händen hielt, glänzten die Schokoladenteile verlockend. Auch das Wiener Würstchen strahlte herausfordernd. Gleich, gleich würde ich von allem kosten!

Da hörte ich jemanden von oben herunterkommen, aus dem dritten oder vierten Stock. Erst sah ich die große Hand am Geländer entlangrutschen und dann sah ich ihn, den fremden Mann. Er war sehr groß, sehr dünn im Gesicht und er trug einen dunklen Mantel. Er kam herunter. Ich drückte mich ans Geländer, meinen Weihnachtsteller wie eine Gabe in den ausgestreckten Händen haltend. Jetzt war er neben mir, blieb stehen, schaute auf meinen Teller, schaute mich an, sah mir einen Moment in die Augen. Ich sah in seinem Blick Verzweiflung, Kummer und Not. Das kannte ich, das hatte ich oft schon bei meiner Mutti gesehen.

Und auf einmal griff er nach der Wurst!

Jetzt sah er mich nicht mehr an, schaute nach unten, als er sich meine schöne Wurst geschnappt hatte, eilte dann die Stufen hinab und verschwand aus meinem Blickfeld. Ich stand da, unfähig, mich zu rühren, unfähig zu schreien. Stille.

Augenblicke später hörte ich Geräusche von unten. Jemand kam herauf. Der Mann!

Er kam wieder, war im Nu neben mir. Jetzt würde er sich alles nehmen!

Ich verharrte stumm und reglos in namenlosem Entsetzen.

Und dann das: Er legte das Würstchen zurück auf den Teller! Lächelte mich an. Dieses Lächeln gab mir, so klein ich war, eine Ahnung davon, was die Not in einem Menschen anrichten, aber auch, wie er die schändliche Tat einer augenblicklichen Schwäche wieder gut machen kann. Ich vergaß es nie, dieses Lächeln, das mich spüren ließ, was der Mensch dem Menschen ist.

Nicht das Freuen, nicht das Leiden,
stellt den Wert des Lebens dar,
immer nur wird das entscheiden,
was der Mensch dem Menschen war.

Ludwig Uhland (1787 – 1862)

[Gadebusch, Mecklenburg, damals DDR;
um 1950]

Horst Hasselmann

Der Weihnachtsbaum läßt die Flügel hängen

Jedes Jahr das gleiche Problem mit dem Weihnachtsbaum-
kauf. In unserem kleinen Ort Gadebusch in Mecklenburg
wurden die Weihnachtsbäume immer auf dem Schuster-
markt angeboten. Der hieß zwar seit 1945 „Platz der Freiheit", doch die Einheimischen nannten ihn weiter bei seinem alten Namen. Hier also war traditionell der Platz, an
dem wir uns den Baum fürs Fest aussuchten. Es gab genug
davon, aber was für welche!

Krumm und schief waren die Dinger, und meistens fehlten an irgendwelchen Seiten auch einige Zweige. Als ich nach
der Wende einmal mit einem Förster ins Gespräch kam, erzählte er mir, daß die guten und einwandfreien Tannen in
den Westen gegen Devisen verkauft und uns nur die Bäume
angeboten worden waren, die aus den Schonungen um des
besseren Wachstums der anderen Bäume willen herausge-
schlagen wurden. Schließlich, so begründete er, ein ehemali-
ger SED-Genosse, hätten wir ja auch zu den Festtagen Apfelsinen und Bananen haben wollen. Dafür sei die so erwirt-
schaftete harte Währung eingesetzt worden.

Wenn nun die Weihnachtsbäume auf den Markt kamen,
wurden sie nicht – wie heute üblich – ordentlich nebeneinander aufgestellt; nein, sie lagen einfach alle auf einem großen Haufen. Wir, wie die anderen potentiellen Käufer auch,
versuchten nun, uns aus diesem grünen, stacheligen Wirr-

Das Hotel „Stadt Hamburg" am Markt in Gadebusch in Mecklenburg wurde von 1934 bis 1969 von meiner Familie geführt, zuerst von meinen Großeltern, nach Großvaters Tod von meinem Vater und meiner Oma. Auch in der Gaststube sollte von Weihnachten bis Neujahr immer ein sehr schöner Tannenbaum stehen.

war möglichst den besterhaltenen Baum herauszusuchen. Alle sortierten die Bäume immer wieder um in der Hoffnung, doch noch einen besseren zu finden. Wir benötigten sogar drei Bäume unterschiedlicher Größe: Einen für die Gaststube unseres Hotels „Stadt Hamburg", einen für Oma und einen für unsere Familie. Unser Hotel stand in der Stadt direkt am Markt, gegenüber dem Rathaus. Mein Großvater hatte es noch vor dem Krieg gekauft. Nach Opas Tod führte Oma die Geschäfte weiter. Mein Vater stieg nach seiner Rückkehr aus der Gefangenschaft 1947 mit ein.

Weil wir also drei Bäume benötigten, war es notwendig, daß wir zu zweit losgingen. Während einer suchte, und der paßte der zweite auf die bereits gefundenen Bäume auf. Letzteres konnte ich als Kind gut machen. Das Aussuchen erfolgte nach Größe und Form. Es gab sowieso nur Fichten. Die Länge war auch damals das Maß für den Preis. Ich glaube, je Meter kostete der Weihnachtsbaum ungefähr eine Mark, war also wesentlich billiger als heute.

In einem Jahr gab es nur Bäume, die es eigentlich nicht lohnte, nach Haus zu tragen. Ob nur solche geliefert worden oder wir vielleicht etwas zu spät gekommen waren, sei dahingestellt. Aber ohne Weihnachtsbaum ging es eben nicht. Vater und ich suchten immer verzweifelter, fanden aber nichts Vernünftiges. Alle verfügbaren Exemplare waren platt wie die

Meine Oma sitzt in ihrem Büro über den Geschäftsbüchern.

Flundern. Sie hätten höchstens irgendwo im Zimmer in einer Ecke stehen können. Als wir schließlich einsehen mußten, daß nichts Besseres zu finden war, entschied sich Vater für drei besonders lange Bäume, und ab ging's damit nach Hause. Sie wurden auf unserem Hof gelagert. Bei uns hatte meine Großmutter, eine ehemalige Frau Gutsinspektorin das sagen. Als sie die Bäume sah, dachte ich, sie fällt in Ohnmacht. Sie konnte sich gar nicht wieder beruhigen, obwohl ihr Sohn ihr in aller Ruhe versicherte, daß er das Ganze schon hinbekommen würde.

Am Vormittag des Heiligenabend begleitete ich meinen Vater auf den Hof. Die Bäume sollten in ihre Ständer montiert werden. Vater hatte außer den drei Ständern den Werkzeugkasten, eine große Bügelsäge, einen Fuchsschwanz und ein Beil herausgesucht. Er war ausgerüstet, als wolle er in den Wald gehen und neue Bäume holen. Ich sollte nun helfen. Aber was kann man als kleiner Junge schon helfen?

Beil und Säge waren für mich ohnehin tabu. Zum Festhalten allerdings wurde ich gebraucht.

Zuerst wurden alle Fichten um etwa fünfzig Zentimeter gekürzt. Damit gewann Vater einige Zweige. Die wurden sauber vom Stamm getrennt und zunächst optisch angepaßt. Vater hielt die Zweige dort an den Baum, wo dieser keine hatte, und überprüfte den neuen Eindruck. War das Ergebnis zufriedenstellend, bohrte er Löcher und setzte die Zweige fein säuberlich dort ein. Vor allem bei dem Baum für die Gaststube gab sich mein Vater redliche Mühe, denn der sollte doch besonders gut aussehen. Er bekam viele neue Äste. Am Ende dieser Pusselei hatten wir dann drei Bäume, die richtig gut aussahen. Oma war erstaunt und lobte ihren Sohn über den grünen Klee.

Schließlich wurden die mit so viel Mühe Verwandelten an den jeweils vorgesehenen Platz gestellt, wurden mit Lametta, Kugeln und einer Spitze herausgeputzt und erhielten richtige Kerzen. Nun waren sie fertig, Weihnachten konnte beginnen – wie jedes Jahr nach dem gemeinsamen Kaffeetrinken.

Die Weihnachtsbäume blieben bei uns meistens bis zum 11. Januar, dem Geburtstag meiner kleinen Schwester stehen. Als wir drei Tage nach dem Weihnachtsfest morgens in

*Mit meinen Geschenken, einer Schubkarre und dem Holzhund „Ciby",
stehe ich im Alter von drei Jahren vor unserem Weihnachtsbaum im
Wohnzimmer. „Ciby" war jahrelang mein treuer Begleiter. Unser Cocker-
Spaniel mußte damals leider krankheitsbedingt durch eine Jäger erschos-
sen werden. So wurde er zu meinem Ersatzhund.*

die Gaststube kamen, prallten wir erschrocken zurück. Unsere
Großmutter, die das Unglück zuerst gesehen hatte, schrie los,
als trachte ihr jemand nach dem Leben. Vater, Mutter und ich
sausten zum Ort des Geschehens. Was war passiert?

Alle eingebohrten Äste des Weihnachtsbaumes waren durch die Raumtemperatur in ihren Löchern ausgetrocknet und hatten sich nach unten gebogen. Einer war sogar herausgerutscht und hing nun mittendrin. Der Baum sah traurig aus, wie ein Huhn nach einem Gewitterguß.

Oma war entsetzt. Als ich dann noch auf Mecklenburger Platt sagte „De Wihnachtsboom lött de Flüchten hängen!" – „Der Weihnachtsbaum läßt die Flügel hängen!" –, war um Großmutters Fassung geschehen. Sie stand da und rang mit den Tränen.

Mein Vater fing gleich an, den Schaden zu reparieren und die Äste wieder in ihre Ausgangsposition zu bringen. Aber als er alle wieder gerichtet hatte, war der Schaden noch schlimmer: Der Baum hatte nun keine Nadeln mehr. Sie lagen auf dem Fußboden unter dem Baum!

In diesem Jahr gab es zu Silvester und Neujahr keinen Tannenbaum in der Gaststube. Das war das Ende vom Lied. Was aber unserer Oma blieb, war die Tannenbaumspitze. Aus dem oberen Ende eines jeden Baumes wurde immer ein Quirl für die Küche geschnitzt. Wir hatten jede Menge von diesen Dingern, die auch funktionstüchtig waren.

Von nun an hatte Oma jedes Jahr, wenn Vater die Bäume wieder frisieren mußte, panische Angst, eine ähnliche Panne zu erleben. Vater aber war es eine Lehre gewesen. Mit einem kleinen Nagel wurde jetzt jeder der eingesetzten Zweige fixiert. So ist ein ähnliches Unglück dann auch nie wieder passiert.

Eines sei aber noch erwähnt. Nach meiner Eheschließung habe ich dem Tannenbaum für meine Familie bis zur Wende nach dem Vorbild meines Vaters immer zu einem ordentlichen Aussehen verholfen. Die Qualität hatte sich zu DDR-Zeiten in all den Jahren nur unwesentlich gebessert. Aus der Erfahrung meiner Kindheit setzte ich ebenfalls kleine Nägel ein. Und meine Söhne mußten mir dabei helfen.

[Limbach-Oberfrohna, Landkreis Zwickau,
Sachsen, damals DDR;
Anfang 1950er Jahre]

Renate Reinke

Neid und Freude am Heiligabend

Erinnerungen an schöne Zeiten sind ein kostbarer Schatz,
den uns niemand stehlen kann. Selbst wenn wir alles verloren haben, bleiben sie uns erhalten. Beim Anblick eines Ted-
dys wird mir noch heute warm ums Herz, obwohl diese Geschichte fast ein Leben zurückliegt.

Weihnachten war in unserer Familie stets ein wunderschönes, mit vielen Traditionen verbundenes Fest. So schwer es
in der Nachkriegszeit auch war, meine Eltern versuchten
immer, die Feiertage so stimmungsvoll wie möglich zu gestalten und mir meine kleinen Wünsche zu erfüllen. Wegen
der damals so schwierigen Beschaffung von Geschenken und
weil so manches schöne Stück auch von den Erwachsenen
selbst angefertigt wurde, fingen die Heimlichkeiten bei uns
meist schon recht früh an. So kam meine Mutti bereits eines
Tages im November freudestrahlend mit einem Päckchen
für meinen zweijährigen Cousin Matthi nach Hause. Darin
war ein goldfarbener Teddy mit einem plüschartigen Fell.
Drückte man auf den Bauch, ließ er einen dunklen Brumm-
ton hören.

Denke ich an unsere heutigen kuscheligen Schmusebär-
chen in den Spielzeuggeschäften, war er ein eher unansehn-
liches, ziemlich hartes, wenig anziehendes Tierchen – jetzt
wohl ein absoluter Ladenhüter. Doch als ich damals den Teddy
sah, war es sofort Liebe auf den ersten Blick. Obwohl ich

schon zehn Jahre alt war, nutzte ich, während meine Eltern zur Arbeit waren, jede Gelegenheit, mich heimlich zum Schrank zu schleichen, um das Objekt meiner Sehnsucht zu betrachten und es zärtlich in den Arm zu nehmen. Es gelang mir zum Glück immer rechtzeitig vor ihrem Eintreffen, das Plüschtier vorsichtig zurückzulegen. Ob es meine Eltern wohl bemerkt haben?

Ich glaube schon, obwohl sie nie ein Wort darüber verloren. Aber das schlechte Gewissen stand mir bestimmt ins Gesicht geschrieben.

Je näher das Weihnachtsfest rückte, um so größer wurde die Vorfreude. Doch diesmal mischte sich auch eine gehörige Portion Traurigkeit darunter. Schließlich mußte ich mich ja dann auch von „meinem" geliebten Bärchen trennen.

Bei uns zu Hause war es üblich, daß ich am Nachmittag kleine Geschenke zu unseren Verwandten brachte, während meine Eltern alles in Ruhe für den Abend vorbereiteten. Eine Aufgabe, die ich immer sehr gern übernahm und mit viel Spaß ausführte. Nur dieses Jahr nicht!

Ich machte einen größeren Umweg und zögerte den Besuch meines Cousins bis zuletzt hinaus. Als ich dann Matthi das hübsch verpackte Geschenk überreichte, riß er aufgeregt das Papier ab, streckte dann begeistert seine Ärmchen nach dem Teddy aus und drückte ihn fest an sich. Seine leuchtenden Augen erfüllten mich – zumindest für den Augenblick – mit Freude, denn schließlich hatte ich den Kleinen ja sehr lieb.

Aber auf dem Heimweg krochen dann doch unweigerlich ziemlich häßliche Neidgefühle in mir hoch und meine Gedanken wanderten zu dem Kuscheltier, das jetzt wohl in Matthis Armen lag. Doch nach und nach begann ich, mich für meine Mißgunst zu schämen. Wie konnte ich nur gerade am Heiligabend so egoistisch sein?!

Zögernd stapfte ich durch die tiefverschneiten Straßen nach Hause. Die Fenster mit ihren hellstrahlenden Tannen-

Mein kleiner Cousin Matthi und ich beim Spaziergang..

bäumen und die vereinzelten Weihnachtsmänner, die eilig ihrem Ziel zustrebten, konnten mich diesmal nicht so recht begeistern.

Zu Hause erwartete mich eine festlich geschmückte Stube und die Kerzen am Weihnachtsbaum brannten. Als mich meine Eltern in die Arme schlossen, stellte sich endlich wieder das warme, vertraute Gefühl ein – es war Weihnachten!

Das Festessen und das gemeinsame Singen schienen sich heute besonders lang hinzuziehen. Doch endlich läutete das traditionelle Glöckchen – die Bescherung konnte beginnen!

Mein Vati hatte mit viel Liebe und Mühe den erzgebirgischen Weihnachtsberg*) für mich neu gestaltet, meine Puppenstube war frisch tapeziert und die Püppchen hatten neue Kleider. Auch manch anderen Wunsch hatten die Eltern mir erfüllt, was Anfang der Fünfziger Jahre gar nicht so leicht war. Ich freute mich ehrlich über alles und war meinen Eltern sehr dankbar. Trotzdem drängten sich, ob ich nun wollte oder nicht, die Bilder meines verschenkten Lieblings immer wieder vor mein geistiges Auge. Doch stets ließ ein Blick auf die so liebevoll für mich ausgesuchten Überraschungen diese Gedanken schnell wieder verblassen.

Nach einiger Zeit brachte meine Mutti noch ein geheimnisvolles Päckchen, das sie angeblich zur Bescherung vergessen hatte. Was mochte wohl darin sein?

Mit Spannung löste ich das Schleifenband und die Verpackung. Was jetzt sicher für jeden klar ist, für mich war es damals eine riesige und für den Moment völlig unbegreifliche Überraschung. Es war mein Teddy!

Aber wie kam er nur wieder zurück zu mir?

Doch bevor ich mir darüber den Kopf zerbrach, drückte ich ihn einfach nur fest an mich. Jetzt waren Weihnachten und die ganze Welt für mich völlig in Ordnung!

Noch heute ist mir unklar, wie es meine Mutti unter den damaligen Nachkriegsbedingungen geschafft hat, diesen zweiten Kuschelbär zu erstehen.

---

*) Weihnachtsberg: Ein oft sehr kunstvoll gestaltetes Panorama mit vielen Figuren, das die Geburt Christi, mitunter auch dessen gesamtes Leben, darstellt, nicht selten mit beweglichen Teilen. Oftmals ist es auch eine Nachgestaltung eines typischen erzgebirgischen Dorfes zur Weihnachtszeit. Der Weihnachtsberg gehört zur traditionellen erzgebirgischen Volkskunst.

[Wiesbaden, Hessen;
1950/1951]

Otto Witte

Die Weihnachtsbaumkrisensitzung

Zwei Tage vor Heiligabend hatten wir noch immer keinen
Weihnachtsbaum. Als ich während des Abendessens diese Angelegenheit zur Sprache brachte, bemerkte mein Vater
schmunzelnd: „In einer halben Stunde kommt Onkel Paul
zur diesjährigen Weihnachtsbaumkrisensitzung. Also mach
dir mal keine unnötigen Gedanken."

Ich war damals acht Jahre alt, und wir wohnten zu dieser
Zeit noch in einem Mehrfamilienhaus am Stadtrand von Wiesbaden. Bei dem Wort „Weihnachtsbaumkrisensitzung" läute-
ten bei mir sämtliche Alarmglocken. Auch meine Mutter bekam einen seltsam herben Ausdruck um den Mund herum.

Im Jahr zuvor war diese Sitzung erstmalig wegen nicht auf-
zutreibendem Lametta einberufen worden. Ein paar Jahre nach
Kriegsende fiel Lametta noch unter den Begriff „Mangelware". Das Ergebnis der Sitzung war überzeugend gewesen: Onkel Paul hatte aus alten Luftwaffenbeständen einen verhed-
derten Klumpen Fallschirmseide organisiert und aus diesem
unterschiedlich lange Fäden herausgelöst, die dann als Lamet-
taersatz schwungvoll in den Weihnachtsbaum gehängt worden
waren. Als er mit den Worten „Sieht doch toll aus!" der Familie
sein Wunderwerk präsentierte, hatte meine Cousine Gitta den
Vorschlag gemacht, doch im nächsten Jahr statt Fallschirmseide Sauerkraut zu verwenden. Das hätte den gleichen Effekt,
und man könne die Weihnachtsbaumdekoration nach dem

Abschmücken am Neujahrstag mit einem Stück Kaßler ver-
zehren. Natürlich hatte Onkel Paul diesen Vergleich entrü-
stet in den Bereich der Fabel verwiesen und im Brustton der
Überzeugung verkündet: „Das Bäumchen sieht festlich aus,
und außerdem wird im nächsten Jahr alles viel besser!"

Dieses nächste Jahr war nun also auch schon beinahe herum und wieder erwartete die Familie den Onkel zu einer
Weihnachtsbaumkrisensitzung. Die Türglocke schrillte laut,
der Hund raste bellend durch die Wohnung und Ursula rief
aufgeregt: „Onkel Paul kommt, Onkel Paul kommt!"

Bereits vom Flur her erschallte Onkels üblicher Begrü-
ßungsspruch bis in die Küche:

„Sieh da, sieh da, Timotheus,
die Ibiche des Kranikus,
ich kam heut' her im Omnibus!"

Meine Mutter rollte die Augen und sagte leise zu uns Kindern: „Wollen wir wetten? Jetzt kommt wieder die Bürgschaft
von Schiller."

Wie auf Kommando begann mein Vater lautstark zu de-
klamieren:

„Was willst du mit dem Hackebeil? Sprich,
entgegnet finster der Wüterich."

Darauf rief Onkel Paul aus dem Flur:

„Die Stadt vom Türrahmen befrei'n!",

worauf mein Vater zurückbrüllte:

„Das sollst du mit Weckmehl bestreun!"

Obwohl diese Begrüßungszeremonie seit Jahren immer
wieder zelebriert wurde, mußten alle auch diesmal darüber
lachen. Onkel Paul war wie immer schnieke angezogen: Anzug, weißes Hemd, zwar mit abgestoßenem Kragen, aber
mit Schlips, und dunkle, auf Hochglanz polierte Schuhe.

„Du siehst ja wieder aus wie aus dem Ei gepellt", begrüßte meine Mutter ihren Schwager.

„Wieso", fragte Onkel Paul, „habe ich etwa noch Dotter
auf dem Schlips?"

Nicht nur um solcher Sprüche willen liebte ich meinen Onkel über alles. Mein Vater und Onkel Paul hatten während des Krieges und auch später, wie sie sagten, schwere Zeiten durchgemacht. „Das Leben ist eine Klobrille – man macht eben viel durch", erklärte das Onkel Paul. Später waren die beiden fast täglich gemeinsam über Land gezogen, um Lebensmittel, Bekleidung und Zigaretten zu „schrotteln". Alles, was sie ergatterten, wurde ehrlich geteilt. Das hatte sie zusammengeschweißt. Es wurde viel gemeinsam gelacht und manchmal auch miteinander geweint.

Jetzt setzte sich Onkel Paul an den Tisch und sagte: „Elsa und Gitta kommen auch gleich. Die beiden wollen bei unserer Weihnachtsbaumbesprechung unbedingt dabeisein."

Als Tante und Cousine eine halbe Stunde später mit drei bei der Arbeiterwohlfahrt erbeuteten Fünf-Kilo-Dosen Ei- und Milchpulver angekeucht kamen, wurde erst einmal für jeden eine große Portion „Kunstrührei" hergerichtet. Vater meinte, die Bezeichnung „hingerichtet" würde eher passen. Nachdem alle gesättigt waren, zogen wir zur Weihnachtsbaumkrisensitzung ins Wohnzimmer um. Onkel Paul bemerkte nebenbei, die Luft im Wohnzimmer sei fürchterlich trokken. Das käme sicher von dem Kanonenofen.

Mein Vater, der genau wußte, was diese Anspielung sollte, legte sich ein Geschirrhandtuch gekonnt über den Arm und fragte dann in geschliffenem Kellnerdeutsch: „Haben die Herrschaften schon gewählt? Nach dem fulminanten Kunstei empfiehlt unser Haus ‚Kranheimer Hell' vom Faß. Für die Damen könnte ich ein Gläschen selbst angesetzten Johannisbeerwein Marke ‚Knochenbrecher' kredenzen. Und für die lieben Kleinen hätte ich ein Glas Milch mit dem von der Firma Care aus Amerika frisch eingetroffenen Milchpulver anzubieten."

Nachdem alle bedient worden waren, ging es endlich zur Sache. Einziges Thema der Zusammenkunft: „Wie gestalten wir das Weihnachtsfest?"

Onkel Paul wurde einstimmig zum Präsidenten ernannt. Um die Sitzung zu eröffnen und sich Gehör zu verschaffen, klopfte er mit dem Nußknacker schwungvoll gegen sein Glas. Daraufhin mußte die Sitzung kurzfristig unterbrochen werden, da meine Mutter erst noch Handfeger und Schaufel holen mußte, um die Scherben zusammenzukehren.

Ich meldete mich als Erster zu Wort. Mein Antrag, auch in diesem Jahr gemeinsam den Heiligabend zu feiern, wurde einstimmig angenommen.

„Wir kommen nun zu Punkt zwei der Tagesordnung: Beschaffung und Gestaltung des diesjährigen Weihnachtsbaumes. Hiermit erteile ich mir selbst das Wort", sagte Onkel Paul. – Tante Elsa hatte vorsichtshalber die restlichen Gläser aus Onkel Pauls näherem Bereich weggeräumt. – Onkel Paul war aufgestanden. Er stand immer auf, wenn er eine Rede hielt. Dann spreizte er die Finger und legte los: „Also hört her! Ich habe heute morgen beim Revierförster die Genehmigung eingeholt, daß wir unterhalb vom Speicherkopf einen Baum unserer Wahl schlagen können."

„Hört, hört!", rief mein Vater laut dazwischen, doch Onkel Paul ließ sich nicht beirren.

„Einen Leiterwagen zum Transport habe ich bereits organisiert. Sollte es wider Erwarten weiter schneien, leiht uns der Förster den Schlitten seiner Tochter."

Wichtigtuerisch grölte ich jetzt ebenfalls: „Hört, hört!" Ich hatte einmal bei einer Radioübertragung mitbekommen, daß Politiker bei einer Debatte ihre Zustimmung durch laute Zwischenrufe kundtaten. Indem ich es denen gleichtat, kam ich mir richtig erwachsen vor.

Onkel Paul sah mich grinsend an, spreizte die Finger noch weiter auseinander und rief laut: „Aha! Sie von der familieninternen Opposition stimmen also trotz ihres vorjährigen Protestes bezüglich des Sauerkrautlamettas in diesem Jahr zu? Das freut mich ganz besonders, Herr Kollege."

Die ganze Gesellschaft wieherte und johlte. Onkel Pauls

Sprüche einerseits, aber auch der Johannisbeerwein zeigten bei den Erwachsenen langsam, aber dramatisch ihre Wirkung.

„Also, morgen früh um halb neun schreiten wir zur Tat." Auf das Stichwort „schreiten" stimmte Tante Else lauthals das Lied „Wann wir schreiten Seit' an Seit und die alten Lieder singen, fühlen wir, es muß gelingen" an und Onkel Paul, mein Vater und meine Mutter fielen mit gewaltiger Lautstärke ein.

Bereits bei der zweiten Strophe schlug der im Parterre wohnende Mieter Knorzig – wegen seiner riesigen Ohren auch „Schlappohr" genannt – mit dem Besenstiel gegen die Decke und brüllte: „Ruhe, sonst sorge ich dafür, daß man euch kündigt!"

Zum Glück hörte Schlappohr Onkel Pauls Antwort nicht. Es klang irgendwie nach Götz von Berlichingen. Gitta, Ursula und ich kringelten uns vor Lachen. Nur Tante Elsa ermahnte ihn: „Paul, sag doch nicht so etwas was vor den Kindern!"

„Ist doch wahr", brummelte Onkel Paul. „Erst war der Knorzig Kommunist. Dann nach 1933 wurde er ganz schnell ein glühender Parteigänger der gehirnweichen Rotzbremse Adolf Hitler und hat den Nazis skrupellos seine ehemaligen Genossen ans Messer geliefert. Und nun macht er einen auf hundertprozentigen Demokrat. Der Kerl hat in dem Dreckskrieg als Blockwart nicht einen Schuß gehört und ist vor nicht allzu langer Zeit durch die Straße gelaufen, um ‚Licht aus, Licht aus, Verdunkelung, sonst gibt's 'ne Anzeige' zu rufen'. Zudem hat der Stinker mit seinen Riesenohren an jeder Tür gelauscht, ob einer vielleicht den Feindsender hört.

Dann, als die Amerikaner kamen, hat er als erster die braune Uniform verbrannt und seine im Treppenhaus ausgehängten Durchhalteparolen klammheimlich entfernt. Den ersten amerikanischen Soldaten hat er zugejubelt. „Hallo Boys, Willkommen in Germany". Jetzt, nachdem der Naziwahnsinn zu Ende und endlich Frieden ist, will der uns verbieten,

mal wieder mal fröhlich und glücklich zu sein. Der hat doch
was an der Erbse! – Gebt mir doch mal einen Zettel, ich muß
etwas aufschreiben."

Onkel Paul notierte etwas auf dem gereichten Blatt und
steckte es in seine Jackentasche.

„So, und jetzt geben wir dem jämmerliche Denunzianten
den Rest", sagte er und stimmte lautstark die „Internatio-
nale" an. Vater begleitete ihn auf der Mundharmonika und
die ganze Familie sang aus voller Kehle mit.

Trotz des Vorfalls ging die Weihnachtsbaumkrisensitzung
noch fortissimo und ungetrübt weiter. Der Punkt, auf welche Weise der Weihnachtsbaum in diesem Jahr geschmückt
werden sollte, wurde wegen der vorgerückten Zeit und der
Wirkung des Johannisbeerweins auf den nächsten Tag ver-
schoben.

Als Tante Elsa, Onkel Paul und Gitta gegen Mitternacht
nach Hause gingen, war bei „Schlappohr" im Parterre alles
dunkel. Er hatte aufgegeben. Onkel Paul holte den Zettel
aus der Tasche und schob diesen unter die Fußmatte vor
Schlappohrs Wohnung. Nachdem mein Vater die Treppen-
haustür hinter den Verwandten geschlossen hatte, hob er
vorsichtig die Fußmatte vor Knorzigs Wohnung hoch, um zu
sehen, was auf dem dort abgelegten Zettel stand. In Onkel
Pauls schwungvoller Schrift war zu lesen:

> *„Die über Nacht sich umgestellt*
> *und sich zu jedem Staat bekennen,*
> *das sind die Herren dieser Welt,*
> *man könnte sie auch Lumpen nennen.*
>
> *Frohe Weihnachten!*
> *Paul Bengart"*

Mein Vater schob den Zettel wieder unter die Fußmatte,
schlich leise die Treppe hinauf und dachte mit gemischten
Gefühlen an den kommenden Morgen.

Der gekalkte Weihnachtsbaum

Am nächsten Tag lag er dann im Hof – ein wahres Prachtexemplar von einem selbstgeschlagenen Weihnachtsbaum.

„Ideal für eine kleine Wohnung. Mit diesem einseitigen Bewuchs können wir den Baum platzsparend direkt flach an die Wand stellen", lästerte meine Mutter lachend.

„Im Wald und mit Schnee bedeckt sah er viel besser aus", versuchte Onkel Paul den Mißgriff zu verteidigen. „Außerdem hätte mir der Förster auch vorher sagen können, daß die freigegebene Schonung schon vor acht Tagen abgegrast worden ist. Als wir ankamen, standen ja nur noch zwei Bäume – und davon war dieser noch der ansehnlichste."

„Wollt ihr dieses Ungetüm wirklich zu Weihnachten aufstellen?", fragte Ursula entsetzt.

„Vielleicht kann man ja – als so 'ne Art Schnee-Ersatz –die kahlen Stellen mit Watte zuhängen", schlug Tante Elsa vor.

„Dafür müßten wir ja den gesamten Wattevorrat von Wiesbaden aufkaufen", brummelte meine Mutter griesgrämig.

Wir standen immer noch ratlos um den so traurig vor uns liegenden Weihnachtsbaum herum, als unser ungeliebter Nachbar seinen Kopf aus dem Klofenster streckte und mit einem hämischen Blick auf unseren Weihnachtsbaum fragte: „Habt ihr euch Brennholz für den Kanonenofen geholt?"

Onkel Paul sah Schlappohr freundlich lächelnd an und antwortete: „Nein, wir wollen uns ein Flugzeug bauen und überlegen gerade, wo wir die Propeller herbekommen. Also, falls Sie Ihre Ohren nicht mehr brauchen sollten ..."

Weiter kam er nicht. Schlappohr hatte bereits wütend das Fenster zugeschlagen.

„Ich hab's!" rief mein Vater „Wir schneiden die unteren Äste ab und setzen sie dort ein, wo der Stamm kahl ist. Dann besprühen wir den Baum – sozusagen als Schneeersatz – mit weißer Farbe, und schon haben wir den schönsten Weihnachtsbaum!"

„Wo willst du den heute noch weiße Farbe herbekommen?" fragte meine Mutter ihren Mann.

Onkel Paul hatte die rettende Idee: „Wir nehmen einfach Kalk. Im Wellblechschuppen steht doch die große Wanne mit dem Kalkschlamm vom Weißen der Wände. Den nehmen wir anstelle von Farbe."

Die zwei Frauen und die Mädchen verdrückten sich jetzt eilig in die Wohnung. Einerseits war ihnen kalt geworden, andererseits wollten sie sich bei der jetzt anstehenden Aktion nicht vorhalten lassen: „Ihr habt ja dabei mitgemacht."

Zunächst wurden mit Säge, Bohrer und Hammer die Äste des Baumes versetzt. Dann schleiften die zwei Weihnachtsbaumexperten das traurige Gewächs in den Schuppen und stellten es neben der Kalkwanne auf.

„Mut wird belohnt" rief Onkel Paul, griff nach der großen Tüncherquaste, tauchte sie mehrmals in die grauweiße Kalkbrühe und bespritzte mit weit ausholenden Armbewegungen und mit viel Schwung den Tannenbaum.

Der Erfolg war enorm. Ich schaute völlig verblüfft auf das, was sich meinen Augen nun darbot: Nicht nur der Weihnachtsbaum, nein, auch mein Vater und Onkel Paul sahen aus, als ob die Kalkwanne explodiert wäre!

Ich ließ mich auf einen Stapel alter Kartoffelsäcke fallen und hielt mir den Bauch vor Lachen.

„So wird das nichts", entschied Onkel Paul und wischte sich die Kalkspritzer aus dem Gesicht. „Am besten ziehen wir den ganzen Baum durch den Kalk und lassen ihn langsam trocknen. Dann bekommt er bestimmt eine herrliche Struktur."

Schon hatte er den Baum gepackt und in der Wanne mehrmals hin und her gezogen. Jetzt war auch das letzte zuvor noch sichtbare Grün vollkommen unter der dicken Kalkschicht verschwunden. Die dünnen Äste hatten sich unter dem Gewicht des Kalks beängstigend nahe dem Boden zugeneigt. Betreten standen die zwei Männer vor dem Resultat ihres Werkes.

„Ich glaube, das gibt Ärger", grinste mein Vater bestürzt.

„Wieso denn? Sieht doch toll aus!" jubelte Onkel Paul.

Ich hatte mich heimlich vom Ort des Geschehens davongeschlichen und war dann mit Riesensprüngen die Treppe hinauf und ins Wohnzimmer zu den Frauen geeilt. Prustend hatte ich ihnen nur den einen Satz entgegengesprudelt: „Das müßt ihr euch ansehen, das müßt ihr euch ansehen!" – Und schon war ich wieder in Richtung Schuppen verschwunden.

Als meine Mutter, Tante Elsa, Gitta und Ursula in der Schuppentür standen, sah Onkel Paul mich strafend an. Mit einer wegwischenden Handbewegung und gutgespielter Verachtung sagte er nur ein Wort: „Verräter".

Mutters Gesicht war so käseweiß geworden wie der Weihnachtsbaum. Tante Elsa kommentierte trocken: „Der sieht ja aus, als ob er die Räude hätte."

Meiner Schwester liefen die Tränen – wobei ich nicht wußte, ob dies Freudentränen oder Ausdruck einer tiefen Niedergeschlagenheit waren. Gitta bekam einen Lachanfall.

„Einen Eimer mit Wasser brauchen wir in diesem Jahr jedenfalls nicht neben den Baum zu stellen", gab ich meinen Kommentar dazu. „Das Ding kann ja nicht mehr brennen und nadeln wird er sicher auch nicht."

„Blödmann", knurrte mein Vater nur und verkündete: „Heute Abend ist der Kalk trocken, dann tragen wir das Bäumchen in die Wohnung. Mit ein paar Kerzen, Weihnachtskugeln und Lametta sieht er bestimmt gut aus. Ich wette, so ein Weihnachtsbaum, hat niemand in unserem Bekanntenkreis."

„Das glaube ich unbesehen", murmelte meine Mutter leise vor sich hin.

Kurz vor der Bescherung stand der „Gekalkte" mit fünf

silbernen Glaskugeln, neun Wachskerzen und etlichen Streifen echten aufgebügeltem Lametta in voller Pracht im Wohnzimmer. Da mein Vater die Weihnachtsgeschenke aufbauen wollte, wurden Ursula und ich vorerst in die Küche verbannt.

Pünktlich um sechs Uhr standen Onkel Paul, Tante Elsa und Gitta vor der Tür.

„Wollen wir erst essen oder erst bescheren?", fragte meine Mutter. Nach langem Hin und Her wurde die Bescherung vorgezogen.

„Bevor die Geschenke ausgepackt werden, wollen wir gemeinsam ein Weihnachtslied singen", bestimmte meine Mutter. Mit einem scheelen Blick auf den gekalkten Christbaum meinte Gitta, das Lied „Oh Tannenbaum, wie grün sind deine Blätter" sei wohl in diesem Jahr nicht so recht passend. Schließlich einigten wir uns auf „Stille Nacht, heilige Nacht". Mein Vater spielte auf seiner Mundharmonika wunderschön diese so ganz besondere Melodie und alle sangen andächtig mit. Tante Elsa mußte mitten im Lied vor Rührung weinen. Ursula und Gitta heulten aus Solidarität gleich mit. Von fern hörte man die Glocken der Kirche läuten. Dann nahm jeder jeden in den Arm und flüsterte nur noch: „Frohe Weihnachten!"

Dann ging es ans Geschenkeauspacken. Da das Geld knapp war, gab es für jeden nur Kleinigkeiten. Ob über ein Strickliesel oder das gebrauchte Sanella-Album mit Einklebebildern, über eine Flasche Bucheckernöl oder eine Tafel Herschel-Schokolade, ob über selbstgestrickte Handschuhe, einen aufgearbeiteten, ziemlich struppigen Fuchskragen oder ein Mickymaus-Heft in englischer Sprache – jeder freute sich ehrlich über sein Geschenk.

Nach der Bescherung machten wir uns über das Festtagsessen her. Es gab roten Heringsalat und heiße Würstchen. Da mein Vater kürzlich einen größeren Posten Reis erbeutet hatte, gab es als Nachtisch – bis zum Abwinken – Milchreis mit Zucker und Zimt.

Als dann die gesamte Familie Müller von Gegenüber zu sechst bei uns einfiel, um ein frohes Weihnachtsfest zu wünschen, hatte Onkel Paul noch eine besondere Überraschung parat. Er hatte am Ostbahnhof von einem langsam vorbeifahrenden Güterzug einen Sack mit Steinkohle „organisiert". Dieser unermeßliche Schatz, den Onkel Paul vorerst im Treppenhaus abgestellt hatte, wanderte nun in Etappen in den kleinen Kanonenofen. Der Ofen glühte und knisterte und es wurde mollig warm und gemütlich im Wohnzimmer.

Beim Anblick unseres gekalkten Weihnachtsbaumes erlitten die Müllers fast einen Schock. Vater hatte Recht, der war ja auch wirklich einmalig!

Nachdem sich unsere Nachbarn von diesem Schreck erholt hatten, gingen wir zum gemütlichen Teil des Heiligabends über. Da Frau Müller Klavier spielen konnte, unterbreitete ich unter dem Gelächter der anderen den Vorschlag, das Klavier von Müllers doch zu uns herüberzutragen, um darauf noch ein paar schöne Weihnachtslieder zu spielen. Zu meinem Bedauern beschränkte man sich dann doch lieber auf die Mundharmonika meines Vaters. Wir sangen gemeinsam noch viele schöne alte Weihnachtslieder und alte Geschichten wurden erzählt. Die von Onkel Paul waren meist die lustigsten. Es war ein herrlicher Heiligabend. Selbst unser armseliger Weihnachtsbaum strahlte plötzlich in einem feierlichen und festlichen Glanz.

Onkel Paul faßte meinen Vater um die Schulter, blickte mit feuchten Augen in die Runde und sagte leise: „Ihr gebt mir doch recht – Familie und gute Freunde – das ist das Salz der Erde."

*(Weitere **ZEITGUT**-Beiträge dieses Autors sind im Autorenverzeichnis am Ende des Buches vermerkt.)*

[Dittershof, Kreis Freiwaldau, Ostsudetenland –
Neumarkt, Niederschlesien –
Wachbach bei Bad Mergentheim –
Treuchtlingen und Hirschaid bei Bamberg, Franken;
1929 – 2012]

Klaus Homann

Patzelts Weihnachtskrippen

An seine schlesische Kindheit in Dittershof, einem Ort im Kreis
Freiwaldau, wo er 1926 geboren wurde, denkt Hubert Patzelt
immer gerne zurück. Besonders stimmungsvoll war hier die
Weihnachtszeit mit ihren Krippenbräuchen. „Es herrschte ein
wahrer Krippenkult", erinnert sich der einstige Realschuldirektor, und beginnt zu erzählen: „Von den Wallfahrten nach
Maria Hilf bei Zuckmantel haben meine Eltern immer ein
bis zwei etwa 20 Zentimeter große, handbemalte Krippenfiguren aus Holz mitgebracht und auf dem Dachboden zwi-
schengelagert. Dieser Lagerplatz war für uns Kinder das ganze Jahr über tabu, worüber das strenge Auge des Vaters stets
wachte. Vier Wochen vor Weihnachten begann dann die Auf-
bauarbeit in der guten Stube. Dafür war in der Mitte des
Raumes ein vier bis sechs Quadratmeter großer Platz vorgesehen, der zunächst mit Moos bedeckt wurde, das die Grund-
lage für eine richtige kleine Landschaft hergab, auf der sich
allerlei Figuren tummelten. Alles wurde sehr lebendig und
mit viel Liebe gestaltet. Diese Arbeiten waren dann am vierten Advent vollendet, das Zimmer wurde bis zum Heiligen
Abend verschlossen.
Ich erinnere mich noch gut daran, wie in dieses bislang
statische Weihnachtsensemble die Technik Einzug hielt, die
mit allerlei Raffinesse und mittels einer Art Uhrwerk und
später mit einem Gleichstrommotor die heiligen und weltli-

chen Figuren der Krippe in Bewegung bringen konnte. Besonders jenen Heiligen Abend werde ich nie vergessen, als die Mechanik in fast zwei Meter Höhe – die Krippe stand auf einem vierteiligen Kleiderschrank – einen Schaden erlitt und den Vater nötigte, mit Hilfe einer Leiter den ganzen Aufbau zu beseitigen, um bis spät in die Nacht Reparaturarbeiten durchzuführen. Zunächst fand die Mutter, damit sei der Hausfrieden doch ganz erheblich gestört, aber das renkte sich dann über die Feiertage doch wieder ein. Immerhin war „Friede auf Erden und den Menschen ein Wohlgefallen" das Gebot der Stunde.

All die Episoden um die Weihnachtskrippe hinterließen bei mir so nachhaltige Eindrücke, daß sie mir nach Jahrzehnten noch vor Augen stehen. In Dittershof wurden auch die Kinder bereits in frühen Jahren durch die Krippentradition geprägt. Während sie die Erwachsenen im Großen pflegten, waren die Jüngeren in der Adventszeit mit Laubsäge, Sperrholz und Farben am Werk, um ihre eigene Krippe zu basteln."

Nach dem Krieg hat es Hubert Patzelt ins Bayerische verschlagen. Hier lebte er in Treuchtlingen, wo er, den dürftigen Zeiten entsprechend, Unterkunft im Haus eines Eisenbahners unter der Treppenstiege des Eingangsbereiches gefunden hatte. Aufgenommen wie ein eigener Sohn, freundete er sich sehr schnell mit den Kindern der Hauseigentümer an. Als die erste Friedensweihnacht 1945 vor der Tür stand, erwachte in ihm die Erinnerung an heimatliche Bräuche im schlesischen Freiwaldau. „Ich wollte meiner Gastfamilie eine Freude bereiten, und so entschloß ich mich, den Kindern eine Krippe samt Figuren mit der Laubsäge zu basteln", erzählte Hubert Patzelt.

Daß er mit diesem Geschenk ins Schwarze getroffen hatte, bewiesen am Heiligen Abend die leuchtenden Kinderaugen und die Freude der Erwachsenen. Die Krippe wurde zum Andenken an die erste Friedensweihnacht nach dem Krieg bis zum Tode von Hubert Patzelts „Herbergsvater" jedes Jahr in der Adventszeit an einem Ehrenplatz aufgebaut.

Das Foto zeigt Inge Patzelt, geb. Nentwich, als junge Frau.

Im Gegensatz zum katholischen Oberschlesien spielten die Krippen im evangelischen Niederschlesien eher eine untergeordnete Rolle. Hier lebte, 130 Kilometer von Dittershof entfernt, Inge Nentwich, Jahrgang 1922, in Neumarkt bei Breslau. „Uns war zwar die Krippentradition bekannt, aber eine größere Rolle spielte der Weihnachtsbaum", sagt sie, wenn sie von ihren Kindheitseindrücken zur Weihnachtszeit spricht. Erst nach der Flucht aus der Heimat kam sie mit der Krippentradition in nähere Berührung.

Nach Vertreibung, unzähligem Leid und Strapazen fand sie mit ihrer Mutter – der Vater war bereits gestorben und die beiden Brüder waren in Rußland gefallen – in Wachbach bei Bad Mergentheim zuerst in einem Gasthaus und später bei einem Bauern ein Unterkommen. Hier freundeten sich

Mutter und Tochter mit einem ehemaligen Oberleutnant der Wehrmacht an, der in Heimarbeit Krippenfiguren bastelte und sich hierdurch ein kleines Zubrot verdiente. Für ein geringes Entgelt erwarben die beiden alleinstehenden Damen ihre ersten Figuren. Den Stall aus einer alten Zigarrenschachtel steuerte ein Kriegsversehrter bei. Das kleine Ensemble, mit Stroh bedeckt und ausgelegt, verlieh der Wohnstube zu Weihnachten einen festlichen Glanz.

Der Zufall – oder war es Vorbestimmung? – wollte es, daß sich Inge Nentwich und Hubert Patzelt, er war mittlerweile im Lehrerberuf tätig, durch Bekannte kennenlernten. Es folgten viele gegenseitige Besuche und Ausflüge mit dem neu erworbenen Motorrad des Junglehrers, die schließlich im Oktober 1952 in den „Hafen der Ehe" führten. Und was befand sich in der Aussteuer der Braut?

Die Krippe aus einer Zigarrenschachtel mit Sperrholzfiguren hat ein Kriegsversehrter gebastelt.

Weihnachten bei Familie Patzelt, den Eltern des Ehemannes, in den 60er Jahren. Inge und Hubert Patzelt sitzen links neben der Mutter. Es war die Zeit, als der Eierlikör ein sehr beliebtes Getränk war.

Eine Laubsägenkrippe im Zigarrenkarton und eine Tonkrippe, die sie vor der Entsorgung gerettet hatte. Was beide damals noch nicht ahnen konnten: Aus diesen beiden Krippen entwickelte sich in den folgenden Jahren ein großes gemeinsames Interesse um das Thema Weihnachtskrippe. Das Ehepaar stellte Nachforschungen über Krippen an, diskutierte stundenlang, vor allem in der Weihnachtszeit, über Brauchtum und Tradition zu dieser Zeit. In Krippenbaukursen fertigte Hubert Patzelt viele weitere große Krippen und Figuren.

Aber all das genügte nicht. In jedem Land, das das Ehepaar Patzelt in den folgenden Jahren bereiste, hielt es Ausschau nach länderspezifischen Weihnachtskrippen. Vor allem die allerkleinsten, bis hin zu solchen in Nußschalen, hatten es den beiden angetan und fachten bald schon eine wahre Sammelleidenschaft an. Zunächst wurden die Krippen noch jedes Jahr im eigenen Reihenhaus in Hirschaid bei Bamberg aufgebaut und interessierten Besuchern gezeigt. Als die Anzahl der Krippen die Zahl 300 jedoch überstieg, stellte die Marktgemeinde Hirschaid bei Bamberg für die weihnachtlichen Sehenswürdigkeiten der Eheleute Räumlichkeiten im örtlichen Heimatmuseum zur Verfügung. Wieso Hirschaid?

Hier hatte der Ehemann mittlerweile als Realschuldirektor Fuß gefaßt. Heute sind Inge und Hubert Patzelt Ehrenbürger des Ortes. Alljährlich zur Weihnachtszeit bewundern über 1000 Besucher in der Alten Schule die mittlerweile über

Sammelleidenschaft. Das Ehepaar Patzelt zeigt stolz Inges älteste Krippe.

400 Krippen, von denen eine jede in ihrer Individualität auch vom Brauchtum und Sitten der Länder erzählt, in denen sie erworben wurde. Die ersten beiden aber, die Sperrholz- und die Tonkrippe, haben in der Ausstellung einen Ehrenplatz.

*(Weitere **ZEITGUT**-Beiträge des Autors sind am Buchende vermerkt.)*

[Sulzbach-Rosenberg, Oberpfalz, Bayern;
24. Dezember 1953]

Helga Kamm

Eine schöne Bescherung!

Eigentlich war es ein Morgen wie jeder andere im Winter. Kalt war es noch, als ich verschlafen in die Küche kam. Die Mutter hatte eben erst Feuer angemacht im Herd, es roch auch noch nicht nach dem gewohnten Lindes-Kaffee (Korn- bzw. Malzkaffee). Das Wasser am Waschbecken schien besonders kalt zu sein, Zähneputzen und Katzenwäsche, mehr war da nicht drin. Dann aber – war es das kalte Wasser im Gesicht oder der Wandkalender, der mir in den Blick kam – änderte sich schlagartig alles. Es war kein Morgen wie jeder andere, es war der 24. Dezember!

Hellwach war ich auf einmal, denn das war ja der Tag, auf den alle Kinder sich freuen, auch mein Bruder Hans und ich, es war der Heilige Abend!

Bis es aber so weit war, standen noch viel Vorbereitungen an: Der Christbaum mußte aufgestellt und geschmückt werden, was in diesem Jahr erstmals meine Aufgabe war. Die große Kiste mit dem Christbaumschmuck hatte ich bereits vor Tagen vom Speicher geholt. Es waren die Schmuckstük-ke, die wir jedes Jahr wieder verwendeten: silberne Kugeln, gläserne Vögel mit wippenden Schwänzchen, Glocken, Zapfen und Lametta. Trotz aller Vorsicht ging fast an jedem Weihnachten eines der zarten Gebilde zu Bruch, nur dann wurde ein neues Stück dazu gekauft. Auch mein Bruder stieg auf den Dachboden, er war für die Krippe zuständig. In seinem Karton war alles Zubehör dafür aufbewahrt, das die Treppe hinuntergetragen werden mußte, um in der Küche aufgebaut zu werden. Unsere Mutter hatte besonders viel Arbeit. Die Gans schlachten, rupfen, ausnehmen und für den Festbraten am ersten Feiertag vorbereiten, das konnte nur sie. Ja, das waren eine Menge Dinge, die bis zum Abend erledigt werden mußten. Und außerdem mußte noch gebadet werden. Der Vater stellte dazu am Spätnachmittag den hölzernen Waschtrog in die Küche. Wasser wurde heiß gemacht und eingefüllt, und mein Bruder und ich setzten uns hinein – nacheinander, denn ich war zwar erst zehn, er aber immerhin schon fünfzehn Jahre alt. Ein Heiliger Abend mußte sauber begangen werden, seelisch ebenso wie körperlich.

Der Ofen im Wohnzimmer wurde selten geheizt. Das Klavier stand dort, und zu meinen täglichen Übungen, die mir ohnehin wenig Freude bereiteten, mußte ich im Winter eine dicke Jacke anziehen. Am Heiligen Abend aber wurde der hohe eiserne Ofen geschürt, schon am Nachmittag, damit es am Abend wohlig warm war im Raum. Noch heute erinnere ich mich an den Geruch des Weihnachtsabends, eine Mischung aus Ofenfeuer, Kerzenwachs und Punsch, den meine Mutter aus Tee, Orangensaft, Rotwein und Gewürzen köstlich zubereitete.

Aber noch war es nicht so weit. Nach dem Mittagessen – es hatte nur eine Suppe gegeben, denn am Abend kamen, wie immer an diesem Tag, Bratwürstl und Sauerkraut auf den Tisch –, begann ich im fast schon dämmerigen Wohnzimmer mit dem Baumschmücken. Welch eine schöne Beschäftigung! Die silbernen Lamettafäden glitzerten, die Kugeln, Zapfen und Tropfen bewegten sich leise in den Zweigen. Die Kerzen standen aufrecht in den kleinen Haltern, im Ofen knisterten die Holzscheite, es war warm im Zimmer und still. Träumen konnte ich bei diesem Tun, mich auf den Abend freuen, hoffen, daß ein Buch für mich oder ein neues Puppenkleid unter diesem Christbaum liegen würde.

Hans und unser Vater waren unterdessen in der Küche mit der Krippe beschäftigt. Wie alle Jahre mußte das große Nudelbrett als Unterlage für den Stall und die ihn umgebende Landschaft dienen. Unser Stall war ein Oberpfälzer Stadel mit Büscheln von Heu und Stroh darin. Wacholderzweige wurden rundum befestigt, Moos verdeckte das Nudelbrett. Hans legte Sandwege an, auf denen die Hirten und später die Heiligen Drei Könige zum Stall gehen konnten. Ein kleiner Spiegel bildete den Weiher. In das Lagerfeuer der Hirten schraubte der Vater ein neues Glühbirnchen, so daß das rote Kreppapier darüber wie Feuer aussah. Eine schöne, echt wirkende Landschaft hatten sie gestaltet, und ich wurde gerufen, um das Werk zu bestaunen. Die Heilige Familie, die Hirten und Schafe, der Engel oben am Dachfirst des Stadels und Ochs und Esel im Stall, alle hatten ihre Plätze eingenommen. Die Krippe war wunderschön.

„Also", sagte unser Vater, „tragen wir sie hinüber ins Wohnzimmer." Viele Jahre war das so gemacht worden, und es war – bei größter Vorsicht – immer gut gegangen. Sie hoben das Nudelbrett an, auf der einen Seite der Vater, auf der anderen mein Bruder. Ich machte die Küchentür auf und dann die Wohnzimmertür. Langsam gingen die beiden über den Hausgang, achteten darauf, daß das Nudelbrett nicht in Schräglage geriet und weder den Türrahmen noch die Wand berührte. Fast hatten sie es geschafft, waren bereits an der Wohnzimmertür, als es passierte. Hinterher konnte keiner von uns mehr sagen, was eigentlich geschehen war: Plötzlich gab es ein kleines knackendes Geräusch, und alles, was auf dem Nudelbrett war, begann sich zu bewegen, langsam von den Rändern auf die Mitte zu. Das große Holzteil – etwa einen Meter lang und ebenso breit, seit Jahren in der Küche viel benutzt und strapaziert – hatte in der Mitte einen Sprung bekommen, der es zu zwei Teilen machte.

Entgeistert starrten wir drei auf das Geschehen: Das Nudelbrett war nicht mehr plan, es wurde zu zwei steilen Hängen, auf denen sich unsere Krippe nicht mehr halten konnte. Der Stall, die Heilige Familie, die Hirten, Tiere und auch das Feuer, der Teich und der Brunnen, alles rutschte diese Berge hinunter und blieb am Talgrund verwüstet auf einem Haufen liegen.

Unsere Mutter hatte unsere Schreie gehört und kam gelaufen. „Na, das ist ja eine schöne Bescherung!", rief sie, aber dann fing sie an zu lachen. Das war uns ein Trost, und unsere Erstarrung löste sich, auch wir mußten lachen.

So gab es also keine Krippe an diesem Heiligen Abend. Und auch nicht an den folgenden. Es wurde ein neues Nudelbrett angeschafft, für eine Krippe aber wurde es nicht mehr verwendet. Eine Zeit war zu Ende gegangen, die Krippenzeit. Waren wir Kinder traurig darüber?

Ich weiß es nicht. Auch andere Zeiten waren schon verlorengegangen: die des Nikolaus, des Osterhasen, des Christkindels. Die Krippe hat eine Zeitlang zur Kindheit gehört, ebenso wie die Bratwürstl mit Sauerkraut, der Punsch und die Christmette in der Heiligen Nacht.

Heute ist alles anders geworden. Ein festlich gedeckter Tisch, Lachs und Shrimps auf dem Teller, der Christbaum geschmückt im aktuellen Design oder die Reise in ein fernes Land mit Sonne und Strandleben, so feiert man heute diesen Heiligen Abend. Doch manchmal wünsche ich mir das Nudelbrett mit den Wacholderzweigen und dem Moos zurück, die gerupfte Gans, mit der ich als Kind so viel Mitleid hatte, das einfache Essen am Heiligen Abend und auch die Christmette, in die wir mit unseren Eltern gegangen sind, müde vom ungewohnten Punsch und glücklich über die kleinen Geschenke, die für uns an diesem Weihnachtsabend unter den Christbaum gelegt worden sind.

(Weitere ZEITGUT-Beiträge der Autorin sind am Buchende vermerkt.)

[Saalfeld/Saale, Thüringen;
um 1955]

Barbara Hartmann

Das Weihnachtskätzchen

Erzählt 1975 für das erste Enkelkind

*Heute will ich Dir, mein lieber Christof, die Geschichte vom
„Weihnachts-Kätzchen" erzählen:*

In den 50er Jahren war meine Mutter, Deine Ur-Oma
Müller, noch einmal berufstätig geworden – nur für halbe
Tage – im Büro der LDPD in meiner Heimatstadt Saalfeld.
Ihre Arbeitsstelle war in einer wunderschönen alten Villa
mit sehr vielen, großen Zimmern auf jeder Etage. Der LDPD-
Partei genügten davon zwei als Geschäftsräume. Zwei weitere Zimmer samt Küche und Bad bewohnte eine Lehrerfamilie, eine große Wohnküche und ein Schlafzimmerchen be-
herbergten eine Rentnerin – und alle miteinander hatten sie
so viel Platz, daß sich das Töchterchen vom Lehrer noch eine
kleine Untermieterin leisten konnte, ein Kätzchen. Das hatte die Mitbewohner niemals gestört, als aber im Dezember
der Tag vor dem Heiligen Abend gekommen war, da machte
sich's doch ganz besonders eindringlich bemerkbar. Lehrers
waren verreist, das Miezchen zurückgeblieben. Von der Leh-
rerküche ging ein Fenster auf den Korridor hinaus; da lief
das alleingelassene Tierchen hin und her – her und hin, sperr-
te kläglich maunzend sein Mäulchen auf und guckte ängstlich in den Flur hinunter. Herauslassen konnte man es leider nicht, die Küche war abgeschlossen.

Der Heilige Abend kam heran. Bei Deinen Urgroßeltern waren alle Weihnachtsgäste eingetroffen: die Töchter mit ihren Männern und Kindern. Und sie halfen der Oma bei den letzten Vorbereitungen für die Bescherung und fürs Festtagsessen. Deine Uroma selbst aber mußte im Laufe des Vormittags schnell noch einmal zu ihrem Arbeitsplatz gehen, der Post wegen. Ja, und was glaubst Du denn, in welch verzweifelter Verfassung sie ihre alte Nachbarin vorfand!

Ohne Worte wies sie hinauf zum Miezekatzen-Küchenfenster. Die Katze saß dort und machte ein schauderhaftes Weihnachtskonzert! Sie schrie so erbärmlich, so anhaltend, daß das arme Tier in seinem Kummer den beiden Frauen ganz furchtbar leid tat. Ob es Hunger hatte oder fror in der ungeheizten Küche? Doch wie sollte man helfen? Und wie sollte die gute Rentnerin ihre Festtage verbringen – Tag und Nacht bei diesem Katzenspektakel?

Nun trat aber unsere Oma Müller in Aktion! Wenn es galt, jemandem zu helfen, dann war sie auf dem Posten, dann griff sie zu, so gut es ging. Sie suchte also den Hausverwalter auf, der zum Glück daheim war und gerade seinen Christbaum putzte. Erfreut war der ja nun nicht über die Unterbrechung seiner Weihnachtsvorbereitung, aber als er mitkam und sich das Malheur ansah – vor allem aber anhörte –, da konnte er verstehen, daß man ihn alarmiert hatte. Er versuchte, das Fenster aufzumachen, aber das ging leider nicht. Einen Dietrich zum Öffnen der Tür besaß er wohl, aber war es nicht Einbruch, damit in eine fremde Küche einzudringen?

Und wenn Mieze dann wirklich heraus war, was sollte dann mit ihr werden?

Er wollte sie nicht nehmen – und die verärgerte Nachbarin war auch keine Katzenfreundin. Doch da half wieder unsere Oma Müller: „Als unsere Kinder noch klein waren, da hatten wir oft ein Kätzchen im Hause, zuletzt unsere gute Schnurri. Und die paar Tage! Warum soll ich unseren Enkeln zum Fest nicht diesen kleinen Gast mitbringen?"

Aber erst mußte die Schnurri ja nun mal raus aus der Lehrer-Küche – das war das Problem. Nun weiß ich heute tatsächlich nicht mehr, ob man am Ende noch eine amtliche Genehmigung einholte – sicher aber haben die drei beschlossen, die Verantwortung auf sich zu nehmen und die Tür zu öffnen. Kurzum: Die Tür war auf. Und – hast du nicht gesehen, schoß die Katze heraus wie ein Pfeil!

Ja, Christof, und was glaubst Du, was sich den drei Befreiern in der Küche zeigte?

Zwölf Teller, auf denen wohl mal Futter gewesen war, für all die Zeit, in der das Tierchen alleine war, und zwölf Näpfchen, sicherlich einst voller Milch. Aber alles leer! Leergefressen – leergeschleckt! Die Miezekatze hatte nicht nur ihre Einsamkeit hinausgejammert – ganz bestimmt hatte sie auch Bauchschmerzen! Wer wird denn den Vorrat für zwölf Tage in so kurzer Zeit hinunterwürgen! Aber woher sollte ein Kätzchen zählen und einteilen können?

Wenn sie niemand herausgelassen hätte, wie hätte ihr in den nächsten Tagen der Magen geknurrt! Nichts mehr da zum Fressen!

Ein Glück, sie war befreit. Oma Müller wickelte sie in ihren warmen Schal, verstaute sie in ihrer Tasche und trug sie nach Hause. Das war eine Überraschung, als sie das Kätzchen dort auspackte! Alle hatten es gleich lieb.

Am Nachmittag, als es schon zeitig dunkel geworden war, saß die ganze Familie im Wohnzimmer beisammen und wartete voll Freude und Ungeduld auf das Glöckchen, das alle hineinrufen sollte ins Weihnachtszimmer. Die Miez war mit den kleinsten Kindern ganz vorn vor der Tür. Als die sich öffnete und Kinder, Eltern und Großeltern noch, wie jedes Jahr, dem strahlenden, leuchtenden Baum gegenüberstanden und eins der schönen alten Lieder sangen, da schritt unser Kätzchen ganz feierlich mich hoch erhobenem Kopf und glänzenden Augen auf ihren weichen Pfoten hinein –

allen voraus. Mitten im Zimmer ließ sie sich nieder und betrachtete alles sehr lange.

Verklungen war unser Lied. Nun führte Oma jeden an seinen Platz mit dem, was die guten Großeltern an Gaben für ihn zum Fest bereit gelegt hatten. Da war es um das Kätzel herum auf einmal lebendig geworden, laut und froh, und nun wurde die Kleine auch mobil. Vor allem hatte es ihr, nachdem die Kerzen ausgelöscht waren, der Baum angetan!

Vorsichtiges, kritisches Umkreisen, und plötzlich – hops!

Und schon klammerte sie sich am Stamm fest und kletterte daran in die Höhe. Sie balancierte, mit einem Pfötchen vor das andere tastend, hinauf auf den ersten Ast, der sich leise wiegte, auf und ab. Sacht schwang das Lametta unter ihr – und knisterte ein bißchen. Da wurde sie auf einmal tollkühn, langte nach unten und schubste eine Kugel an. Mit schiefgelegtem Köpfchen schaute sie neugierig zu, wie das glitzernde

1955 hatten wir ein Kätzchen als unerwarteter Weihnachtsgast, der viele Überraschungen mit sich brachte.

Glas sich bewegte. Nun ein neuer Stoß, mutiger – und schon fiel eine Kugel und zersprang – klirr! – am Boden. Wie der Blitz war das Tierchen den Baum hinunter, voller Schrecken!

Aber die Angst hielt nicht lange an. Unsere Weihnachtsfichte hat den kleinen Gast in all den Tagen, die er bei uns war, in ihren Bann geschlagen. Alle Zweige, auch die kleinsten hoch oben, hatte Mieze erklommen – und wie viel Glas dabei zerschlagen! Nur wenn die Kerzen brannten, blieb sie ängstlich fern.

Doch es gab andere Dinge, bei denen sie sich nicht ein bißchen zurückhielt. Schnell waren wir alle dahintergekommen, daß unsere Teller mit Zuckerwerk und Plätzchen vor ihr in Sicherheit gebracht werden mußten. Ja, sind denn solche Süßigkeiten überhaupt Katzennahrung? Weißt Du's, mein Christof?

Auf jeden Fall schnupperte sie daran herum und schleckte, und von Stund an standen alle Leckereien in für sie unerreichbarer Ferne – wohlverwahrt.

Nun ging das Jahr zu Ende. Unsere jüngste Schwester Evchen hatte am Silvester-Abend für uns musiziert, und als wir unterm Lichterbaum beim Abendessen saßen, reckte nebenan der Flügel seinen Deckel noch hoch empor, denn bis zur Mitternacht sollte uns noch mehr Musik erfreuen. Da plötzlich schoß das sonst so ruhige Evchen mit einem Schrei vom Tisch empor! Es jagte ins Wohnzimmer und fuhr mit beiden Armen im Innern ihres Flügels umher – und schließlich hatte sie erwischt, wonach sie da drin so voller Schrecken gesucht hatte! Nun hielt sie's hoch empor: unsere Mieze! Evchen hatte sie, als sie zufällig vom Essen aufsah, gerade hineinschlüpfen sehen!

Ein Glück, in der kurzen Zeit seines Aufenthaltes zwischen den Saiten des Instruments hatte das kleine Luderchen kein Unheil anrichten können. Und auch das, was unsere Jüngste am meisten befürchtet hatte, war nicht geschehen: Nach sorgfältigem Austasten stellte sie fest, daß der Flügel innen trocken war! Von nun an wurde sein Deckel fest verschlossen. Ja, woher sollte so ein Kätzchen denn wissen, daß das Betreten eines Flügels streng verboten ist?

Wir hatten unseren kleinen Feiertagsgast alle liebgewonnen, aber nach der Besteigung des Flügels sahen doch zumindest die Erwachsenen dem Tag, an dem er uns wieder verlassen sollte, nicht mehr allzu traurig entgegen. Wer konnte ahnen, was dieser Stromer noch alles anstellen würde?!
Mieze wurde zu keß.
Zu Beginn des neuen Jahres wickelte die Oma das Kätzel wieder in ein schönes, wollenes Tuch und brachte es seinen Besitzern mit einem lachenden und einem weinenden Auge zurück. Die Lehrerfamilie war ganz erstaunt darüber, daß die Gute ihre Fürsorge so völlig mißverstanden hatte. Nun, uns sollte es recht sein, unsere Weihnachtstage und das Jahresende waren durch unseren vierbeinigen Besuch einmal ganz anders gewesen – aber bestimmt nicht weniger schön als sonst.

1975 begann Barbara Hartmann für den Enkel Christof Familiengeschichten aufzuschreiben, zu denen neben „Die Weihnachtsfrauen" (siehe „Unvergessene Weihnachten. Band 6") auch „Das Weihnachtskätzchen" gehört.

[Dresden, Sachsen, damals DDR;
1956]

Leonore Brode

Das Prachtexemplar

Es war jedes Jahr ein Problem, zusammen mit unserer Mutter einen Weihnachtsbaum zu kaufen. Ihre Vorstellungen paßten so gar nicht zu dem Angebot der fünfziger Jahre. Der Baum mußte etwa zwei Meter groß, schlank, dicht gewachsen, also nicht „krakelig" sein. Er durfte auf keinen Fall eine doppelte Spitze haben, das würde im nächsten Jahr Unglück bringen, und natürlich hatte er im Schmuck aller, aber auch wirklich all seiner Nadeln zu prangen. Wehe, wenn sich auch nur die kleinste dünne oder gar kahle Stelle zeigte!

Nun finden Sie mal so einen Baum!

Wir wohnten in Dresden. In jenem Jahr, von dem ich hier erzählen will, hatten wir es tatsächlich doch irgendwie geschafft, in der Nähe der Oschatzer Straße ein solches Prachtexemplar zu erstehen. Seine ausladenden dichten Äste wurden nun mit Bindfaden umwickelt, denn die heute gebräuchlichen Netze für einen bequemen Transport gab es noch nicht. Zu zweit trugen Mutter und ich nun das gute Stück zur Straßenbahnhaltestelle. Als unsere ohnehin schon kalten Füße fast zu Eisklumpen erstarrt waren, kam endlich die Bahn – aber nun stellte sich heraus, daß unser Baum zu groß war, um mit ihm einsteigen zu können. Er paßte nicht einmal auf den Perron, der damals noch zu jedem Wagen gehörte. Also mußten wir laufen. Mutter hielt die Spitze, ich das untere Ende des Stammes – und so machten wir uns

Meine ältere Schwester Ursula und ich spielen 1947 unterm Tannenbaum auf unseren Blockflöten Weihnachtslieder.

im Gänsemarsch auf den doch recht weiten Heimweg. Der wäre noch viel beschwerlicher geworden, wenn uns nicht immer wieder die bewundernden Blicke von Passanten aufgefallen wären, die neidvoll auf unsere grüne Beute sahen. Und daß wir sogar mehrfach gefragt wurden, wo wir denn diesen wunderschönen Baum gekauft hätten, baute uns doch etwas auf.

Endlich zu Hause angekommen, wurde der Baum im Garten auf die Wiese gelegt, er sollte ja bis zum Fest schön frisch bleiben.

In unserer Familie war es Sitte, den Weihnachtsbaum alljährlich am 23. Dezember zu schmücken, damit der Heilige Abend geruhsam und ohne Hektik blieb. So sollte es auch diesmal sein, als der Vortag zum Weihnachtsfest angebrochen war. Also auf in den Garten! Dort erlebten wir eine unliebsame Überraschung: Unser Baum war auf der Wiese festgefroren!

Wir hatten nicht beachtet, daß es in einer Nacht geregnet hatte und danach wieder winterlicher Frost eingetreten war, während unser Prachtstück unten im Freien lag. Doch man muß sich nur zu helfen wissen – einige Eimer warmes Wasser, mit Schwung über seine Zweige verteilt, lösten ihn von der Wiese. So pudelnaß konnten wir ihn natürlich nicht im Weihnachtszimmer aufstellen, denn in diesem Zustand hätte er doch erheblichen Schaden am Boden und auf dem Teppich verursacht. So trugen wir ihn zunächst in die Garage zum Abtropfen. Als wir ihn von dort nach oben holten, freuten wir uns darüber, daß wir wirklich einen starken, gesunden, kräftigen Tannenbaum besaßen, der alles bestens überstanden hatte – den Regen, das Anfrieren, unsere heißen Wassergüsse und das Trocknen. Etwas später als üblich begannen wir mit dem Schmücken, doch alle Aufregung hatte sich gelohnt. Am Heiligen Abend konnten wir uns an einem wunderschönen Weihnachtsbaum erfreuen.

*(Weitere **ZEITGUT**-Beiträge der Autorin sind am Buchende vermerkt.)*

[Altwarmbüchen bei Hannover,
Niedersachsen;
1956]

Brigitte Proske

Mein sehnlichster Wunsch

Mein Kinderparadies lag in dem kleinen, beschaulichen Dorf
Altwarmbüchen bei Hannover, wo 1956 meine lieben Eltern,
meine achtzehnjährige Schwester und ich sechsjähriges Schul-
mädchen die untere Etage eines hübschen roten Zwei-Famili-
en-Backsteinhauses bewohnten. Das war ringsum von einer
Rasenfläche zum Spielen umgeben mit einer gemütlichen Sitz-
ecke unter Fliederbüschen, Obst zum Naschen und einem
Sandkasten – der Himmel auf Erden für ein Kind!

In der oberen Etage hatte meine Schwester in der ehemaligen kleinen Küche unserer im Jahr zuvor verstorbenen
Großmutter ihr erstes eigenes Zimmer bekommen. Die weiteren Räume dort oben bewohnte das junge Ehepaar Schmidt-
ke mit seinen zwei Kindern. Meine Eltern und ich teilten
uns die untere Wohnung mit dem frischverheirateten Ehepaar Schmidt, das gerade in freudiger Erwartung auf sein
erstes Kind war. Wir bewohnten zwei Zimmer, Küche und
ein kleines Bad, weitere anderthalb Zimmer unsere Nachbarn. Die Toilette nutzten beide Mietparteien. In den 1950er
Jahren wohnten noch viele Familien beengt beisammen;
Wohnraum war knapp in Deutschland.

Die Heimat meiner Familie war Ostpreußen. 1945 flüch-
teten auch meine Angehörigen vor der anrückenden Roten
Armee, und das Schicksal ließ sie in diesem kleinen nieder-
sächsischen Dorf landen. Es folgten sehr schwere Jahre für

unsere Mutter, die zunächst noch lange ohne unseren Vater zurechtkommen mußte.

Unter den gnadenlosen Bedingungen, die in den letzten Kriegs- und ersten Nachkriegsjahren für Flüchtlinge noch härter als für alle anderen waren, starb 1945 mein Bruder im zarten Alter von zwanzig Monaten. Nun galt Mutters ganze Sorge ihrer damals sechsjährigen Tochter Renate, meiner großen Schwester. Ganz auf sich allein gestellt, half sie den Bauern bei der Feldarbeit, um sich und ihr Kind mehr schlecht als recht ernähren zu können. Erst im Jahre 1948 wurde unser Vater aus der Gefangenschaft entlassen. Mit viel Fleiß und Sparsamkeit erarbeiteten sich meine Eltern in den folgenden Jahren eine bescheidene Existenz. Von ihren Sorgen und Nöten wußte ich, die 1950 geborene, nichts.

Puppenmütter

Unserem Wohnhaus gegenüber, auf der anderen Straßenseite, befand sich die kleine Bäckerei Busse. Mit der siebenjährigen Tochter des Hauses war ich eng befreundet. Wir zwei waren begeisterte Puppenmütter und gingen oft mit unseren Puppenwagen durch das Dorf spazieren. Meine Freundin Anne-Dorothea, genannt Dorli, besaß ein Modell nach der neuesten Mode, einen weißen Korbwagen! Einfach schick!

Ich dagegen fuhr mit meinem Puppenwägelchen aus den dreißiger Jahren, einem Erbstück von meiner Tante Ursel, die im Nachbarort Burgwedel wohnte. Jedesmal, wenn wir beiden mit unseren Puppenkindern unterwegs waren, fragte ich Dorli, ob wir die Wagen mal für einen Teil der Wegstrecke tauschen könnten, denn ich fand ihren so schön! Gütig überließ mir meine Freundin ihren Wagen, drängelte jedoch bald darauf, ihn wieder zurückzubekommen. Immer war es für mich eine viel zu kurze Zeit!

Als im Jahre 1956 das Weihnachtsfest nahte, wünschte ich mir nichts sehnlicher als einen ebensolchen weißen

Korbpuppenwagen und bedrängte meine Mutter mit diesem Wunsch sehr.

Knusperhäuschen und Kekse backen
In der Adventszeit spielten Dorli und ich gerne in ihrem Kinderzimmer, das sie sich allerdings mit ihrem zwei Jahre älteren Bruder Reini teilen mußte. Doch immerhin, ein eigenes Zimmer besaß ich nicht.

In dieser Zeit kam ich besonders gern in den kleinen Bäckerladen. Schon das Schaufenster lud ein, eine Weile davor zu verharren, denn darin war ein großes Knusperhäuschen ausgestellt, mit viel Puderzucker bestäubt und Watte davor, die eine Winterlandschaft darstellen sollte. Betrat man den Laden, ertönte beim Öffnen der Tür ein Glöckchen, und hinter dem Ladentisch stand Dorlis Mutter in weißer Schürze und einem ebensolchen Spitzenhäubchen auf dem Haar bereit, um die Kundschaft zu bedienen. Der herrliche Duft nach frischgebackenem Brot betörte die Sinne, noch mehr machten die leckeren Torten hinter der Glasvitrine einem den Mund wäßrig. Auf der Ladentheke standen einige große Bonbongläser mit Himbeerbonbons, Goldnüssen und anderen Leckereien für die kleinen Naschkatzen bereit. Natürlich gab uns Dorlis Mutter immer etwas von diesen Köstlichkeiten. Im Kinderzimmer bot sich mir viel herrliches Spielzeug: wunderschöne Puppenmöbel, ein Puppenhaus, ein kleiner Kochherd und einiges mehr, was mein Herz begehrte.

Auch bei uns daheim brachte der Advent eine herrliche Zeit. Unsere Mutter hatte auf den Eßtisch im Wohnzimmer einen kleinen Adventskranz mit vier roten Kerzen und einigen Kunststoff-Fliegenpilzchen gestellt, dazu eine Vase mit Tannengrün. Die Kerzen wurden nur an den Advent-Sonntagen angezündet, wenn die Familie zum Kaffeetrinken beisammensaß.

Natürlich war ich mit Feuereifer dabei, wenn Mutti Weihnachtskekse backte. Dabei sangen wir Weihnachtslieder, was mich aber nicht hinderte, immer wieder einmal von dem lekkeren Teig zu naschen. Das gehörte für mich selbstverständlich dazu. Mutti rührte wohl deshalb auch immer etwas mehr an. Am Abend saßen meine Schwester und meine Mutter beieinander und machten Handarbeiten. Sie stickten Weihnachtsdecken aus, häkelten und strickten. Mutti konnte auch wunderschöne Kleider nähen.

In diesen Tagen geschahen geheimnisvolle Dinge: Plötzlich waren meine beiden Puppen verschwunden, unser Vater werkelte nun am Abend oftmals im Keller und Mutti drängte mich, endlich ins Bett zu gehen. Es war eine schöne Zeit, Erwartung lag in der Luft. Aber ich vergaß nie, sie an meinen sehnlichen Wunsch, einen Korbpuppenwagen, zu erinnern.

Einmal fuhr meine Mutter mit mir im gelben Postbus nach Hannover. Die Großstadt war mir fremd; ich staunte, als ich die weihnachtlichen Dekorationen sah. Ganz besonders angetan hatte es mir das riesige Schaufenster des Kaufhauses „Karstadt", in denen eine Kinderwelt mit vielen Puppen und Spielsachen ausgestellt war. Eine Eisenbahn auf Schienen fuhr ihre Kreise und große Stofftiere bewegten sich mechanisch hin und her. So manches Kind drückte sich die Nase an der Scheibe platt, und auch ich bewunderte mit weitaufgerissenen Augen diese Herrlichkeiten.

Puppentaufe am Heiligabend

Dann war er endlich da, der Heiligabend! Schon am Vormittag herrschte eine aufgeregte Stimmung. Für mich wurde in der Küche neben dem befeuerten Herd eine Zinkwanne mit heißem Wasser gefüllt, in der ich mein Bad nahm. Mutti bereitete den obligatorischen Kartoffelsalat für das Abendessen zu, meine Schwester Renate kochte Schokoladenpudding und Vanillesoße für den Nachtisch. Immer öfter wuselte unsere Mutter mit rotem Kopf aufgeregt hin und her und schlüpfte durch einen Spalt der Wohnzimmertür, die für uns an dem Vormittag tabu war. Sie erzählte mir, darin schmückten die Engel den Weihnachtsbaum und sie müsse ihnen hilfreich zur Seite stehen.

Die Zeit bis zum Abend wollte für mich einfach nicht vergehen. Aber dann war es doch soweit, daß wir uns unsere feinste Festgarderobe anzogen. Vater trug seinen dunklen Anzug mit Krawatte, Mutti, Renate und ich unseren Sonntagsstaat. Nun waren wir bereit und konnten uns vor der Wohnzimmertür versammeln, die Mutti bald von innen öffnete. Ein von herrlichem Lichterglanz erfüllter Raum bot sich uns dar: Die echten Wachskerzen am hohen Weihnachtsbaum leuchteten und an vielen Tannenzweigen hingen Wunderkerzen, die zeitgleich viele, viele kleine Sternlein sprühten. Andächtig stellten wir uns vor dem Baum auf und sangen gemeinsam Weihnachtslieder. Dann kam mein Solo. Ich machte den damals noch üblichen Knicks und sagte ein Weihnachtsgedicht auf, das Mutti mit mir einstudiert hatte. Dabei schweiften meine Blicke schon verstohlen zu meinen Geschenken. Doch ich suchte vergebens nach meinem heißersehnten Puppenwagen. Während der Bescherung wurde mir endgültig klar: Es stand keiner da!

Ich mußte schwer schlucken, so enttäuscht war ich, doch wollte ich jetzt nicht in Tränen ausbrechen, obwohl mir danach zumute war. Tapfer packte ich meine Geschenke aus. Eine Kinderpost bekam ich, und meine in der Adventszeit verschwundenen Puppen saßen wieder da, alle neu eingekleidet. Auch eine kleine Babypuppe hatte mir der Weihnachtsmann gebracht. Sie trug ein feines hellblaues Taufkleidchen. Selbstgestricktes war mir obendrein zugedacht. All das gefiel mir sehr und ich freute mich aufrichtig darüber. Doch die Enttäuschung blieb.

Etwas später gesellte sich unsere Tante Traute mit ihrem Ehemann zu uns. Mein Püppchen müsse doch getauft werden, meinte sie, wenn es schon ein Taufkleidchen anhabe. Feierlich tropfte ich ihm etwas Wasser auf die Stirn; es sollte Sabine heißen.

Meine Schwester Renate, 14 Jahre, und ich, drei Jahre alt, Weihnachten 1953 mit meinem alten Puppenwagen.

Unsere Mutter bereitete für die Erwachsenen Glühwein zu, in gemütlicher Runde wurden Nüsse geknackt und vom bunten Teller genascht. Wie immer, wenn die Verwandtschaft beisammen saß, wurden Erinnerungen aus der geliebten, doch verlorenen Heimat Ostpreußen hervorgeholt und wehmütige Geschichten von vergangenen Weihnachtsfesten erzählt. Dabei hörte ich den Erwachsenen stets gerne zu. Doch irgendwann war es Zeit für mich, ins Bett zu gehen. Nachdem ich allen eine gute Nacht gewünscht hatte, betrat ich das gemeinsame Schlafzimmer meiner Eltern und mir und – erstarrte ungläubig. Zunächst wagte ich kaum, meinen müden Augen zu trauen: Neben meinem Bett stand ein nagelneuer Korbpuppenwagen!

Es war zwar eine Sportkarre, doch egal, ich war begeistert und jubilierte! Das war eine gelungene Weihnachtsüberraschung! Mein neues Wägelchen mußte über Nacht neben meinem Bett stehenbleiben; vor Freude war ich wieder hellwach. Irgendwann schlief ich dann doch glücklich ein.

Am nächsten Morgen schlug ich die Augen auf, schwang mich eilig aus dem Bett und hatte nichts eiliger zu tun, als zu meiner Freundin Dorli zu laufen, um ihr meine große Freude mitzuteilen. Auch Dorli hatte wunderschöne Weihnachtsgeschenke bekommen. Nachdem wir unter ihrem Weihnachtsbaum alles begutachtet hatten, kam sie mit zu mir, um sich meine Geschenke anzusehen. Während wir von meinem bunten Teller naschten, verabredeten wir einen gemeinsamen Spaziergang. Der hatte nur einen einzigen Zweck, wie sich denken läßt. Stolzgeschwellt schoben wir unsere schicken Puppenwagen durch das Dorf. Jeder konnte sehen, daß nun auch ich solch einen Traum aus Korb hatte!

[Schwerin, Mecklenburg, damals DDR;
Dezember 1955/1956]

Meinhard Schröder

Schenke mir Liebe und Anstand

„Was soll ich bloß meiner Mutter schenken?" – Diese Frage
beschäftigte mich als zwölfjährigen Jungen sehr. Ihre Geschenke haßte ich. Es waren Klamotten, Unterhosen, die
rutschten, und Oberhemden, deren Muster mich an den Rand
des Wahnsinns trieben. Gegen eine drastische Klimaerwär-
mung hätte ich damals nichts einzuwenden gehabt. Nur noch
im Lendenschurz herumlaufen und die ganzen Weihnachts-
klamotten in die Mülltonne feuern, das wäre eine herrliche
Aussicht gewesen. Woher ich vernünftige Kleidung bekommen sollte, darüber machte ich mir keine Gedanken.
Ich wußte im voraus, was mich unter dem Tannenbaum
erwarten würde. Am liebsten hätte ich auf die Schenkerei ver-
zichtet. Aber es gab ja noch Geldgeschenke vom Opa und ver-
lockende Innereien aus Westpaketen, die schon ein paar Tage
vor Weihnachten den Geruch von Apfelsinen verbreiteten, die
es in der DDR ganz selten gab. Auf Geschenke verzichten?
Das ging dann doch nicht. Also mußte ich auch etwas Pas-
sendes für meinen Großvater, für meine Schwester und für
meine Mutter aussuchen. Irgendeine Bastelanleitung fand ich
immer in der Zeitung. Nur mit meiner Mutter war es schwierig. Ich fragte sie: „Und was wünschst du dir zu Weihnachten?"
Sie blickte fromm zum Himmel hoch und antwortete seufzend: „Du brauchst mir nichts zu schenken. Ich wünsche mir
nur zwei liebe, anständige Kinder."

Wie ich das haßte! Ich wollte weder lieb noch anständig sein. Also mußte ich ihr eine dämliche Sammeltasse oder einen Bierglasuntersetzer schenken, um mich von der Pflicht zum Liebsein freizukaufen. Nimm diesen Untersetzer und erwarte bloß nicht, daß ich anständig bin! Das war die Botschaft des verschenkten Untersetzers an meine Mutter. Sie tat so, als würde sie sich über ihn freuen.

Die Weihnachtspistole

1956, ein Jahr später, war ich besonders gespannt auf Weihnachten. Würde ich meine Pistole geschenkt bekommen?

Eigentlich paßte eine Pistole nicht zu einem friedlichen Weihnachtsfest, aber darüber machte ich mir keine Gewissensbisse. Ich war 13 Jahre alt und fand eine Zündplättchenpistole einfach toll: Sie machte Krach und knallte. Man konnte Leute damit erschrecken und im Spiel Freunde erschießen. Leider bekam ich in der DDR keine Zündplättchenpistole zu kaufen. Also mußte der Weihnachtsmann ran. Ich hatte einen speziellen, der wohnte nicht in Himmelpfort oder in Himmelreich und auch nicht am Nordpol, sondern im Westen. Und dort gab es Zündplättchenpistolen, das wußte ich. Ich schrieb meinem Vater einen Brief:

> *„Lieber Vater,*
> *zu Weihnachten wünsche ich mir eine Zündplättchenpistole. Natürlich freue ich mich auch über Schokolade, Apfelsinen und Micky-Maus-Hefte. Wenn das alles zu viel ist, genügt mir auch die Pistole."*

Diesen Brief mußte ich heimlich schreiben. Meine Mutter durfte auf keinen Fall etwas davon erfahren. Sie stand sich nicht so gut mit meinem Vater. Sie wäre bestimmt sauer auf mich gewesen, wenn ich hinter ihrem Rücken Kontakt mit ihm aufgenommen hätte. Wie würde mein Vater reagieren?

Ich kannte ihn kaum. Er lebte im Westen, wir im Osten. Vielleicht würde er eine Pistole unpassend finden für seinen Sohn. Trotzdem hoffte ich. Er kümmerte sich ja sonst nicht um meine Erziehung oder um unser Leben, da konnte es ihm auch egal sein, ob eine Pistole meinen Charakter verderben würde. Oder er fand es sogar gut. Schließlich hatte er im Krieg als Soldat vor Moskau gekämpft.

Das Weihnachtsfest rückte näher. Ich wurde aufgeregt. Mit der Pistole würde ich ganz schön angeben. Wer von meinen Freunden konnte sonst noch herumballern?

Bei unseren Bandenkriegen im Schilf würde ich den Gegnern viele und gründliche Verluste beibringen. Wenn ich einen erschoß, mußte der auch umfallen. Das war die Regel. Auch wenn es im Sumpf war. Die Mannschaftsleiter würden sich in Zukunft darum reißen, mich in ihre Mannschaft zu bekommen. Ich würde als erster gewählt werden und nicht mehr als letzter.

Je näher der letzte Schultag vor den Weihnachtsferien kam, desto mehr fieberte ich der Bescherung entgegen. Die Zeit nach Weihnachten konnte ich mir nur mit Pistole vorstellen. Gleichzeitig befielen mich zunehmend Zweifel. Ob mein Vater die Pistole schicken würde?

Ich war unsicher. Die Chancen standen fünfzig zu fünfzig. Mochte es ausgehen, wie es wollte, aber daß überhaupt kein Westpaket ankam, das stürzte mich in Verzweiflung. Wenn die Kontrolle die Sendung nun geöffnet und wegen der Pistole gleich den ganzen Inhalt beschlagnahmt hatte?

Dann würde es in diesem Jahr keine Apfelsinen, keine Bananen und auch keine Schokolade unterm Weihnachtsbaum geben.

Endlich war es so weit: Zur Bescherung wurde ich ins Wohnzimmer gerufen. Ich ging zu dem kleinen Weihnachtsbaum, den meine Mutter auf den Schreibtisch gestellt und mit meiner Schwester geschmückt hatte. Ich roch es sofort: Es war doch ein Westpaket gekommen!

Je näher ich dem Weihnachtsbaum kam, desto intensiver duftete es nach Apfelsinen. Und nach Tigerbananen, die mit den schwarzen Flecken und dem matschigen, aber sehr süßen Inhalt. Und Schokolade, fiel mir ein, aber die roch ich nicht. Sie war noch verpackt. Meine Mutter mußte das Paket geschickt vor mir verborgen haben. So groß war unsere Wohnung nicht: zweieinhalb Zimmer für vier Personen.

Mein Herz jubelte. Jetzt spitzte sich alles auf die entscheidende Frage zu: Pistole oder keine Pistole?

Dabei durfte ich mir nichts anmerken lassen, im Gegenteil, wenn es eine Pistole geben würde, mußte ich sehr überrascht tun. – Und da lag sie tatsächlich!

„So'n olles Knallerding", sagte meine Mutter, als ich die Pistole in die Hand nahm. Wahrscheinlich haderte sie innerlich mit meinem Vater. Ich hingegen würde ihm einen Dankesbrief schreiben. Natürlich gab es noch andere Geschenke: ein Paar Strümpfe, frische Unterwäsche – doch das alles interessierte mich herzlich wenig. In anderen Jahren hatte ich mich über Geschenke, die Kleidung enthielten, geärgert, aber in diesem Jahr riß die Pistole alles raus. Ich war versöhnt.

Später am Abend wurde ich ungeduldig. Wir hatten wie immer Kartoffelsalat mit Würstchen gegessen. Ich mochte unser traditionelles Heiligabend-Essen. Meine Mutter bereitete den Kartoffelsalat mit Äpfeln und sauren Gurken zu. Den Gegensatz von süß und sauer fand ich besonders reizvoll.

„Ich gehe noch mal ein bißchen an die frische Luft", sagte ich zu meiner Mutter. Die wunderte sich zwar, brachte aber keine Einwände vor. Also zog ich los; in der Tasche hielt ich die Pistole mit der Hand umklammert.

Überall waren die Fenster erleuchtet, auf den Straßen sah ich keinen Menschen. Ich ging an den Bahngleisen entlang zur Paulskirche und um sie herum in eine etwas dunkle Gegend. Dort fuhren kaum Fahrzeuge vorbei, und auch Fußgänger nahmen selten diesen Weg. Es juckte mich in den Fingern, ich mußte die Pistole ausprobieren. Schießen wie ein Cowboy. Ja, ich ritt auf die Gaslaterne zu und ballerte in die Luft. Einmal und noch einmal. Oh, Mist, Ladehemmung!

Ich stieg vom Pferd und trat unter das fahle Licht der Gaslaterne, um die Pistole zu reparieren. Zwar hatte ich bei der Gesellschaft für Sport und Technik (GST) schon mit Gewehren geschossen, aber mit Pistolen kannte ich mich nicht aus. Ich klappte das Gehäuse auf und fummelte ein wenig an dem Papierstreifen, auf dem in regelmäßigen Abständen ein Plättchen mit Schießpulver auf das andere folgte.

„Halt!", hörte ich plötzlich jemanden rufen.

Nanu, hier hinter der Kirche?

Ich sah in die Richtung, aus der der Ruf gekommen war. Au weia, ein Mann in Uniform kam näher! Polizei!, schoß es mir durch den Kopf.

Im ersten Moment wollte ich die Pistole wegwerfen und so tun, als ob nichts wäre. Aber der Polizist hatte ja die Pistole gesehen, er würde sie suchen und finden. Das konnte Ärger geben! In der Schule Selbstkritik üben, Besserung geloben, freiwillig eine Verpflichtung übernehmen als Zeichen tätiger Reue. Und natürlich würden in Zukunft die Pakete meines Vaters gründlich durchsucht werden. Micky-Maus-Hefte ade. Selbst bunte Bleistifte mit Radiergummis würden nicht mehr den Weg zu mir finden. All das stand jetzt auf dem Spiel. Diese Gedanken rasten durch meinen Kopf. Also gab es nur eins: Weg! Renn, was das Zeug hält!

Ich hatte Angst, daß der Polizist schießen würde. Er schrie noch einmal: „Halt! Stehenbleiben!"

Ich rannte den Berg hinunter und um die nächste Straßenecke, bloß nicht nach Hause, das würde alles noch schlimmer machen. Ich schlug einen Haken, zuerst in eine ganz andere Richtung, um ihn abzuschütteln. Es hatte mich immer bekümmert, daß ich im Sport bei den Kurzstrecken als Letzter eintraf. Der Polizist würde mich bestimmt einholen. Aber jetzt rannte ich so schnell, wie ich noch nie in meinem Leben gerannt war.

Irgendwann hielt ich atemlos inne und drehte mich um: Ich konnte den Verfolger nirgends mehr sehen. Jetzt mußte ich ganz langsam gehen, um nicht aufzufallen. Ich schlenderte am Tag-und-Nacht-Kiosk vorbei, am Kino, an der Straßenbahnhaltestelle, über den Mariannenplatz. Nach drei weiteren Häuserblocks erreichte ich unser Haus in der Wilhelm-Pieck-Straße, ohne erwischt zu werden.

„Du bist ja ganz rot im Gesicht", sagte meine Mutter erstaunt.

„Es ist kalt draußen", erwiderte ich und versuchte, ruhig zu atmen.

Die Pistole hielt ich in der nächsten Zeit versteckt. Die Bandenkriege fanden weiterhin ohne meine Waffe statt, und ich wurde weiter als Letzter gewählt.

*(Weitere **ZEITGUT**-Beiträge dieses Autors sind im Autorenverzeichnis am Ende des Buches vermerkt.)*

[Römhild, Landkreis Hildburghausen,
Thüringen, damals DDR;
1957]

Doris Hochstrate

Der entflammte Nußknacker

Es war Mitte der fünfziger Jahre. In der Weihnachtszeit
prangten die Straßen unserer Kleinstadt nicht in über-
schwenglichem Weihnachtsglanz. Wie sonst auch spende-
ten lediglich die Straßenlaternen an ihren hölzernen Ma-
sten etwas Helligkeit am Abend. Die Fenster der Häuser
verrieten gedämpfte Beleuchtung. Die Schaufenster allerdings waren festlich geschmückt, manche sogar mit einem
Weihnachtslicht. Zu diesen wenigen in unserer Hauptstraße gehörte das Schaufenster der Buchhandlung unserer
Familie in der Griebelstraße 13. Es war ein Annaberger
Stern, der sein rotes Licht einer einfachen, von rotem Seidenpapier umhüllten Glühbirne verdankte. Gern blieben
Passanten vor dem Laden stehen, angelockt von dem an-
heimelnden Schein über der Bücherpracht, die meine Mutter zur Hebung des Weihnachtsgeschäfts liebevoll ausgelegt hatte.

Einen der ausgestellten Bände hatte ich besonders in mein
Herz geschlossen. Auf dem Buchdeckel war ein zauberhaf-
tes Mädchen zu sehen, das liebevoll auf einen kleinen Nußknacker hinabsah. Bisher hatte keiner dieses entzückende
Exemplar mit vielen bunten Bildern und einer langen Geschichte gekauft.

Heute war Heiligabend. Bis zum Nachmittag hatte unser
Geschäft wie alle anderen geöffnet gehabt. Seidenpapier mit

Ein Annaberger Stern sorgte in den Weihnachtsauslagen der Buchhandlung unserer Familie in Römhild in Thüringen für anheimelndes rotes Licht. Das Buch „Nußknacker und Mäusekönig" von E.T. A. Hoffmann mit Illustrationen von Adrienne Segur (Kinderbuchverlag Berlin, 1954) hatte es mir besonders angetan.

weihnachtlichen Mustern, rotes und goldenes Geschenkband und natürlich letzte Buchgeschenke waren über den Ladentisch gegangen. Neugierige Kinder hatten ihre Eltern oder Großeltern beim Einkauf begleitet, um noch ein wenig vorweihnachtliche Atmosphäre zu erhaschen. Nun waren alle

Geschäfte geschlossen und die letzten Passanten huschten vorbei. Rasch nach Hause! Es gab ja noch so viel zu tun!

Großväter und Väter schlossen sich im Keller oder in der Werkstatt ein, um letzte Geschenke in liebevoller Handarbeit fertigzustellen. Kinder arbeiteten im Schlafzimmer an einer letzten Bastelei, denn jeder sollte schließlich eine kleine Handarbeit unter dem Weihnachtsbaum bekommen!

Die Mütter hatten in der Küche unendlich viel zu tun: Da mußte der Stollen noch mit Butter bestrichen, die Weihnachtsgans angebraten und der Tannenbaum geschmückt werden. Wo nur die Kinder blieben, denen diese Aufgabe zukam?!

Ganz sachte fing es an zu schneien. Erst kaum sichtbar, so daß es niemand bemerkte, dann in dicken, bauschigen Flokken, die die Aufmerksamkeit der Kinder erregten. Schnee! Nun konnte das Fest beginnen!

Weiße Weihnachten hatte sich jedes Kind gewünscht.

Ob das Christkind allerdings bei solchen Witterungsbedingungen in jedes Haus gelangen konnte, war die Frage, die ich mir stellte. Der gehäkelte Topflappen für Mutter war verpackt, Vaters Lieblingsplätzchen glitten gerade in eine selbstgeklebte Tüte, da klingelte es unten an der Haustür Sturm! Was war denn da los, am Heiligabend?

Die Plätzchen fielen mir aus der Hand und ich raste wie der Blitz die Treppe hinunter, während die Klingel unaufhaltsam weiter schrillte. Großmutter öffnete gerade die Tür und jemand rief laut: „Feuer! Es brennt! Ihr Schaufenster steht in Flammen!"

Auf einmal hatte sich die ganze Familie an der Haustür eingefunden.

„Schnell, eine Decke!", rief mein Vater.

Was wollte er mit der Decke? Sollten wir nicht lieber die Feuerwehr rufen?

Ich rannte hinter den Erwachsenen her. Wie ging es dem kleinen Nußknacker und dem hübschen blondgelockten Mädchen? Ob die Flammen dieses und die anderen Bücher schon ergriffen oder gar vernichtet hatten?

Durch Qualm und roten Flammenschein konnte ich nichts Genaues erkennen. Der Stern in der Auslage hatte auf einmal zu brennen angefangen und all die schönen Papierwaren und Bücher in Brand gesetzt. Nun ging alles ganz schnell. Mit gezielten Handgriffen erstickte mein Vater das Feuer. Es qualmte entsetzlich und Großmutter zog mich aus dem Laden. Nachdem wir den Schreck einigermaßen verdaut hatten, meinte sie: „Es hätte alles viel schlimmer kommen können. Einer hat über uns gewacht!"

Und wer nun denkt, wir wären so verschreckt gewesen, daß der Weihnachtsabend ausfiel, der irrt sich. Nach langen Diskussionen um das Für und Wider wegen eines neuen Sterns für das nächste Jahr kam es doch noch zu einer feierlichen Bescherung. Mutter entzündete die Kerzen am Weihnachtsbaum. Vater spielte auf dem Klavier „Ihr Kinderlein kommet" und mein Bruder und ich sangen dazu. Nach den letzten Tönen des Liedes war es endlich soweit!

Alles strahlte und glänzte um mich her. Unendliche Freude erfaßte mich. Nun begann das langersehnte Fest. Wir wünschten uns „Fröhliche Weihnachten!" und konnten uns schließlich den Geschenken widmen. Etwas Anzuziehen, ein Paar Schlittschuhe – juhu! Doch da, ich konnte es kaum erkennen: ein Buch! Ein ziemlich großes Buch!

Im Schein der Kerzen erkannte ich das entzückende Mädchen und den süßen kleinen Nußknacker auf dem Einband. Das hatte ich mir heiß und innig gewünscht!

Vor Freude hüpfte ich mehrmals hoch, so daß der Baum bedrohlich wackelte. Das Christkind hatte doch durch Schnee und Eis zu uns gefunden! Was machte es aus, daß die letzten Buchseiten ein paar braune Flecken hatten!

[Weißenfels/Saale, Sachsen-Anhalt;
1958]

Veronika Heina

Ein ganz besonderes Fest

Die Weihnachtszeit war und ist eine besondere Zeit für mich. Wie viele schöne Weihnachtsfeste habe ich dank meiner Eltern und meiner Omi während meiner Kindheit erlebt, und niemals hat dieses Fest seinen Zauber auf mich eingebüßt!

Dennoch gab es Weihnachten, die ganz besonders waren. So auch im Jahre 1958. Ich war gerade sieben Jahre alt, mein kleiner Bruder Norbert drei. Der Dezember begann voller Heimlichkeiten und Spannungen. Da war der erste Advent, an dem unser Adventskranz am roten Holzständer befestigt wurde und wir Kinder beim Schmücken helfen durften. Zuerst vier dicke rote Kerzen, für jeden Adventssonntag eine. Dann kamen stets kleine Fliegenpilze, Sternchen und rote Bänder dazu. Es war jedes Jahr der gleiche Zierat, genauso liebten wir es. Ganz still saßen wir im Schein der Kerzen und wollten dabei stets aufs neue Geschichten aus Muttis Kinderzeit hören.

Der nächste Höhepunkt war dann die sehnlich erwartete Betriebsweihnachtsfeier vom Betrieb unseres Vatis, dem Braunkohlenkombinat Geiseltal. Zuerst gab es im großen Saal des Kreiskulturhauses Weißenfels ein Märchenspiel, dann folgte in der Vorhalle die Bescherung. Lange Tafeln, gestaffelt nach Altersgruppen bis zu 14 Jahren, warteten dort auf uns. Meist konnte man zwischen zwei altersgerechten Geschenken wählen. Das waren beileibe keine Riesendinge, aber nie wieder hat uns ein Püppchen, ein Blech-

traktor, ein Tischspiel oder später gar der erste Zirkelka-
sten so erfreut.

1958 allerdings sollte es in der Weihnachtszeit noch zwei
ganz wichtige Ereignisse in unserer Familie geben. Das erste war Norbert und mir bekannt, nämlich unser Umzug in
eine größere Wohnung, die ein Bad haben würde und ein eigenes Kinderzimmer für uns beide. Das zweite sollte uns
völlig überraschend treffen.

Der Umzug war für den 23. Dezember geplant, so daß der
Heiligabend schon im neuen großen Wohnzimmer stattfin-
den würde. Meine Eltern waren bei den Vorbereitungen, wir
Kinder voller Vorfreude auf das Fest und die neue Wohnung.
Sie währte bis zum Morgen des 21. Dezember, als plötzlich
meine Oma an meinem Bett stand und mich aufforderte:
„Schnell, zieh dich an und komm in das Wohnzimmer! Du
hast eine kleine Schwester bekommen!"

Eine kleine Schwester? Wieso, woher?

Ich war völlig ahnungslos gewesen und darum jetzt fast
schon entsetzt. Dann stand ich vor einem Körbchen mit dem
winzigen Menschlein darin – meine Schwester Iris!

Sie war gegen Morgen geboren und hatte auch meine Mutter ziemlich überrascht, war doch der Geburtstermin eigentlich erst Anfang Januar. Sicher hatten die strapaziösen Um-
zugsvorbereitungen den Vorgang beschleunigt. Als mein Vati
morgens um sieben Uhr aus der Nachtschicht gekommen war,
hatte sein jüngstes Töchterchen zu seinem größten Erstaunen bereits das Licht der Welt erblickt. Ich selber habe lange
gebraucht zu begreifen, wo dieses Menschlein plötzlich herkam. Ich konnte nicht fassen, daß mir keiner früher etwas
von dem kommenden Geschwisterkind gesagt hatte.

Natürlich mußte der Umzug am 23. Dezember nun ohne
Mutti stattfinden, die ja noch im Wochenbett lag. Trotzdem
wurde es wieder ein wunderbares Fest. Ich sehe heute noch
das Strahlen der vielen Kerzen, als sich die große Flügeltür
öffnete und wir den festlich geschmückten Raum betraten.

Für meinen kleinen Bruder Norbert und mich endeten die Feiertage noch mit einem heftigen Durchfall, weil ohne Muttis Aufsicht doch mehr vom bunten Teller in unsere Mägen gewandert war, als für uns gut sein konnte. So weihten wir das neue Bad gleich mit allzu häufigen Besuchen ein. Sonst aber haben wir die Aufregungen und Überraschungen dieses ganz besonderen Weihnachtsfestes alle gut überstanden.

Jedes Jahr am 21. Dezember aber macht wieder diese alte Geschichte die Runde. Meine eigenen Kinder Peggy und Patrick, erst recht aber mein Enkelsohn Philipp, konnten nur immer wieder staunen, wie völlig ahnungslos wir Kinder zu jener Zeit waren. Dafür war unsere Kindheit aber von einer großen Wärme, Ruhe und Geborgenheit geprägt, die heute den Kleinen oftmals zu fehlen scheint und mit Riesengeschenken „ersetzt" wird. Leider!

Ein Jahr später, 1959: Meine kleine Schwester Iris staunt zum ersten Mal über den Weihnachtsbaum.

[Zeven, Landkreis Rotenburg/Wümme,
bei Bremen, Niedersachsen;
Dezember 1958]

Sigrun Lienau

Das Weihnachtsferkel

Meine schönste Erinnerung an Weihnachten oder besser an
den Heiligen Abend liegt nun schon mehr als 50 Jahre zurück. Es war im Jahr 1958, und ich war ein vierjähriges Mädchen. Meine Eltern hatten kurz zuvor die Landwirtschaft
aufgegeben, aber für meine Oma wurden noch einige Hühner und eine Sau gehalten, um die sie sich gerne kümmerte.
Die Sau war vor einigen Monaten beim Eber gewesen und so
kam es, daß sie einige Tage vor Weihnachten ferkelte. Ich
war natürlich total begeistert von den kleinen Ferkeln und
verließ sie nur noch zum Essen und Schlafen.

Eines der Ferkel hatte es mir besonders angetan: Es war
schwarzbraun gefleckt und sah eigentlich mehr nach einem
Frischling aus. Plötzlich waren alle meine Weihnachtswünsche vergessen, ich hatte nur noch einen: Ich wünschte mir
mein Lieblingsferkel zu Weihnachten!

Allerdings haben Mama und Oma mir diesen Zahn ganz
schnell gezogen. Die Ferkel waren nämlich schon an den Vieh-
händler verkauft und sollten nach Weihnachten abgeholt
werden. Mir wurde das Herz schwer, aber ich wußte, daß ich
die Entscheidung meiner Eltern zu respektieren hatte.

Traurig schlich ich in den Stall. Ich konnte mir gar nicht
vorstellen, mich von „meinem" Ferkel zu trennen. Und andere Weihnachtsgeschenke wollte ich schon gar nicht haben!

Ein Jahr zuvor hatte ich, auf dem Foto mit meiner Mutter und meiner Tante, zu Weihnachten eine wunderschöne große Puppe mit Zöpfen geschenkt bekommen.

Dann war es endlich so weit. Heiligabend stand vor der Tür. Am Nachmittag war ich mit meiner Mutter in der Kirche, und nachdem wir uns festlich angekleidet und zu Abend – damals wie heute: Kartoffelsalat und Würstchen – gegessen hatten, war endlich Bescherung!

Ich packte so schöne Weihnachtsgeschenke aus – unter anderem eine Puppe, die Rollschuh laufen konnte, – daß ich meinen Kummer vollkommen vergaß und glücklich war. Aber es sollte noch besser kommen!

Mein Vater hatte kurz zuvor das Wohnzimmer verlassen, weil er zur Toilette wollte. Das war ein längerer Gang, denn unser „Plumpsklo" befand sich noch draußen auf dem Hof. Da klopfte es plötzlich laut an der Tür. Wir bekamen einen ordentlichen Schreck und riefen: „Herein!"

In der Türöffnung erschien der Weihnachtsmann (Hm, der hatte ja Papas Schlappen an!), aber nicht mit dem berühmten Sack, sondern mit einem zappelnden Etwas auf den Armen. Ich staunte nicht schlecht: Das war ja mein kleines Ferkel, ganz sauber und mit einer großen roten Schleife um den Hals!

Vor Freude war ich sprachlos, aber nur so lange, bis der Weihnachtsmann das Ferkel losließ und es quiekend auf mich zulief. Just diesen Moment hat meine Mutter fotografiert, und dieses inzwischen leider verschollene Foto erinnerte mich viele Jahre an den ganz besonderen Heiligen Abend, den ich 1958 erleben durfte.

[Meißen/Elbe, Sachsen;
im Advent 1959]

Leonore Brode

Das Drama mit den Weihnachtsstollen

Was ich hier erzählen will trug sich in Meißen, meinem damaligen Arbeitsort, in der Adventszeit 1959 zu.

Für die Weihnachtsbäckerei, besonders das Stollenbacken, war es in jenen Jahren äußerst problematisch, die Zutaten zu bekommen, die den „Dresdner Christstollen" zu dem werden lassen, was der Name verspricht. Glücklich konnten sich die Familien schätzen, die im ersehnten Paket Mandeln, Zitronat und Rosinen aus dem Westen geschickt bekamen.

Es war im sächsischen Raum üblich, daß man alle Zutaten zum Bäcker trug. In den Backstuben wurde der Teig bereitet, dann schob der Bäcker die Stollen in den Backofen. Nach dem Abkühlen des Backwerks, meist am Abend, holten die Familien ihre Stollen nach Hause.

Auf meinem Heimweg von der Arbeit kam mir eines Abends auf der Elbebrücke ein Mann entgegen, der auf der Schulter ein Kuchenbrett trug, auf dem vier oder fünf große Stollen lagen. Er kam gewiß aus einer der Backstuben, und zu Hause wartete die restliche Familie auf die weihnachtliche Köstlichkeit. Die Stollen waren schwer, das Brett muß ihn wohl stark auf die Schulter gedrückt haben. Ich sah, wie er das Brückengeländer nutzen wollte, um die Last auf die andere Körperseite zu verlagern. Er setzte das Brett ab, drehte sich etwas zur Seite – da kam einer der Stollen ins Rutschen. Sofort versuchte der Mann, nun wenigstens die übri-

Auf der verschneiten Elbbrücke in Meißen beobachtete ich das Malheur mit den Weihnachtsstollen.

gen zu retten. Doch der maßlose Schreck ließ alle Bewegungen völlig unkoordiniert ausfallen, und es geschah das Unglaubliche: Ein Stollen nach dem anderen rutschte in rasantem Tempo vom Brett über die Brücke, klatschte unten ins Wasser und versank in den Fluten der Elbe.

Was mag dem Bedauernswerten wohl in diesem Moment alles durch den Kopf gegangen sein?

Auf jeden Fall brodelte wohl auch eine maßlose Wut in ihm, denn ich konnte beobachten, wie er das Brett den Stollen hinterher ins Wasser warf, auf dem Absatz kehrtmachte und in der Richtung davonging, aus der er gekommen war. – Sicher brauchte er jetzt eine Gastwirtschaft, wo er den ersten Frust hinunterspülen konnte, bevor er mit der Hiobsbotschaft den Seinen daheim unter die Augen trat.

Ich kann mir vorstellen, daß sich diese Familie jedes Jahr wieder an die Stollengeschichte erinnert. Hoffen wir, daß sie nun, nach so vielen Jahren, auch darüber schmunzeln kann!

[Schwerin, Mecklenburg, damals DDR;
Dezember 1959]

Meinhard Schröder

Weihnachtspäckchen-Weitwurf

Als Schüler nutzte ich jede Gelegenheit, ein paar Groschen zu verdienen. Vor Weihnachten suchte die Bahnpost Schwerin händeringend Aushilfskräfte, weil sich die Waggons mit den Weihnachtspäckchen und -paketen stauten. Mit dem Stammpersonal konnte das Saisongeschäft nicht bewältigt werden. Mein Freund Dietrich und ich meldeten uns im Personalbüro zu einer Wochenendschicht.

„Ihr müßt den Waggon entladen. Alles raus und auf den Wagen, der direkt vor der Tür steht." So wurden wir eingewiesen.

Wir schnappten uns beherzt die Pakete. Die Arbeit ging zügig voran. Trotzdem ödete sie mich nach einer Weile an. Päckchen aufheben und Dietrich zuwerfen, das wiederholte sich im Fünf-Sekunden-Takt. Dietrich fing mein Päckchen auf und warf es durch die offene Waggontür nach draußen auf den Wagen. Auch nicht besser. Endlich standen wir nicht mehr unsicher auf irgendwelchen Ecken und Kanten, sondern auf festem Boden. Glänzendes Metall. Das verhieß ein baldiges Ende. Aber noch mußten wir uns bis zu den beiden Enden des Waggons durcharbeiten. Die Kräfte erlahmten. Aus dem Fünf-Sekunden-Takt wurde ein Zehn-Sekunden-Takt. Trotzdem schmolz der Stapel unter meinen Händen dahin, wenn auch zunehmend langsamer. Gut, daß uns niemand beaufsichtigte.

Nur noch fünfzehn Päckchen lagen vor mir. Der Feierabend lockte. Ich wurde übermütig. Vielleicht warf ich Dieter ein Päckchen mit besonders viel Schwung zu. Jedenfalls ärgerte er sich: „Eh, was soll das? Beinahe hätte ich es nicht erwischt. Dann wäre es gegen die Wand geklatscht! Wir spielen doch nicht Völkerball!"

Er warf mir die Sendung postwendend zurück. Was sollte das denn? Warum änderte er plötzlich die Wurfrichtung? Wollte Dieter tatsächlich Völkerball zu zweit spielen?

Ich hatte Mühe, sein Geschoß aufzufangen.

„Da hast du dein Weihnachtspäckchen!", rief ich gutgelaunt und feuerte auf Dieter.

Auch er schien Gefallen an unserem Sport zu finden. Je schärfer geworfen wurde, desto besser. Aber der andere mußte halten. Spontan hatten wir diese Regel entwickelt. Das ging ein Weilchen so. Unsere Kräfte nutzten sich ab. Was machte das, wir waren ja bald fertig.

Plötzlich kam ein etwas größeres Päckchen angeflogen. Ich stand etwas schräg und konnte es nicht mehr rechtzeitig auffangen. Also drehte ich mich zur Seite. Das war natürlich gegen die Regel, und ich handelte mir ein Tor ein. Das Päckchen donnerte gegen die Waggonwand und platzte auf. Betroffen sah ich Apfelsinen herauskullern. Was nun?

Die beschädigte Sendung beim Schichtleiter abzugeben, wagten wir nicht. Die Apfelsinen einfach aufzuessen auch nicht. Und sie einzustecken und mit nach Hause zu nehmen erst recht nicht. Ehrlich gesagt, ich weiß nicht mehr, wie wir unser Dilemma gelöst haben. Jedenfalls warteten Heiligabend irgendwo in Schwerin Kinder vergebens auf die süßen Südfrüchte aus dem Westpaket. Die Familie wird die schlampige Post oder die diebische Stasi verantwortlich gemacht haben. Sie konnten nicht wissen, daß sie es einem Dummejungenstreich zu verdanken hatten. Erzählt haben wir es niemandem, wir schämten uns.

*(Weitere **ZEITGUT**-Beiträge dieses Autors sind am Buchende vermerkt.)*

[Mühlhausen, Thüringen –
Halle-Neustadt – Klostermansfeld, Sachsen-Anhalt –
Lauscha – Sonneberg, Thüringen;
1961, 1979, 1999 und 2012]

Birgit Schaube

Der zerbrochene Fliegenpilz

Viele schöne Erinnerungen habe ich an meine Kindheit in den fünfziger und sechziger Jahren. Dabei spielte die Weihnachtszeit immer eine ganz besondere Rolle für mich. Die Heimlichkeiten schon in der Adventszeit, das Basteln und Backen, die wunderschönen Spielsachen in den Schaufenstern, der Duft nach Pfefferkuchen und eine große geschmückte Tanne in der Stadt übten einen wundersamen Reiz auf mich aus. Ein paar Tage vor dem Fest wurde der Weihnachtsbaum besorgt. Die Auswahl war gering, um nicht zu sagen dürftig. Aber wenn der Baum von meinem Vati nach Hause getragen wurde – ich war natürlich an seiner Seite – ja, dann war die Vorfreude am größten. Mit sehr viel Liebe und Hingabe schmückten wir beide ihn einen Tag vor Heiligabend.

Daß er immer zu wenige Äste hatte, störte uns nicht, denn Baumschmuck war genügend vorhanden. Meine Mutti hatte als junge Frau während und nach dem Krieg von Tante und Onkel, die im thüringischen Lauscha lebten, immer solchen Schmuck bekommen. Lauscha hat eine lange Tradition in der handwerklichen Fertigung dieser zarten Dinge aus Glas und ist bis heute eine Hochburg der Glasbläserkunst geblieben. Jedes Teil war ein Einzelstück. Schon allein den Karton zu öffnen, war für mich als Kind immer das eindeutige Zeichen: Weihnachten steht unmittelbar bevor. Nach dem Fest wurden die vielen verschiedenen Kugeln und Figuren wieder liebevoll und vorsichtig eingepackt und der Karton mit der Aufschrift „Weihnachtsbaumschmuck" auf dem Boden verstaut. Wenn ich die wunderschönen filigranen Teile, zum Teil verziert mit dünnem Draht oder gesponnenem Glas, im nächsten Jahr erneut auspacken durfte, um sie meinem Vati zuzureichen, entwickelte ich meine eigene Vorfreude auf das Fest. Mitunter waren sie noch mit dem zerlaufenen Wachs der abgebrannten Kerzen vom Vorjahr behaftet. Jede Kugel sah anders aus – nicht wie heute: 24 Teile in gleicher Farbe und mit gleichem Muster.

Eine elektrische Lichterkette hatten wir zu dieser Zeit noch nicht. Ein einzigartiger Geruch aus brennendem Wachs und frischer Tanne durchströmte den Raum, wenn der Weihnachtsbaum zur Bescherung im Wohnzimmer erstrahlte. Für mich war das immer das größte Glück! Die dazu angezündeten Wunderkerzen gaben dem Weihnachtszauber noch eine ganz besonders festliche Stimmung.

Wir lebten in Mühlhausen, wo es damals in der Karl-Marx-Straße die Drogerie Kniepert gab. Hier durfte ich mir hin und wieder Gummischlangen und Lakritze zum Naschen oder auch mal ein kleines Nuckelchen für mein Puppenkind oder meinen Teddy kaufen. Als ich eines Tages wieder einmal dort war, fiel mir ein Kästchen mit sechs hauchdünnen Fliegenpilzen auf. Welch wunderbare Ergänzung unserer schon vorhandenen Raritäten! Den weißen Stielansatz umgab etwas Tannengrün, und sie steckten auf Klammern, ähnlich den Kerzenhaltern. Die wunderschönen Pilze kaufte mir meine Mutti, und fortan wurden auch sie zu meiner Freude auf den Zweigen plaziert. Als ich etwas älter war, stellte ich mir in mein Kinderzimmer ein eigenes Bäumchen. Ich liebte die weihnachtliche Atmosphäre über alles!

Die Fliegenpilze waren von nun an fester Bestandteil meiner Weihnachtsdekoration und leuchteten märchenhaft im Kerzenschein. Natürlich ging in den folgenden Jahren auch mal das eine oder andere Teil zu Bruch.

Als ich dann meine eigene kleine Familie hatte und auch nicht mehr in Mühlhausen lebte, fielen mir Jahre später diese zarten Glasfiguren wieder ein. Ich erkundigte mich bei meiner Mutti und war überglücklich, als sie mir einige Zeit vor Weihnachten den einzigen noch vorhandenen Pilz mit nach Halle-Neustadt brachte, wo wir seit einigen Jahren mit unseren Kindern wohnten. Er stellte für mich immer eine wundersame Verbindung zu meiner so liebevoll umhegten Kindheit dar. Dieses Gefühl läßt sich nicht beschreiben.

Allerdings fand der Pilz seinen Platz nun nicht mehr auf den Tannenzweigen des Baumes. Zu groß war meine Angst, auch dieser letzte seiner Art könnte zerbrechen. Ich wickelte ihn beim Schmücken zwar immer aus – ich wollte ihn als lieben alten Weihnachtsboten begrüßen und mich überzeugen, daß er noch unversehrt war –, aber danach packte ich ihn auch wieder ebenso liebevoll ein. Er bekam einen separaten Platz inmitten meiner Kostbarkeiten aus der Kindheit.

Als ich ihn einige Zeit später meiner jüngsten Tochter, der ich diese Geschichte erzählt hatte, zeigen wollte, fiel er mir aus den Händen auf den Fliesenboden, wo im Nu unendlich viele zarte Glassplitter rote und weiße Funken sprühten, in ihrer Mitte der Halter mit Stiel und zartem Grün!

Da lagen nun die Reste meiner so gehüteten Kindheitsfreude vor mir. Meine Traurigkeit war grenzenlos! Ich fand keine Erklärung für mein Mißgeschick, denn unzählige Male schon hatte ich den Pilz in meinen Händen gehalten.

Wenige Wochen später sah ich zufällig im Fernsehen eine Dokumentation über die Arbeit der Glasbläser in Lauscha. Plötzlich kam mir die Idee, doch einfach dort mal nachzufragen, ob diese Pilze eventuell noch hergestellt würden. Große Hoffnung hatte ich allerdings nicht, denn die im Fernsehen gezeigten Formen und Figuren stellten alles andere als Fliegenpilze dar. Sie waren dem heutigen Trend angepaßt. Da gab es Handys, grüne Gurken oder auch Hamburger, die wohl hauptsächlich für den Export bestimmt sind.

Doch mein Versuch war von Erfolg gekrönt. Eine sehr nette Stimme am Telefon machte mir Hoffnung. Es gäbe wohl noch einige ältere Leute, die diese Pilze privat auf Anfrage fertigen würden. Die Dame wollte sich für mich erkundigen. Ich rief daraufhin wenige Tage später nochmals bei ihr an und hinterließ meine Adresse und Telefonnummer. Ich bestellte nur vier Stück, da ein Pilz den stolzen Preis von 12,50 Mark aufwies. Eigentlich verständlich, denn es würden ja Einzelanfertigungen sein. Die nächsten Wochen wartete ich nun auf die „Wiedergeburt" meiner Pilze und fieberte der Sendung wie ein Kind entgegen. Wie würden sie wohl aussehen? Wie groß würden sie sein?

Hoffentlich hatten sie auch Ähnlichkeit mit meinen Pilzen aus den Kinderjahren!

Ich hatte Glück, sie entsprachen meinen Erwartungen und ließen mein Herz höher schlagen wie damals vor knapp vierzig Jahren. Nachdem ich die wunderschönen leuchtend roten Fliegenpilze unversehrt erhalten und bezahlt hatte, bedankte ich mich nochmals telefonisch bei der hilfsbereiten Dame, die sich damals gleich so liebenswert in meine Situation hatte versetzen können. Dabei erwähnte ich, daß meine große Liebe zu den zarten Glasfiguren durch meine Mutti geweckt worden war. Sie, die leider nicht mehr lebe, habe einst eine große Menge unseres schönen Christbaumschmucks von Verwandten aus Lauscha bekommen. Allerdings würde heute von den freundlichen Leuten gewiß niemand mehr leben. Interessiert wurde ich nach dem Namen unserer Angehörigen gefragt. Beim besten Willen fiel er mir nicht ein, zumal ich sie auch niemals mit meinen Eltern besucht hatte. Es waren für mich nur Erinnerungen an Erzähltes.

Aber das Gespräch ließ mich nicht mehr los, und nach tagelangem Suchen und Blättern im Stammbuch meiner Eltern stieß ich auf den doch oft erwähnten Nachnamen. Enttäuscht mußte ich aber erfahren, daß der für diese Region typisch sei und sehr oft vorkomme. Natürlich hätten die Vornamen sehr hilfreich sein können, aber auch da versagte mein Gedächtnis. Besonders den der Cousine meiner Mutti hatte ich in Gesprächen früher zwar gehört, aber er fiel mir partout nicht ein. In den nächsten Tagen grübelte ich immer und immer wieder. Plötzlich beim Abendessen rief ich ganz spontan in die Runde: „Rosa!" Ja natürlich, Rosa hieß sie, der Name war mir plötzlich so vertraut. Ich hatte das Gefühl, jemand habe ihn mir zugeflüstert.

Gleich am nächsten Tag griff ich zum Telefon und übermittelte, was ich nun doch in Erinnerung gebracht hatte. Die mir inzwischen vertraut gewordene Stimme am anderen Ende der Leitung sagte, daß sie eine Rosa vom Hüttenplatz kenne, aber leider sei sie vor zwei Jahren im Alter von 84 Jahren verstorben. Doch sie nannte mir den Namen deren einziger Tochter Edith und erklärte, wo ich sie finden könnte.

Die mir übermittelte Telefonnummer mußte ich gleich wählen, so aufgeregt war ich: „Hallo Edith, ich glaube, wir sind miteinander verwandt! Unsere Mütter waren Cousinen und als Kinder oft in den Ferien zusammen bei Tante und Onkel auf dem Land." Ganz unkompliziert nahm ich die Sache in Angriff. Auch Edith wußte vom Erzählen ihrer Mutti von den vielen Verwandten, und die Freude war natürlich auf beiden Seiten groß. Ein langes Gespräch war die Folge, ganz so, als seien wir uns gar nicht fremd. Wir tauschten Adressen aus, schickten uns Fotos, sie mir sogar einen Stammbaum, woraus ich einiges für mich bislang Verworrenes deutlicher erkennen konnte. Ich erzählte ihr die Pilzgeschichte, die mich letztlich zu ihr geführt hatte.

„Was, du hast nur vier Pilze nach diesem Verlust? Das kann doch nicht so bleiben!", rief Edith spontan.

Als ich einige Wochen später Geburtstag hatte, erhielt ich überraschend ein Päckchen von ihr mit zwölf weiteren herrlichen mundgeblasenen Fliegenpilzen, begleitet von den Zeilen: „Damit Dir Deine wunderschönen Kindheitserinnerungen so lange Du lebst nicht verlorengehen! – Herzlichst Deine Edith!"

*Ein Körbchen mit den 16 neuen Pilzen. Am Rand klemmt der Rest des
zerbrochenen aus meiner Kindheit.*

So wurden aus einem 1999 zerbrochenen Pilz durch glückliche Zufälle sechzehn unversehrte, in Rot und Weiß pran-
gende, die jedes Jahr zu Weihnachten meinen Baum zieren.
Dieser Anblick läßt den für mich so bedeutenden Pilz-Kauf
im Jahr 1961 immer wieder lebendig werden. Und obendrein
half mir meine Sehnsucht nach den weihnachtlichen Fliegenpilzen meiner Kindheit, eine liebenswerte Verwandte
ausfindig zu machen.

Endlich, nach 13 Jahren, fuhr ich am 22. September 2012
nach Sonneberg, wo Edith inzwischen wohnt. Ein Besuch des
Spielzeugmuseums und natürlich eine Führung anderntags
durch die Glasbläserstadt Lauscha, auf den Spuren meiner
Vorfahren, waren glückliche Momente für mich. Dies alles
hatte ich meinem zerbrochenen Fliegenpilz zu verdanken.

*(Weitere **ZEITGUT**-Beiträge der Autorin sind am Buchende vermerkt.)*

[Güdingen, heute zu Saarbrücken, Saarland –
Kinderheim in der Pfalz;
1962]

Claudia Macha

Glückliches Ende einer traurigen Zeit

Im Oktober 1962, ich war in der zweiten Klasse, bekamen
wir in der Volksschule Güdingen Besuch vom Gesundheits-
amt. Alle Kinder wurden auf eventuelle gesundheitliche
Mängel untersucht. Bei mir wurde festgestellt, daß ich für
meine Größe viel zu dünn wäre und unbedingt ein paar Kilo
zunehmen müßte. Folglich wurde ich für eine Kindererho-
lung vorgemerkt. Ich konnte mir darunter nichts vorstellen.
Mitte November kam der Bescheid, daß ich in ein Erholungs-
heim in der Pfalz fahren sollte. Erst jetzt wurde mir bewußt,
daß ich drei lange Wochen alleine und vor allem ohne meine
Eltern und Geschwister in einem Kinderheim verbringen
sollte. Mit dem Gedanken, Mutter, Vater, mein dreijähriges
Brüderchen und die kleine Schwester, die damals gerade zwei
Jahre alt war, so lange zu missen, konnte ich mich überhaupt
nicht anfreunden. Ich merkte, wie mir der Hals eng wurde
und sich langsam die Augen mit Tränen füllten. Meine Mutter versuchte, mich zu trösten und mir die Sache schmackhaft zu machen, obwohl sie selbst ebenso traurig war, sollte
sie doch zum ersten Mal eines ihrer „Küken" in fremde Ob-
hut geben. „Du wirst sicher viel Spaß haben mit den vielen
Kindern. Ihr werdet viele Spiele machen und es wird bestimmt ganz lustig werden. Und wenn du zurückkommst,
ist schon fast Weihnachten", machte sie mir und wohl auch
sich selbst Mut.

Am 30. November ging es los. Mit dem Autobus wurden 18 Kinder zwischen fünf und vierzehn Jahren von Saarbrükken zum Bestimmungsort in der Pfalz gebracht. Ich versuchte, ganz tapfer zu sein und nicht zu weinen, aber wie es bei mir immer war und auch heute noch ist, wenn mich etwas emotional sehr berührt, streikte mein Magen. Das Weinen konnte ich bezwingen, doch wir waren noch keine zwanzig Kilometer weit gefahren, da mußte ich die Spucktüte benutzen. Und das lag sicher nicht nur an der ungewohnten Autobusfahrt.

Das Heim, ein großes, älteres Gebäude, war eigentlich ein Waisenhaus, das aber zum Teil auch für Ferienkinder genutzt wurde. Wir waren die einzige Gruppe, die sich nur einige Zeit dort aufhielt, alle anderen waren Waisenkinder. Wir kleinen Gäste wurden strikt von ihnen getrennt, hatten unseren eigenen Schlaftrakt und auch im Speisesaal standen unsere Tische weit genug auseinander, so daß kein Kontakt entstehen konnte. Warum das so gehandhabt wurde, weiß ich nicht. Sehr vertrauenserweckend wirkte das alles auf mich nicht.

Heimweh

Nachdem wir auf unsere Zimmer verteilt worden waren, ging es zum Wiegen. Schließlich sollten wir ja zunehmen. Und dieses Ziel wurde beim Essen besonders unangenehm deutlich. Ich war gewiß zu Hause nicht verwöhnt worden. Bei drei Kindern konnte Mutter nicht immer auf den Geschmack jedes einzelnen von uns Rücksicht nehmen, aber eines mußte ich zu Hause nie: aufessen, wenn ich satt war. Blieb ein Rest auf dem Teller, wurde ich nie gezwungen, ihn ganz und gar zu leeren. Hier war es allerdings so. Die Portionen wurden uns einfach auf den Teller gehäuft, und dann mußte alles aufgegessen werden. Als ich das erste Mal beim Mittagessen nicht alles hinunterbekam, war ich froh, daß ich dann doch aufstehen durfte, nicht ahnend, daß mir der Rest am Abend zusätzlich zu meinem normalen Abendbrot wieder hingestellt werden würde. Diese Praktiken trugen natürlich nicht gerade dazu bei, daß ich mich in dem Heim wohlfühlte, vor allem jetzt, zu Beginn der Adventszeit. Ich mußte ständig daran denken, wie es gerade zu Hause wäre. Meine Mutter hatte es immer verstanden, die Zeit vor Weihnachten besonders anheimelnd und gemütlich zu gestalten, indem sie Wohnung und Fenster dekorierte und sich viel Zeit für uns Kinder nahm. Wir haben am Nachmittag – vor allem, wenn das Wetter draußen so richtig ungemütlich war – oft gespielt, gebastelt und Adventslieder gesungen, sobald Mutter mit ihrer Hausarbeit fertig war. Sicher würde sie das jetzt mit den zwei Kleinen auch wieder tun. Und die schönen Geschichten, die sie immer vorlas!

Das bin ich mit meinen kleinen Geschwistern 1962. Während der dreiwöchigen Kur hatte ich große Sehnsucht nach ihnen und nach meinem Zuhause.

Ach, ich durfte nicht weiterdenken, sonst stiegen mir schon wieder die Tränen in die Augen. Ich hatte schreckliches Heimweh. Ich kann noch nicht einmal sagen, daß wir, von dem schrecklichen Essensritual einmal abgesehen, von unseren beiden „Tanten" schlecht behandelt worden wären, aber liebevolle Fürsorge sah anders aus. Wir wurden halt „verwaltet".

Postzensur

Der Höhepunkt des Tages war für mich die Postausgabe. Meine Mutter schrieb mir wirklich fast jeden Tag. Sie erzählte von zu Hause, davon, was meine beiden Geschwister über den Tag alles so angestellt hatten und fragte immer, wie es mir gehe und was ich mir in diesem Jahr denn vom Christkind wünschen würde. Am liebsten hätte ich ihr geantwortet, daß ich eigentlich nur nach Hause wollte. Allerdings wurden unsere Briefe an die Eltern kontrolliert und vor allem zensiert.

Einmal wollte ich meiner Mutter schreiben, daß ich schon drei Tage keinen Brief von ihr bekommen hatte – die Post war wohl irgendwo liegengeblieben – und fragen, ob zu Hause etwas passiert wäre. Außerdem erwähnte ich Zahnschmerzen, die ich in den letzten Tagen gehabt hatte. Sofort bekam ich meinen Brief von unserer Leiterin zurück mit der Bemerkung: „Du hast deinen Eltern keine Vorschriften zu machen, wie oft sie dir schreiben sollen und daß du Zahnschmerzen hast, müssen sie auch nicht wissen, schließlich sollen sie sich keine Sorgen machen."

Also mußte ich meinen Brief neu schreiben und die „verräterischen" Sätze weglassen. Außerdem wurden wir angewiesen, unseren Eltern mitzuteilen, daß sie zu Nikolaus bitte keine Päckchen schicken sollten, da wahrscheinlich nicht alle Kinder etwas von zu Hause bekommen würden. Durch diese Ungleichheit entstünden nur Unruhe und Neid.

Meine Mutter ließ sich natürlich von solchen Ansagen nicht abhalten und schrieb mir, sie würde zwei Päckchen senden: ein großes mit vielen Äpfeln aus unserem Garten, mit Nüssen, selbstgebackenen Plätzchen und Süßigkeiten zum Verteilen für alle Kinder und ein kleineres nur für mich. Das sollte dann ja wohl in Ordnung gehen. Als die Päckchen ankamen, wurde das große auch verteilt. Das kleinere aber durfte ich nicht öffnen. Es wurde oben auf meinen Schrank gestellt, wo es bis zu meiner Abreise blieb. Da durfte ich es dann mit nach Hause nehmen.

Advent im Kinderheim

Langsam wurden auch im Heim Adventsvorbereitungen getroffen, der Aufenthaltsraum mit etwas Tanne geschmückt und ein Adventskalender, der aus vielen kleinen Päckchen bestand, aufgehängt. Jeden Abend las uns abwechselnd eine der Betreuerinnen aus einem Buch eine Geschichte vor. Danach durfte sich ein Kind ein Päckchen von dem Adventskalender abschneiden und auspacken. Es enthielt immer ein kleines Geschenk – mal einen Radiergummi, mal einen Anspitzer oder ein kleines Steinmännchen und anderes. Anschließend gingen wir zu Bett. Oft stand ich noch im Dunkeln vor meinem Zimmerfenster und schaute in den Garten, dabei wanderten meine Gedanken schon wieder nach Hause. Dort konnte man vom Wohnzimmerfenster aus abends den großen Tannenbaum sehen, den die Gemeinde jedes Jahr mitten auf die Brücke, die die beiden Ortsteile meines Heimatdorfes verband, aufstellen ließ. Die Lichter glitzerten in der Dunkelheit, und wenn es windig war, konnte man den Baum hin- und herschwanken sehen. „Schluß jetzt", rief ich mich selbst zur Ordnung und überlegte mir stattdessen, was ich mir zu Weihnachten wünschen könnte. Also ein Buch, das war klar, das mußte immer dabeisein. Und was noch?

Ich besaß eine kleine Puppenstube mit zwei Zimmerchen. Die Einrichtung war schon etwas ramponiert, nicht zuletzt durch die tatkräftige Unterstützung meiner beiden jüngeren Geschwister. Also, ein paar neue Möbel wären schon nicht schlecht. Auch ein Kinderkaufladen wäre schön. Ich besaß nur eine kleine Theke, eine Kasse und etliche Miniaturpäck-chen zum Verkaufen, deren Inhalt, zum Beispiel Puffreis, bereits in den Magen meiner kleinen Schwester gewandert war. Na, vielleicht würde das Christkind mir ja den einen oder anderen Wunsch erfüllen.

Die Tage schleppten sich so dahin. Endlich aber kam der letzte Tag heran. Vor unserer Heimreise wurden wir noch-mals gewogen, wobei ich mein Soll bei weitem nicht erfüllt hatte. Ich bekam schon Angst, deshalb noch länger hierblei-ben zu müssen. Gott sei Dank blieb mir das erspart. Nach dem Wiegen fand eine große Weihnachtsfeier statt. Alle Kin-der, auch die Waisen, saßen an langen, geschmückten Tischen im Speisesaal. Es gab Kakao und Gebäck, einige Mädchen und Jungen führten ein Krippenspiel auf, und zum Schluß kam der Nikolaus und gab jedem eine Tüte mit Plätzchen. Das klingt alles recht schön, aber ich konnte dennoch keine rechte Freude empfinden. Worüber ich allerdings glücklich war: Die Zeit hier war für mich zu Ende.

Endlich daheim!

Am nächsten Tag, dem 21. Dezember, ging es endlich nach Hause! Vor Aufregung konnte ich im Autobus kaum ruhig sit-zen. Am Busbahnhof in Saarbrücken hielt mein Vater schon nach mir Ausschau und ich fiel ihm freudig in die Arme. Mei-ne Mutter wartete mit den beiden Kleinen zu Hause auf uns. Sie hatte zur Begrüßung einen Kuchen gebacken, und als wir alle zusammen am Tisch saßen, sollte ich natürlich berich-ten, wie es mir in den drei Wochen ergangen war. Ich sprach von den Kindern, dem Heim, den Adventsabenden und der Weihnachtsfeier – nur von meinem großen Heimweh, den zen-sierten Briefen und den strengen Eßgewohnheiten erzählte ich meiner Mutter erst viele Jahre später. Dabei gestand sie mir auch, daß sie ebenfalls bei jedem Brief, den sie mir nach-mittags schrieb, wenn meine Geschwister ihren Mittagsschlaf hielten, mehrere Tränen verdrückt hatte.

Aber nun war ich ja wieder zu Hause und die Vorfreude auf Weihnachten stellte sich endlich ein. Da wir bereits Weihnachtsferien hatten, mußte ich auch nicht zur Schule gehen. Die zwei Tage bis zum Heiligen Abend vergingen wie im Fluge.

Am 24. Dezember war die Wohnzimmertür bereits am Morgen verschlossen. Das Christkind sollte zu jeder Zeit durch das Fenster kommen, den Weihnachtsbaum und die Geschenke bringen können, ohne dabei gestört zu werden. Nur meine Eltern gingen ab und zu hinein, um den Ofen anzuzünden und immer wieder Holz nachzulegen. Wir Kinder vertrieben uns die Zeit mit Spielen und Singen. Ich versuchte, meinen beiden Geschwistern die Weihnachtslieder, die ich neu im Heim gelernt hatte, beizubringen, aber so richtig bei der Sache waren die beiden nicht. Um die Wartezeit etwas zu verkürzen, nahm meine Mutter am Nachmittag ihre Blockflöte heraus und begleitete uns bei unseren Weihnachtsliedern.

Endlich wurde es draußen dunkel und damit Zeit, das Abendessen vorzubereiten. Gegessen wurde bei uns immer vor der Bescherung, weil meine Mutter genau wußte, daß danach keiner mehr an den Tisch zu bringen war. Traditionsgemäß gab es bei uns den sogenannten Restateller. Ich weiß nicht, woher der Name kam, entsinne mich aber sehr gut, was auf dem Restateller lag, den meine Mutter für jeden von uns vorbereitete: In die Mitte kam ein Löffel Fleischsalat, darauf wurde ein gekochtes Ei gesetzt mit einem Stück Tomate mit Mayonnaisetupfern als Hut. Das sah aus wie ein kleiner Fliegenpilz. Drumherum waren im Kreis Schinken- und Wurströllchen angeordnet, mit weiteren Tomaten und Gürkchen garniert – ein überaus appetitlicher Anblick! Dazu kam ein Korb mit frischem Brot auf den Tisch, das man dazu essen konnte. Die Betonung lag auf „konnte", wir durften die Wurst nämlich auch ohne Brot essen. Das war zu der Zeit noch etwas Besonderes.

Kurz nach dem Abendessen trafen meine Großeltern, die Eltern meines Vaters, ein. Sie hatten drei Söhne, die alle im gleichen Ort wohnten. Abwechselnd besuchten sie am Heiligen Abend eine der drei Familien. Dieses Jahr waren wir an der Reihe. Die Großeltern erzählten gleich, daß sie auf dem Weg zu uns durch die Fenster einiger Häuser geschaut hätten und daß das Christkind schon dort gewesen sei. Sicher wäre es bereits in der Nähe unseres Hauses. Diese Aussage steigerte natürlich unsere Spannung, wir barsten schier in Erwartung des Kommenden.

Endlich hörten wir das Weihnachtsglöckchen läuten, das uns ins Wohnzimmer rief. Da stand nun der Weihnachtsbaum, bunt geschmückt strahlte er im vollen Lichterglanz. Auf dem Tisch erwartete jeden von uns ein übervoller Teller mit Äpfeln, Mandarinen, Nüssen, Plätzchen und vielen besonderen Süßigkeiten.

Die große Überraschung

Im Zimmer waren Päckchen verteilt, schön verpackt in Weihnachtspapier. Meine kleine Schwester wollte schon zielstrebig auf eines davon zugehen, aber unser Vater hielt sie zurück. Erst wurde die Weihnachtsgeschichte aus der Bibel vorgelesen, was immer sein Privileg war, und danach sangen wir die gelernten Lieder. Beim dritten aber zappelte nun auch mein Bruder ungeduldig, und so durfte endlich jeder zu seinen Geschenken eilen. Für mich gab es eine riesengroße Überraschung: Ich stand vor einem Puppenhaus, das fast so groß war wie ich selbst!

Erst sah man von außen nur die erleuchteten Fenster, bis mein Vater die Sperrholzplatte von der Rückseite entfernte und ich in das Innere des Hauses blicken konnte. Ich war sprachlos!

Das Puppenhaus hatte drei Stockwerke. Im Parterre war über die ganze Breite ein richtiger Kaufmannsladen eingerichtet. Ich erkannte noch meine alte Theke und meine Kasse, jedoch mit neuem Spielgeld. Außerdem gab es eine richtige Waage mit kleinen Gewichten. Überall standen neue Regale mit kleinen Päckchen, und auf der rechten Seite waren

Weihnachten 1962. Neben mir steht mein Bruder, auf Großvaters Schoß sitzt meine kleine Schwester. Vorn ist mein großes Puppenhaus zu sehen.

Schubladen, gefüllt mit Reis, getrockneten Bohnen und Erbsen. An der Seite hingen eine kleine Schaufel und Papiertüten zum Abfüllen, und daneben standen Obststiegen mit kleinen Äpfeln, Bananen und Apfelsinen aus Plastik.

Im ersten Stock befand sich auf der linken Seite eine Küche, eingerichtet teilweise mit meinen alten, aber auch mit neuen Möbeln: einem Tisch, Stühlen, einen Herd mit Töpfen und ein Küchenschrank, auf dem sogar ein kleines Radio stand. Auf der rechten Seite lag das Wohnzimmer mit einem Sofa, zwei Sesseln, einem Tisch auf einem kleinen Teppich, einem Schrank und einer Stehlampe.

In der zweiten Etage ging es links in das Elternschlafzimmer und rechts in ein Badezimmer. Eine Extravaganz, denn so etwas besaß damals noch längst nicht jeder. Unter dem Dach waren ein Kinderzimmer, eine Abstellkammer und in der Mitte eine Schaltanlage mit acht Knöpfen, wie man sie damals bei der elektrischen Eisenbahn verwandte. In jedem Zimmer gab es eine Lampe, im Kaufladen sogar zwei, die man mit diesen Knöpfen einzeln an- und ausschalten konnte.

Mir fehlten die Worte. Damit hatte ich überhaupt nicht gerechnet! Dieses Puppenhaus hatten meine Eltern für mich an den Abenden, als ich zur Kur war, gebastelt. Alles war mit so herzlicher Liebe gemacht worden! Mein Vater hatte die vielen Teile aus Sperrholz gesägt und zusammengeleimt. Für die Fenster hatte meine Mutter kleine Gardinen genäht, auf den Tischen lagen Tischdecken und im Badezimmer hingen kleine Handtücher.

Meine Eltern sahen mir mein Glück an und freuten sich, daß ihnen ihre Überraschung gelungen war. Die weiteren Geschenke, zwei Bücher, einen Schlafanzug und einen Pullover, nahm ich nur noch nebenbei wahr. Ich war den ganzen Abend nicht mehr von meinem Puppenhaus wegzubringen.

Mein Vater hatte aber in weiser Voraussicht auch dafür gesorgt, daß unbefugte kleine Patschhände – sprich: die von meinen Geschwistern – mir nichts mehr kaputtmachen und kleine Naschmäulchen alles leer essen konnten, wenn ich nicht da war. Die große Sperrholzplatte wurde nämlich bei Spielende von oben in eine kleine Laufschiene eingelassen, wodurch das Puppenhaus von hinten wieder verschlossen wurde. Dann konnten sie zwar noch von außen durch die Fenster alles anschauen, aber nichts anfassen. So hatte ich viele Jahre Spaß an meinem Puppenhaus und konnte es später sogar noch an meine Schwester weitergeben.

[Erfurt – Kölleda – Bischofrod, Thüringen –
Lauchhammer, Oberlausitz –
Nebra/Unstrut, Sachsen-Anhalt – Berlin;
1963 – 2002]

Martin Küfner

Pfarrers Weihnachten

Meinen ersten Weihnachtsgottesdienst mußte ich schon als Student halten. Ab Mai 1963 studierte ich an der Predigerschule in Erfurt im ehemaligen Augustinerkloster. Als unser Pfarrer Tuve in Kölleda zum Weihnachtsfest krank wurde, bat er mich, den Dienst in Backleben und Kölleda zu übernehmen. Ich brauchte lange zur Vorbereitung und fuhr furchtbar aufgeregt mit dem Fahrrad nach Backleben zu meiner ersten Verkündigung und anschließend zur großen Kirche in Kölleda.

Hier mußte ich auch die Andacht in der Silvesternacht übernehmen. Sie begann um 23.30 Uhr und war so geplant, daß zum Mitternachtsgeläut das Vaterunser gebetet wurde. Mit viel Angstschweiß habe ich auch das geschafft.

Das macht der Praktikant!

Von November 1964 bis zum April 1965 absolvierte ich mein erstes Praktikum in Bischofrod in Thüringen. Ich war bei Pfarrer Schwab in Kost und Logis. Neben Christenlehre und Konfirmandenstunden hatte ich sowohl Gottesdienste und Gemeindeabende zu halten, als auch Besuche zu machen. Und selbstverständlich mußte ich mich um die Einübung des Krippenspieles in Grub kümmern. Grub ist ein winziger Ort hinter hohen Bergen. Die Kinder lernten ihre Texte nicht, waren unkonzentriert und tobten durch die eiskalte Kirche.

Leider waren sie auch am Heiligabend nicht gut vorbereitet; und der Wirt wollte die Darsteller von Josef und Maria verkloppen, denn, so meinte er, mußte es wohl einst gewesen sein. Auch die Lieder klangen in der Kirche von Grub schauerlich. Der Blasebalg wurde von einem Forstarbeiter mit viel Lärm getreten, und der alte Organist hatte der Kälte wegen beim Orgelspiel dicke wollene Handschuhe an. Er konnte damit wirklich nicht jede Taste richtig treffen.

Zum Pfarramt Bischofrod gehörten fünf Predigtstellen. Den Vormittagsgottesdienst hielt der Pfarrer in Bischofrod alleine, und ich durfte zuhören. Am Nachmittag trennten sich dann unsere Wege. Ich hielt die Gottesdienste in Eichenberg und Grub und der Pfarrer in zwei anderen Dörfern. Als ich am ersten Weihnachtsfeiertag nach Eichenberg kam, traf ich die Gemeinde nicht in der kalten Kirche, sondern dicht gedrängt in der sehr kleinen Sakristei an. Ein Lesepult konnte nicht aufgestellt werden, und so hatte ich nichts, worauf ich meine Predigt zum Ablesen hätte ablegen können. Es blieb mir nichts anderes übrig, als frei zu sprechen. Das war eine gute Schule für mich.

Nach meinen Diensten durfte ich aber noch nicht nach Hause fahren, sondern mußte noch den Gottesdienst am zweiten Feiertag besuchen.

„Schließlich wollen Sie mal Pfarrer werden", sagte Pfarrer Schwab zu mir, „und da hat man eben zu Weihnachten Dienst und nicht frei."

Am Nachmittag mußte ich die sechs Kilometer zu Fuß nach Themar gehen, denn Bischofrod hatte keinen Bahnanschluß und ein Bus fuhr um diese Zeit nicht mehr. Gerade noch rechtzeitig erreichte ich den – ungeheizten! – Zug nach Erfurt.

Zu einem Silvestersingen vom Kirchturm fuhr ich, wie gefordert, zurück nach Bischofrod. Nach meiner Ankunft habe ich mich zunächst ins Bett gelegt, und bin dann allerdings erst im neuen Jahr wieder aufgewacht. Zu den Neujahrsgottesdiensten stand ich aber wieder auf den Beinen.

Ein unvergessenes Bad im Pfarrhaus

Einmal fand am Tag vor dem zweiten Advent im Gasthaus eine Kraftfahrerschulung statt, die ich mit dem Pfarrer besuchte. Danach ging Herr Schwab nach Hause, denn der Badeofen war angeheizt. In die Wanne stiegen dann nacheinander: die vierzehnjährige Pfarrerstochter, Frau Pfarrer, Herr Pfarrer und zuletzt ich als Praktikant. So blieb mir noch Zeit auf ein Bier. Vielleicht waren es auch mehrere.

Als ich zum Pfarrhaus kam, war es schon still. Die anderen lagen bereits in den Betten. Außer der Küche waren alle Zimmer ungeheizt. Es gab auch keinen Fernseher. Es blieb also nur das Bett. Ich wollte nun ganz schlau sein und mein Zimmer etwas heizen. Also nahm ich Holz aus der Badestube und befeuerte den kleinen Kanonenofen in meinem Zimmer. Ich legte reichlich auf, und während es im Ofen schön wummerte, stieg ich in die Wanne.

Als ich nach meinem Bad zurück ins Zimmer kam, konnte ich trotz des elektrischen Lichts nur wenig erkennen. Das Zimmer war voller Rauch und die Decke total schwarz!

Der stark befeuerte Ofen hatte so sehr gewackelt, daß das Rohr aus dem Kamin gerutscht war und der ganze Rauch – und der kleine Ofen qualmte wie doll – ins Zimmer und unter die Decke gepreßt worden war. Nun stand ich da – frisch gebadet – mit einem riesigen Problem. Schnell öffnete ich das Fenster und trug die restliche Glut in den Badeofen. Ich war froh, daß die Pfarrersfamilie still in den Betten lag!

Als sich der Rauch verzogen hatte, konnte ich die schwarze Zimmerdecke erst richtig erkennen. Es sah schlimm aus. So durfte das nicht bleiben. Ich brauchte nicht lange nachzudenken, um eine Lösung zu finden. Ich stieg auf den Stuhl und säuberte mit einer Nagelbürste die Decke, Strich für Strich. Nach Stunden hatte ich den Dreck von der Decke gekratzt, der nun in schwarz-weißen Krümeln über den ganzen Boden und auf Tisch und Bett verteilt lag. Mir war eiskalt, schmutzig war ich auch wieder und den Tränen nahe. Aber aufgeben, so nahe am Ziel, das kam nicht in Frage. Zum Glück hatte die Pfarrersfamilie einen gesunden Schlaf, und ich schlich auf leisen Sohlen. Als ich mein Bett am Fenster ausgeschüttelt, den Fußboden einigermaßen gesäubert hatte, schlief ich sehr schnell ein.

Ich habe in dem Haus nie wieder ein Bad genommen und mich später nur noch in der Schüssel gewaschen.

„Wißt ihr noch, wie es geschehen?"

Das zweite Praktikum hatte ich in Lauchhammer zu absolvieren. Pfarrer Engelmann war nierenkrank und brauchte einen Praktikanten, der ihm im kalten Winter die Beerdigungen abnahm. Die Organistin Fräulein Böhme vereinnahmte mich gleich für ihren Chor. Sie ging davon aus, daß jeder Pfarrer Freude am Singen hat. Daß das für mich nicht zutraf, merkte sie nach den ersten Wochen.

Fräulein Böhme war es gelungen, den Auftritt des Kirchenchores am Heiligabend auf allen Stationen des Krankenhauses zu erwirken, denn die Präsenz der Kirche im staatlichen Krankenhaus war nicht erwünscht. Seelsorgebesuche durften nur innerhalb der festen Besuchszeiten gemacht werden. Und es durften auch nur diejenigen besucht werden, die Mitglieder der Kirche waren und den Besuch ausdrücklich wünschten. Das Gespräch des Pfarrers mit Patienten im Nebenbett des gleichen Zimmers wurde von der BPO (Betriebsparteiorganisation der SED) als Beeinflussung untersagt. Dennoch fanden solche Gespräche statt und wurden von den Kranken dankbar angenommen.

Wir übten fleißig die Weihnachtslieder und Fräulein Böhme stellte ein Programm für die Stationen zusammen. Sie wollte Doppelungen vermeiden, denn Patienten, die nicht bettlägerig waren, würden von Station zu Station mit dem Chor mitgehen, um möglichst viele Lieder zu hören. So sangen wir am Heiligabend fromme kirchliche Weihnachtslieder nach dem Plan der Organistin. Auf der Entbindungsstation trafen wir auf Frauen, die schon entbunden hatten und auf andere, die noch warteten. Hier fragte ein Chormitglied: „Singen wir jetzt: Ihr Kinderlein kommet?"

Fräulein Böhme, die nur auf ihr Programm, nicht aber auf die Station achtete, antwortete mit dem Blick auf ihren Zettel: „Nein, wir singen jetzt: „Wißt ihr noch, wie es geschehen?"

Ein schallendes Gelächter irritierte die Chorleiterin, denn sie wußte immer noch nicht, auf *welcher* Station wir gerade waren und warum alle lachten. Nach dem Gottesdienst am ersten Feiertag mußte ich ihr dann den Witz des Tages erklären.

... von einem Ort zum andern

Nach Abschluß meines Studiums in Erfurt trat ich im November 1967 meinen Dienst in Nebra an, wo ich zunächst nur die Gemeinde Nebra mit Groß- und Kleinwangen zu versorgen hatte. Das war überschaubar, bereitete mir anfangs aber doch große Mühe. Nach den ersten anderthalb Jahren kamen die Gemeinden Wippach und Altenroda hinzu. Nun erhielt ich auch einen Dienstwagen.

Bei der Festlegung der Gottesdienste für die Feiertage traten die ersten Rangeleien auf. Paul Nürnberger aus Kleinwangen sagte: „Bei uns war immer am ersten und dritten Advent Gottesdienst. Das muß so bleiben!"

Es ließ sich ja auch einrichten. Schlimmer wurde der Kampf um die Festgottesdienste zu Weihnachten. Wippach wollte ich auf den Nachmittag des zweiten Feiertages legen, doch da sagte mir Fritz Hofmann: „Wenn Sie erst am zweiten Feiertag zu uns kommen wollen, können Sie auch wegbleiben – da ist Weihnachten vorbei!"

Und so hatte ich an den Festtagen immer ein übervolles Programm. Am Heiligabend fing ich um 15 Uhr in Wangen an. Das war den meisten zu früh, aber ich ließ nicht mit mir handeln, und die Gemeinde kam trotzdem in großer Zahl. Anschließend war ich dann um 16.30 Uhr in Wippach und um 17.30 Uhr in Altenroda. Die Termine wurden dankbar angenommen.

In Nebra begann die Vesper um 19 Uhr. Die Nebraer hätten gerne einen früheren Termin gehabt, doch ich wollte die letzte Feier in der eigenen Gemeinde haben. Wenn ich dann etwa zwanzig Minuten vor dem Beginn von den drei kalten Kirchen zurückkam, standen für mich ein paar gewärmte Schuhe bereit, dazu auch ein heißes Getränk. Oft war meine Stimme schon sehr angeschlagen. Die Nebraer Kirche war mit über zweihundert Besuchern gut gefüllt.

Ich mußte in all den Jahren ein Notprogramm bereithalten, für den Fall, daß ich bei Witterungsunbilden mit dem Auto nicht rechtzeitig von den Dörfern zurückkam. Das Notprogramm sah vor, daß die Feier auf jeden Fall um 19 Uhr beginnen sollte, denn zweihundert und mehr Menschen kann man nicht eine unbestimmte Zeit warten lassen. Die alttestamentlichen Lesungen und Lukas 2 mit vielen Weihnachtsliedern zwischendurch konnten auch ohne einen Pfarrer gelesen und gesungen werden. Sollte ich aber immer noch nicht in der Kirche sein, würde die Ansprache wegfallen. Die Feier mußte dann mit dem Vaterunser, dem Segen und dem Schlußlied beendet werden. Solch eine Notlösung wurde nie gebraucht, doch einmal wäre es beinahe dazu gekommen.

Ich hatte die Christvespern in Wangen, Wippach und Altenroda gut durchgestanden. In Altenroda zählten die Kirchenältesten noch die Kollekte. Frau Göbel wartete, um danach die Kirche abzuschließen, und ich räumte meine Tasche ein. Als ich das Auto in Nebra in der Garage abgestellt hatte, fiel mir auf, daß die Tasche recht dünn war. Ich sah hinein, es fehlte der Talar! Für einen Moment dachte ich: Das geht auch mal ohne. Doch dann schwang ich mich wieder ins Auto und fuhr zurück nach Altenroda.

Meine Frau und die Kinder hatten mein Auto gehört und das Licht an der Garage gesehen, so konnten sie beruhigt voraus zur Kirche gehen. Der Vater war ja da.

Die evangelische Stadtkirche in Nebra in Sachsen-Anhalt, an der ich von 1967 bis 1988 als Pfarrer tätig war.

Die Straße war frei, es lag kaum Schnee. Ich konnte zügig fahren, denn zu dieser Stunde war kein anderes Auto unterwegs. In Altenroda fand ich die Kirche verschlossen und das Pfarrhaus auch. Es dauerte eine Weile, bis Frau Göbel mein Klopfen hörte und mit dem Kirchenschlüssel kam. In der Kirche brauchte sie das Licht gar nicht erst anzumachen. Ich wußte genau, wo mein Talar lag. Nun aber ins Auto und geschwind zurück nach Nebra!

Dort hatte die Feier längst begonnen und Doris Noli hatte die Texte gelesen und die Lieder angesagt. Gerade wurde das letzte Lied vor der Ansprache gesungen, als ich von der Kirchentür zum Pult ging. Das war knapp!

Nach der vierten Christvesper in Nebra war ich kaputt und müde, doch die Kirche mußte noch aufgeräumt und für den nächsten Tag vorbereitet werden. Dann war im Pfarramt die Kollekte zu zählen. Erst gegen 20.45 Uhr oder 21 Uhr gab es zu Hause endlich ein warmes Essen. Nach dem Abwasch, das war nicht vor 21.30 Uhr, öffnete sich dann endlich auch in unserer Familie die Tür zur Weihnachtsstube. Ich war hundemüde und konnte keine Weihnachtslieder mehr hören. Aber die Kinder waren nach ihrem langen Mittagsschlaf hellwach und brauchten nun viel Zeit, um sich an den Geschenken zu erfreuen. Ich genoß die Stunden mit ihnen.

Am ersten Weihnachtsfeiertag, erwartete mich wieder ein volles Programm: Um 10 Uhr war in Nebra Gottesdienst mit Abendmahl. Um 14 Uhr mußte ich in Wangen sein, um 15.30 Uhr in Altenroda und eine Stunde später in der Wippacher Kirche. Erst gegen 18 Uhr würde ich zurück sein.

Später wechselte ich zur Krankenseelsorge nach Berlin. Nun wurde alles ganz anders. Der Dienst am Heiligabend begann schon am frühen Vormittag. Ich besuchte die Patienten, die nicht entlassen werden konnten. Das zog sich gewaltig in die Länge, doch ich war im warmen, trockenen Raum und konnte meine Stimme schonen. Mit viel Freude habe ich nachmittags die weihnachtliche Feier für die mehrfach behinderten Bewohner der „Leben lernen gGmbH" an unserem Hause übernommen. Es war immer wieder überraschend und schön zu sehen, mit welcher Offenheit und inneren Teilnahme diese Menschen Weihnachten annahmen. Das ließ mich bescheiden und dankbar werden im Blick auf mein eigenes Leben und das Leben der Menschen, die mich umgeben. In dieser Stunde mit den Behinderten am Weihnachtsbaum in der Kapelle des Hauses habe auch ich wieder echte Weihnachtsfreude jenseits aller Hektik erlebt.

[Gelsenkirchen, Ruhrgebiet,
Nordrhein-Westfalen;
1971 / 1958 – 1963]

Margit Kruse

Aus dem Leben eines Schaukelpferdes

An das Weihnachtsfest 1971 kann ich mich noch gut erinnern. Ich war 14 Jahre alt. Der Ernst des Lebens hatte für
mich am 1. September begonnen. Ich durfte die von mir aus-
gewählte Ausbildung als Bürokauffrau antreten. Damals
konnte ich zwischen vier Ausbildungsstellen wählen. Im Jahre 1970, als ich meine Bewerbungen losschickte, gab es in
der gesamten BRD nur 98.000 Arbeitslose. Man riß sich regelrecht um Auszubildende. Nach mittlerweile fast vier Monaten Berufstätigkeit war ich jedoch ziemlich ernüchtert. Obwohl ich arbeiten ging, wurde ich noch wie ein Kind behandelt, was mich oft ärgerte.

Ich war gespannt, was in diesem Jahr für mich unter dem
Tannenbaum liegen würde. Sicherlich nur Kleidungsstücke,
da ich für Spielzeug zu alt war. Vielleicht war ich auch deshalb nicht in Weihnachtsstimmung, weil wir mitten im Um-
bau steckten. Ein neues Badezimmer sollte bei uns einge-
baut werden. Wände waren herausgerissen worden, aus zwei
winzigen Räumen ein großer gemacht. All das war zu Weihnachten leider nicht fertig geworden, was meinen Vater ziemlich wütend machte, nun, zu den Feiertagen, im Dreck zu
leben. Die Stimmung war bei uns somit gereizt. Verwandte
wurden aus diesem Grund für den Abend nicht eingeladen.
So würden wir nur zu fünft sein: meine Eltern, mein Bruder
und meine Oma.

Der Weihnachtsbaum war gerade fertig geschmückt, als es an der Tür klingelte. Es war unser griesgrämiger Nachbar von nebenan, der sich kurzentschlossen an der Ecke einen Weihnachtsbaum gekauft hatte und sich nun einen Christbaumständer leihen wollte. Dabei hatte er immer herumposaunt, daß er von Weihnachten und dem ganzen Tam Tam nichts halten würde. Einen weiteren Tannenbaumständer hatten wir natürlich nicht parat. So stellte er den Baum in eine Zinkwanne mit Sand und band ihn mit einem Seil an die Wand, was fürchterlich aussah.

Schon wenige Minuten später klingelte er erneut, um sich Baumschmuck zu leihen. Meine Mutter überließ ihm den restlichen Schmuck, den wir nicht benötigten, sowie ein Pfund gebrauchtes Lametta. Ich hoffte, daß er nicht noch ein drittes Mal aufkreuzen würde, fläzte mich auf dem Sofa und beobachtete meine Mutter beim Zubereiten des obligatorischen Kartoffelsalates. Der blankgewienerte Kohleofen bullerte und es war wohlig warm in unserer Wohnküche. Vor dem Ofen stand ein kleiner Hocker, auf den meine Mutter sich gerade setzte, um das Feuer im Ofen mit dem Schürhaken kräftig durchzustochern.

Mein Blick blieb an dem Stühlchen hängen. Plötzlich schossen mir Tränen in die Augen. Dieser Hocker war nämlich kein gewöhnlicher Hocker. Nein, er war einmal ein wunderschönes Schaukelpferd gewesen. Ein Weihnachtsgeschenk für ein kleines Mädchen.

Im Jahre 1958 stand es unter dem Weihnachtsbaum, dieses wunderschöne Schaukelpferd. Stolz und erhaben reckte es seinen Kopf in die Höhe und schaute aus tiefschwarzen aufgemalten Augen auf das kleine Mädchen, dessen Geschenk es sein sollte. Die Mähne, viele schwarze Punkte sowie ein rotes Halfter waren auf dem edlen Holz kunstvoll aufgemalt worden. Zwei Haltestangen befanden sich auf beiden Seiten seines Kopfes, etwa in Höhe der Ohren. Der Sitz war aus

Genauso wie dieses sah mein Schaukelpferd aus! Das Foto zeigt meine Mitautorin Sigrun Lienau, geb. Rodde, Weihnachten 1956 auf ihrem Schaukelpferd.

Birkenholz und rundherum geschlossen, damit ich beim Schaukeln ja nicht herausfallen würde. Ich selbst kann mich an dieses Weihnachtsfest nicht mehr erinnern. Bewußt wahrgenommen habe ich das Schaukelpferd erst ein Jahr später, zu Weihnachten 1959, im Alter von fast drei Jahren. Mir wurde erzählt, daß ich das ganze Jahr über täglich stundenlang auf meinem Pferdchen sitzend herumgeschaukelt hätte und das so heftig, daß ich mich damit sogar durch die ganze Küche fortbewegen konnte. Wollte mich jemand aus dem Sitz des Pferdchens herausnehmen, hätte ich wie wahnsinnig angefangen zu weinen. Das Schaukelpferd war meine ganz große Liebe.

Als ich im Alter von drei Jahren allein herausklettern konnte, band man mich mit einem Ledergeschirr an das Schaukelpferd, um einen Sturz zu vermeiden. Inzwischen war ich kräftiger und schaukelte um so heftiger mit dem Pferdchen – so lange, bis ich eines Tages mit ihm umfiel und eine Beule am Kopf hatte. Das brachte meinen Vater auf die Idee, die Ära Schaukelpferd zu beenden und ein Pferdchensitz aus ihm zu bauen. Er sägte einfach die Kufen ab, und ich hatte nun einen Sitz mit Pferdekopf, mit dem ich nicht mehr schaukeln konnte. Ich schrie wie am Spieß, jedes Mal, wenn ich das geschundene Schaukelpferd anschaute. Ich weigerte mich, mich dort hineinsetzen zu lassen. Die Familie beratschlagte und kam zu dem Entschluß, daß ich, wenn ich mich alleine in dieses Stühlchen hineinsetzen könnte, vielleicht zufriedener damit wäre. Also, sägte mein Vater auch noch den Kopf und die vordere Stange ab, so daß das Schaukelpferd nun aussah, wie ein kleiner Lehnstuhl. Als ich den Pferdekopf am Boden liegen sah, habe ich erneut bitterlich geweint. Tatsächlich setzte ich mich von nun an jedoch allein in den Stuhl, zog ihn überall mit hin. Mein Opa baute mir einen kleinen Tisch dazu und ich war glücklich über meinen neuen Platz zum Spielen, Malen und auch Essen.

Als ich ungefähr sechs Jahre alt war, meinte mein Vater, daß ich allmählich zu groß für das Stühlchen sei und mich nicht unbedingt mehr anlehnen müsse. So sägte er auch noch die Lehne ab und es war nur noch ein Hocker. Wieder brach ich in Tränen aus, denn für mich war es nun kein Stühlchen mehr. Auch den Tisch mied ich ab sofort, da ich mit einem Hocker nicht mehr daran sitzen wollte.

Aus praktischen Gründen wurde dieser stabile Hocker nicht auch noch verheizt wie die anderen Teile des Schaukelpferdchens. Mein Vater beizte ihn ab und lackierte ihn neu. Von nun an wurde er als Allzweck-Hocker genutzt, zum Beispiel, um Feuer im Ofen anzumachen oder sich die Schuhe anzuziehen.

Welch ein Irrsinn, dachte ich. Ich träumte mich in das Jahr 1958 zurück, in dem ich das Schaukelpferd geschenkt bekommen hatte. All die Jahre war es mir ein treuer Freund gewesen und hat mir viel Freude bereitet. Wieso hat man es nicht an ein Kind aus unserer Verwandtschaft weitergegeben, anstatt immer mehr von ihm abzusägen?

Zuerst machte man aus ihm ein Pferd, das nicht mehr schaukeln konnte. Dann einen Lehnstuhl, der Kopf wurde im Kohleofen verbrannt. Schlußendlich raubte man ihm auch noch die schützende Lehne und ließ ihn als Hocker weiterleben. Meine Eltern waren Kannibalen, stellte ich fest.

Was war bei uns nicht schon alles im Ofen gelandet: zuerst mein blauer Schnuller, weil ich mit vier Jahren angeblich zu alt dafür war. Zwei Jahre später mein geliebter Teddy, nur weil er ein paar Flicken an den Armen hatten. Den selbstgestrickten Pulli hat meine Mutter ihm vorher ausgezogen, bevor sie ihn in den Ofen stopfte.

Die Türklingel riß mich aus meinen trüben Gedanken. Meine Mutter sprang vom Hocker auf und lief zur Tür. Sicher war es wieder unser nerviger Nachbar. Was brauchte er denn nun wieder?

Nachdem der Baum geschmückt war, wollte er jetzt sicherlich die Zutaten für einen Kartoffelsalat zusammenschnorren. Ich griff mir den kleinen Hocker, setzte mich darauf und schloß die Augen. Vielleicht konnte ich noch spüren, wie es sich angefühlt hat, damals, als er noch ein Schaukelpferd war und ich auf ihm saß?

Doch außer einer tiefen Traurigkeit fühlte ich nichts. Meine schwerhörige Oma war gekommen und lamentierte lautstark. Tüten knisterten. Unruhe. Seufzend verzog ich mich ins Wohnzimmer und schaltete den Fernseher ein. Es lief das Märchen „Der Teufel mit den drei goldenen Haaren". Kurz darauf machte es jedoch „Plopp!" und der Bildschirm war schwarz. Stromausfall. Und das am Heiligen Abend!

Die Dämmerung brach gerade herein und hektisch wurden Kerzen aus den Schubladen gekramt. Inzwischen sorgten die Kerzen des Adventskranzes für eine gemütliche Stimmung. Das hatte mir gerade noch gefehlt! Wo ich schon so eine schlechte Laune hatte und kein Besuch zu erwarten war, der mich aufheitern würde, mußte ich auch noch auf das Fernsehprogramm verzichten!

Ganze vier Stunden hatten wir keinen Strom, was wohl an unserer Baustelle im Badezimmer lag, wie sich später herausstellte. Dank des Kohleofens brauchten wir die Würstchen trotzdem nicht kalt zu essen. Die Wachskerzen am Weihnachtsbaum sahen nie stimmungsvoller aus als bei dieser Fast-Dunkelheit. Endlich hatte man Zeit, sich etwas zu erzählen und vor allen Dingen auch die Muße zuzuhören. Meine Oma und mein Vater erzählten von den Weihnachtsfesten in Ostpreußen, was ich mir im Normalfall niemals angehört hätte.

Und endlich konnte auch ich mal loswerden, wie schlimm ich die Sache mit dem Schaukelpferd fand. Mit großen Augen sahen meine Eltern mich an.

Zu frieren brauchten wir ebenfalls nicht, da der große Ofen für wohlige Wärme sorgte. Mein Kofferradio sendete Weihnachtslieder in unser heimisches Wohnzimmer, und ich mußte zugeben, daß dieser stromlose Heilige Abend gar nicht so schlecht war. Ich hatte auch etwas daraus gelernt. Nämlich, daß es die schlechten Zeiten waren, die meine Eltern oft so pragmatisch handeln ließen. Irgendwie hat mich das getröstet.

(Weitere Weihnachtsgeschichten von Margit Kruse finden Sie in „Unvergessene Weihnachten. Band 2, 3, 4 und 5".)

[Römhild, Landkreis Hildburghausen,
Thüringen, damals DDR;
1965]

Doris Hochstrate

Freude bringen kann schwierig sein

Unser neuer Pfarrer war ein moderner Mensch, ganz anders als sein Vorgänger. Er war jung, hatte Kinder und eine Frau, die vor guten Ideen nur so strotzte. Deshalb behielt ich die Advents- und Weihnachtszeit 1965 mit ihm so gut in Erinnerung. Es wurde gebastelt, gespielt, diskutiert und vor allem gesungen! Pfarrer D. lehrte uns Lieder, die wir bis dahin noch nicht kannten, zum Beispiel „Freu dich, Erd und Sternenzelt", ein altes böhmisches Weihnachtslied aus dem 16. Jahrhundert, und viele neue Möglichkeiten der Liedgestaltung. Doch warum sollten nur wir Freude an den schönen Liedern haben?

Es war nur ein kleiner Schritt zu der Idee unseres Pfarrers, für alte und kranke Menschen unserer Stadt Römhild weihnachtliche Lieder vorzutragen, um ihnen ein wenig vom Licht der Weihnacht zu bringen. Nicht ohne vorher eifrig geprobt zu haben!

Unser Pfarrer stellte eine Liste der zu besuchenden Kranken zusammen. Bewaffnet mit je einem Kirchengesangbuch zogen wir Konfirmanden los. Es fing bereits an, dunkel zu werden, als wir sechs begeisterten jungen Leute und unser Lieblingspfarrer uns auf den Weg in die Stadt machten. Die hohen Häuser mit ihren gewaltigen Treppenhäusern flößten uns Furcht ein. Gottlob waren wir nicht allein!

Unser erster Zuhörer war ein bettlägeriger alter Mann.

Seine emsige Ehefrau bat uns herein. Sie freute sich für ihren Mann, der so ein wenig Abwechslung auf seinem tristen Krankenlager bekam. Man bedenke: Kaum jemand besaß in dieser Zeit ein Fernsehgerät, um sich die Zeit zu vertreiben!

Wir waren erschrocken, das Elend des Alters so deutlich vor uns zu sehen!

Mit belegter Stimme begannen wir schüchtern zu singen: „Leise rieselt der Schnee ...“

Der Mann begann laut zu schluchzen. Das hatten wir bestimmt nicht gewollt!

Mit Zurückhaltung stimmten wir das nächste Lied an: „Ihr Kinderlein kommet...“

Langsam beruhigte sich der Kranke, weshalb wir unser kleines Konzert nun mit festeren Stimmen fortsetzen konnten. Nach dem letzten Lied bedankte sich die Frau mit Tränen in den Augen.

Auch bei allen anderen Menschen, denen wir eine musikalische Überraschung bereiten wollten, wurden wir freundlich empfangen. Man bat uns in die Stube herein oder gar an das Bettende des Patienten. Mittlerweile war es draußen völlig finster geworden. Festlich glänzte hier und da eine Kerze und unterstützte unser Anliegen, ein wenig Freude in die Krankenstube zu bringen. Unsere Sängerschar war jetzt sicherer im Text und gelöster in ihrem Auftreten als zu Beginn unserer Darbietungen.

Nun sollte der letzte Bettlägerige mit einem Weihnachtsständchen erfreut werden. Wir betraten ein schmales, hohes Haus am Viehmarkt. Im unteren Teil des Gebäudes befanden sich Lager- und Geschäftsräume eines Kolonialwarenladens. Wie oft hatte ich hier eingekauft, als kleines Kind eine besondere Nascherei von Mutter erbettelt!

Und heute lag der freundliche Händler alt und krank danieder. Wir stiegen die schmale Treppe empor zur Wohnung. Beklommenen Herzens traten wir, von seiner Frau geführt, in das Schlaf- und Krankenzimmer ein. Die liebenswürdige

*Mit unserem Gesang wollten wir Jugendlichen den alten Menschen
zu Weihnachten Freude ans Krankenbett bringen.
Zeichnung: Werner Scheller*

alte Dame stellte sich neben uns auf und erklärte dem Mann
unser Anliegen. Wir konnten im Halbdunkel sein Gesicht
nicht erkennen. Plötzlich brach es laut aus ihm heraus: „Ich
will das nicht! Laßt mich in Frieden sterben! Ich brauche
euer Mitleid nicht!"

Zutiefst erschrocken wichen wir zurück zur Tür. Das hatten wir nicht erwartet. Bisher waren wir nur auf freundliche Zuhörer gestoßen. Hatten wir etwas falsch gemacht? Waren wir zu laut die Treppen heraufgekommen und hatten ihn vielleicht geweckt? Oder war seine Scham ob seines Zustandes so groß, daß er unser Gesangsangebot schroff ablehnen mußte?

Pfarrer D. beruhigte den Alten mit liebevollen Worten. Eine ganze Weile hörten wir nichts, dann Gemurmel, das wie ein Gebet klang. Schließlich gelang es ihm, einen Kompromiß auszuhandeln. Wir sangen nun vom Nachbarzimmer aus durch die geöffnete Tür. Als wir geendet hatten, schloß sie die Frau behutsam. Uns fiel ein Stein vom Herzen!

Zu aller Freude wurden wir besonders belohnt! Unter dem Licht eines hellen Stubenleuchters bewirtete sie uns mit leckeren Nereien. So feine Süßigkeiten gab es selbst am Weihnachtsabend in unseren Familien nicht!

Gelöst traten wir den Heimweg an.

Gern singe ich heute noch diese schönen, alten Lieder zur Weihnacht. Sie bringen mich in eine längst vergangene Zeit zurück. Und wenn ich in der Kirche das Lied „Macht hoch die Tür, die Tor macht weit" auswendig mitschmettere, denke ich zurück an den Konfirmandenausflug in die Römhilder Häuser.

(Weitere ZEITGUT-Beiträge der Autorin sind am Buchende vermerkt.)

[Mühlhausen – Schlotheim – Heyerode, Thüringen, damals DDR; 1967/68]

Birgit Schaube

Wer hätte das gedacht?

Als ich ein Kind war, waren die Winter noch anders als heute. Man konnte von Dezember bis Februar fast immer mit Schnee rechnen. Damals schon liebte ich diese Jahreszeit über alles. Wir wohnten in einem alten Mehrfamilienhaus, zu dem ein Hof und ein kleiner Garten gehörten. Für uns Kinder waren dies ideale Spielplätze im Sommer wie auch im Winter. Während der warmen Jahreszeit verwandelten wir die alten Holzschuppen hinter dem Haus in anheimelnde „Buden", und im Winter erfreute uns ein dicker Schneemann. Wir bestückten ihn mit Topf, Möhre und Kohlenaugen, und wenn die Temperaturen ihn dann noch für einige Zeit am Leben hielten, waren wir überglücklich. Die Kälte machte uns nichts aus.

Die Schlittenkufen wurden dick mit dem Wachs von Kerzenresten eingerieben, damit sie auf dem Schnee gut rutschten. Bis zum Dunkelwerden rodelten wir über kleine Hügel, die sich damals aus den noch unebenen Straßenverhältnissen von ganz allein ergaben. Wir machten Schneeballschlachten oder schurrten über lange Schlitterbahnen, die wir zum Leidwesen der älteren Leute anlegten. Durchgefroren, oft auch mit nassen Füßen, aber mit glühenden Wangen kamen wir zufrieden nach Hause. Ich schlief selig in meinem kalten Kinderzimmer. Mein Bett war allerdings vorher von meiner Mutti mit einem Wärmstein kuschelig gemacht worden.

Am Morgen mußten in die dick zugefrorenen Fensterschei-
ben Gucklöcher gehaucht werden, um den Zustand unseres
kalten Gesellen begutachten zu können. Gab es ihn noch,
waren wir beruhigt.

Auch die Eisblumen an den Fenstern hatten ihren besonderen Reiz. Sie bildeten wunderschöne filigrane Muster. Lange gefrorene Zapfen hingen von Dächern oder Fensterbret-
tern, die über Nacht aus angetautem Schnee wieder gefroren waren. Im Inneren der Fenster lagen zusammengerollte
Handtücher, die die Nässe aufnehmen sollten. Davor hingen
lange Decken, die die Zugluft hemmten, denn die damaligen
Holzfenster waren meist undicht. Ein Ofen stand in unserer
Wohnung nicht in jedem Zimmer, sondern nur in Küche und
Wohnzimmer. Das Kinderzimmer war im Winter eine „Eis-
kammer". All das aber machte für mich den Reiz des Win-
ters aus. Von meinen viel älteren Geschwistern hatte ich

*Der Hohe Graben an der Stadtmauer in Mühlhausen war für uns Kinder
in den 1960er Jahren ein idealer Rodelplatz.*

Rodeln.

Der Weg ist weiß, die Bahn ist glatt,
hurra, wer einen Schlitten hat!
Da kommt der Hans und die Marie,
und wie der Blitz, so sausen sie!
Bahn! Bahn! Bahn!

Ein Rodel-Reim aus einer Fibel aus den 1920er Jahren.

Schlitten und Skier aus der Nachkriegszeit „geerbt", damit war ich mehr als zufrieden. Am Schlitten fehlte allerdings eine Ecke, die bei einer zünftigen Rodelpartie meines Bruders wohl in die Brüche gegangen war. Trotzdem liebte ich dieses Vehikel.

Die Skier besaßen noch alten Bindungen und hielten schlecht an den Schuhen. Der Zahn der Zeit, aber vor allem der Rost, hatten mächtig an ihnen genagt. War man einmal richtig in Fahrt, lösten sich garantiert die längst ausgeleierten Schrauben oder die Bindungen hielten nicht an den Schuhen, und man hatte seine Mühe, die Bretter wieder richtig zu befestigen. Es war schon eine nervige Angelegenheit, denn Skischuhe besaß ich nicht, dafür hatten meine Eltern kein Geld übrig. Meine buntgeringelten, von der Mutti selbst gestrickten Übersöckchen machten alles andere wett. Ich war darüber sehr glücklich, ebenso wenn mir meine Mutti mal wieder aus Wollresten einen Skipullover mit passender Mütze gestrickt hatte. Tagelang verfolgte ich die Fertigstellung und wenn ich dann eines Morgens erwachte und er fertig über meinem Stuhl lag – es mußten wohl Heinzelmännchen über

Nacht am Werk gewesen sein –, freute ich mich sehr. Endlich konnte ich ihn zur Schule anziehen!

Skier zum Aussuchen

Mein Vati war als Hauptbuchhalter in einer kleinen Maler-PGH beschäftigt und kannte daher auch viele andere Betriebe im Umkreis. Einige Wochen vor Weihnachten, es muß wohl 1967 gewesen sein, überraschten mich meine Eltern mit der Tatsache, daß ich mir zum Fest ein Paar neue Skier aussuchen dürfe. Mein Vati wollte mit mir nach Schlotheim, nicht weit von uns entfernt, zu einem Betrieb fahren, der Sportartikel herstellte. Er hatte bereits mit dem Betriebsleiter Kontakt aufgenommen. Das war natürlich eine Freude für mich!

In Kürze wurde das Vorhaben in die Tat umgesetzt. Ich staunte nicht schlecht, als wir die große Halle betraten. Hier wurden die in großer Zahl hergestellten Wintersportartikel versandfertig gemacht. So viele Skier in allen möglichen Längen und Farben hatte ich noch nie auf einmal gesehen. Dieser Anblick ließ mein Herz höher schlagen. Die Suche währte nicht lange, denn mein Blick fiel sogleich auf ein Paar dunkelblaue. Ein Traum – nicht zu vergleichen mit meinen alten Dingern, die allerdings auch erst meine Liebe zu diesem Sport geweckt hatten, was ich nie vergaß.

Die neuen Bretter hatten moderne Bindungen, und natürlich gehörten auch tolle Skistöcke mit gepolsterten Handgriffen dazu. Ich entschied mich für ein Paar mit einer Länge von 1,80 Metern, die sollten für mich genügen. Erinnern kann ich mich auch noch, daß mein Vati dafür 100 Mark der DDR bezahlen mußte, und das war damals verdammt viel Geld. Mein Glück ließ sich nicht beschreiben. Wie war ich meinen Eltern dankbar!

Nie werde ich vergessen, daß sie mich immer glücklich sehen wollten, auch wenn ihre finanziellen Mittel sehr begrenzt waren. Ich war eben ihr Nesthäkchen und sollte es für sie immer bleiben. Dieses Gefühl trage ich noch heute in meinem Herzen. Für mich waren sie die besten Eltern, die ich mir nur wünschen konnte!

Am Heiligabend standen natürlich auch noch die passenden Skischuhe für mich unter dem Weihnachtsbaum. Am liebsten wäre ich in voller Montur zu einem Langlauf aufgebrochen, aber ich mußte mich noch gedulden, bis endlich Schnee fiel, und ausgerechnet diesmal dauerte dies über die Weihnachtsferien hinaus.

Mein Weihnachtsgeschenk im Testlauf

Als der Unterricht am 3. oder 4. Januar des neuen Jahres wieder begann, erfreute mich gleich ein Vorhaben ganz besonderer Art und zog mich sofort in seinen Bann. Unser Sportlehrer eröffnete uns, daß bei bleibenden Winterverhältnissen in wenigen Tagen eine Langlaufspartakiade in Heyerode, ungefähr 10 Kilometer von unserem Wohnort entfernt, stattfinden sollte. Mir war klar, daß ich nicht unbedingt eine „Sportskanone" war und auch solch eine Strecke noch nie gelaufen war. Wie denn auch mit den bisherigen Behelfsbrettern?

Sie waren für mich ja nur eine Notlösung gewesen. Ach egal, ich meldete mich. Meine neuen Skier sollten sich bewähren, wozu hatte ich sie denn bekommen?

An diesem Freitag waren die Teilnehmer vom Unterricht befreit. Früh um 7 Uhr ging es mit dem Bus los, die Skier wurden separat transportiert. An den Seiten mußten sie mit dem Namen versehen werden. Das war mir nicht so recht, ich hätte sie am liebsten bei mir behalten. Am Einsatzort nach etwa 40 Minuten angekommen, herrschte ein heilloses Durcheinander. Natürlich ging es nach Alter und Geschlecht. Uns wurden Startnummern und Zeiten mitgeteilt. Zwischendurch wärmten wir uns mit heißem Tee auf, denn die Temperaturen waren in den letzten Tagen rasant gefallen. Ich weiß noch, daß ich mich fragte, wie ich mich wohl bis zu meiner vorgege-

Die verschneite Waldgaststätte „Peterhof" im Mühlhäuser Stadtwald.
Hier machten wir beim Skifahren oft Rast und wärmten uns auf.

benen Startzeit um 10.40 Uhr bei Laune halten sollte. Gerade als ich mir überlegte, noch eine kleine Runde zu drehen, um auch einigermaßen warm zu bleiben, hörte ich, wie meine Startnummer aufgerufen wurde. Wie konnte das sein?

Irgend jemand mußte sich wohl geirrt haben, also nichts wie los! Es waren fünf Kilometer zu bewältigen, zum Teil hügelig durch den Wald. Etwa auf halber Strecke lösten sich wie von Zauberhand die Schrauben an einer meiner Bindungen. Nein, doch nicht schon wieder! Was sollte das?

Ich war verzweifelt, damit war nun kein Sieg mehr für mich in Sicht.

Zum Glück kamen Spaziergänger, und ich bat sie, mir doch zu helfen. Ein älterer Mann versuchte, mit einem Pfennig die Schrauben anzuziehen. Freundlicherweise überließ er mir das Geldstück. Das war ein Glück für mich, denn diese Aktion wiederholte sich auf der Strecke noch mehrmals. Andere Läufer zogen an mir vorbei, und mir wurde schlagartig klar, daß ich mich wohl mit der Teilnahme an so einer Hetzjagd etwas übernommen hatte. Froh war ich erst, als ich das Ziel vor Augen hatte. Ich war fix und fertig, mir war verdammt kalt, und ich wollte eigentlich nur noch nach Hause. Es war früher Nachmittag, und wir mußten nun bis zum Dunkelwerden ausharren. Es folgten Auswertungen, und die Siegerehrung war für den frühen Abend vorgesehen – so ein Mist!

Welcher Teufel hatte mich da geritten, dachte ich bei mir. Es war wohl nur der Reiz der neuen Bretter, der mich zur Teilnahme hinreißen ließ, denn meiner Unsportlichkeit war ich mir schon lange bewußt. Ich schwor mir, mich nie wieder einer solchen Strapaze auszusetzen. Klar hatte ich schulfrei, aber nun saß ich hier förmlich fest und fror. Selbst warme Gedanken halfen da nichts. Nicht nochmal mit mir!

Das Foto zeigt mich, mit meinen alten „Brettern", auf dem Kirschberg am Mühlhäuser Rieseninger.

Endlich war es 18.00 Uhr, und ich stand gelangweilt in der Menge und hoffte auf ein baldiges Ende der Veranstaltung. Auf einmal hörte ich, wie mein Name aufgerufen wurde. War das jetzt eine Verwechslung, der 3. Platz?

Also heute und hier war ja anscheinend alles möglich. Der Tag fing schon seltsam an und endete auch so für mich. Mir wurden die Hände geschüttelt, ich erlebte es wie im Traum und erhielt sogar auch eine Urkunde, trotz der Panne auf der Langlaufstrecke. Gar nicht auszudenken, welchen Platz ich wohl belegt hätte, wäre ich nicht so vom Pech verfolgt gewesen, waren meine Gedanken auf der Heimfahrt. Ich war wohl doch sportlicher als ich bisher gedacht hatte.

Voller Stolz und Glück erzählte ich am Abend zu Hause meinen Eltern alles. Zufrieden schlief ich bis zum nächsten Morgen. Doch schon in aller Frühe klingelte der Wecker wieder für einen neuen Schultag. Es war zwar Samstag, aber zu DDR-Zeiten war dies ein ganz normaler Unterrichtstag. Ich war kreuzlahm und hatte noch viele Tage danach einen zünftigen Muskelkater.

Natürlich hatten wir Teilnehmer untereinander viel über das Erlebte auszutauschen, und meine Qualen vom Vortag waren schon fast vergessen.

Heute, nach 43 Jahren, habe ich meine blauen Skier noch immer. Nur die Skischuhe und die so hart erkämpfte Urkunde besitze ich leider nicht mehr. Offensichtlich hatten sie ihre große Bedeutung für mich irgendwann einmal verloren. Jetzt allerdings würde ich mich freuen, wenn ich sie mir noch mal ansehen könnte. Eine schöne Erinnerung, die sich immer wieder in mein Gedächtnis drängt und mich zum Schmunzeln bringt, vor allem, wenn Schnee liegt. Meine Liebe zum Winter habe ich bis heute nicht verloren!

*(Weitere **ZEITGUT**-Beiträge der Autorin sind am Buchende vermerkt.)*

[Berlin;
1974]

Christina Margret

Der durchschaute Weihnachtsmann

Unsere dreijährige Tochter hatte Anfang der siebziger Jahre ein Faible für Dezembermänner mit roten langen Mänteln, weißem Bart und schweren Stiefeln. Man sah ihr den
wohligen Schauer an, den so ein Geheimniskrämer bei ihr
hervorrief, wenn er lachend die Rute aus der Hand legte und
in seinem Gabensack kramte. Ob Weihnachtsmarkt, Kinder-
feier oder gar privat – so ein „Weimagang" konnte sie schon
aus der Fassung bringen.

Der Papa und manch kinderlose „Onkel" waren ihr schon
im Kostüm erschienen – nun glaubte ich, an der Reihe zu sein.

Unruhig zappelte die Kleine bei Omi und Opi auf der
Couch, als ich – das heißt der Weihnachtsmann – ans Fenster klopfte. Mit hochrotem Gesicht starrte sie dem stapfen-
den Wesen entgegen. Ich pustete mir die Wattefusseln von
den Lippen und brummte so tief wie möglich meinen Weih-
nachtsgruß. Die Mütze tief in der Stirn, die Fäustlinge um
den Leinensack gelegt. Das aufgeregte Kind verschwand zur
Hälfte hinter seiner Großmutter und hatte nur Augen für
den Fremden.

„Na, meine Kleine, warst du auch immer schön brav?" fragte ich mit tiefer Stimme – ärgerlich, daß mir nichts Originel-
leres einfiel.

Sie nickte und ließ ihre Korkenzieherlocken hüpfen. Natürlich hatte sie kein Beichtgeheimnis und auch kein Ver-

langen nach ähnlich blödsinnigen Fragen. Auf meiner Stirn bildeten sich bereits kleine Tröpfchen.

„Wo ist denn deine Mama?" setzte ich noch eins drauf.

Sie starrte mich aus weitaufgerissenen Augen an.

„Bist du hefleischt (vielleicht) die Mama?" piepste sie.

Ich fuchtelte mit dem Reisigbesen, verfiel beinahe in meinen normalen Tonfall und nuschelte: „Wie kommst du denn darauf?"

Sie sah mich durchdringend an: „Du hast genauso schöne Augen wie meine Mama!"

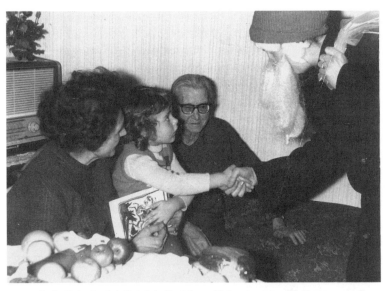

„Bist du hefleischt (vielleicht) die Mama?" fragt meine Tochter, zwischen der Großmutter und der Urgroßmutter sitzend, den „Weihnachtsmann".

Ich machte mich vom Hof. Auf das Augen-Make-up hätte ich eben verzichten sollen. Vielleicht hätte aber ihr Geruchssinn auch noch reagiert, bevor ich verduftete.

*(Weitere **ZEITGUT**-Beiträge der Autorin sind am Buchende vermerkt.)*

[Eisenhüttenstadt/Oder, Brandenburg,
damals DDR;
1977 – 1989]

Carmen J. Köppen

Von März bis Dezember – Festvorbereitungen

Um alle unsere Lieben zu Weihnachten und an anderen fa-
miliären Festtagen mit hübschen Geschenken zu überra-
schen, begannen meine Vorbereitungen bereits im Monat
März eines jeden Jahres. Vor allem Angehörige in Westdeutschland, die unsere kleine Familie regelmäßig mit hübschen Aufmerksamkeiten bedachten, durften auf keinen Fall
enttäuscht werden. Gezielte Vorstellungen über individuel-
le Liebesgaben für einzelne Familienmitglieder mußte ich
leider immer wieder aufgeben, allein das Angebot des sozia-
listischen Handels bestimmte die Auswahl der Geschenke.
So füllte sich der kleine, für Geschenke vorgesehene Schrank
zwischen den Monaten März und November auf erfreuliche
Weise, und bei Betrachtung der angehäuften Schätze kam ich
mir mitunter vor wie ein fleißiger Hamster. Die Gesamtaus-
gabe von Beethovens Fidelio auf Langspielplatten für Mutti
wanderte bereits im März in die noch leere Schublade.

Ein Limonadenservice aus Keramik, handgearbeitet und
nur im Kunstgewerbe-Laden erhältlich, für Schwager Enno
in Hamburg trug ich im April triumphierend nach Hause.
Der Prachtbildband über die Kelten für Onkel Kurt in Süd-
deutschland konnte im Mai erworben werden.

Dazu lag ich ständig auf der Lauer nach besonderen regio-
nalen Alkohol-Spezialitäten für unseren lieben Onkel Max
in Herne. „Zwickauer Koks", eine regionale Kaffee-Schoko-

laden-Likör-Spezialität aus Zwickau; „Plauener Spitze", ein Kakao-Vanille-Likör, „Danziger Goldwasser", „Becherovka", „Stichpimpuli Bockforcelorum", ein Likör aus vielen Kräutern, und „Zubrovka" – echter polnischer Wodka, mit integriertem Grashalm – versetzten den Beschenkten in helle Begeisterung. Der andauernde Engpaß auf ziemlich allen Gebieten des Handels erforderte von allen Kaufwilligen großes Organisationstalent und die Fähigkeit, geschickt zu improvisieren. Wenn sich irgendwo in der Stadt vor einem der Geschäfte eine Menschenschlange bildete, stellte sich DDR-Frau selbstverständlich hinten an. *Was* es dann eigentlich zu kaufen gab, erwies sich als unbedeutend, man brauchte es sowieso – entweder selbst, als Reserve oder man kannte jemanden, dem man damit beglücken konnte.

Der Endspurt auf der Jagd nach Geschenken setzte Anfang November ein. Dann erfolgte die Besorgung der Verpackung, die sich als weiterer Hochseilakt erwies. In einem Jahr gab es kein Packpapier, im nächsten keine Paketschnur, selbst ein passender Karton für all die lieben Gaben konnte nicht immer aufgetrieben werden. Spätestens zu diesem Zeitpunkt war unser Improvisationstalent gefragt. Aus drei im Vorjahr gesammelten riesigen Kartons bastelte mein Liebster genialisch eine Hülle für alle Geschenke an Schwager Enno in Hamburg und all die Lieben im anderen Deutschland.

Liebevoll gebügelt und geglättet, verwandelte ich Schleifenband und sorgsam aufgehobenes Geschenkpapier vom Vorjahr in attraktive Etuis für kleine und große Liebesgaben. Zum Schluß verpackten wir das Ganze in Tapetenresten, deren Rückseiten sich mangels Packpapier durchaus für diesen Zweck eigneten. Die so geschaffenen Meisterwerke künstlerischer Improvisation erregten bei allen Verwandten und Bekannten in der Bundesrepublik immer wieder Heiterkeit und Bewunderung. Man unterstellte uns besondere Kreativität und künstlerische Fähigkeiten, niemand kam auf den wahren Grund für die Entstehung derartig individueller Verpackungen.

Eine weitere Prüfung meines Organisationstalentes wiederholte sich alljährlich mit dem Besuch meiner Mutter, die in Westdeutschland lebte. Vier Wochen vor ihrer Anreise mußten unangenehme amtliche Rituale absolviert werden. Ein Antrag mit allen persönlichen Daten der erwarteten westdeutschen Gäste, Angaben zum Verwandtschaftsgrad, Grund der Reise und viele andere waren peinlich genau auszufüllen und auf dem Amt für Inneres abzugeben. Während der folgenden vier Wochen fiel dann die Entscheidung: Durfte der Gast aus Westdeutschland einreisen oder nicht?

Bei erteilter Reisegenehmigung gehörte es wie selbstverständlich dazu, daß jeder Besucher aus der BRD täglich 25 DM in 25 Mark Ost zum Kurs eins zu eins umtauschte. Natürlich erzürnte diese Methode der Devisenbeschaffung durch die Staatsmacht der DDR alle Besucher aus dem Westen. Aber was sollte man machen? Eröffneten doch diese reglementierten Besuche Eltern, Kindern oder Geschwistern die einzige Möglichkeit, ihre Lieben in die Arme zu nehmen, selbst wenn diese als Gast dafür zahlen mußten.

Hektische Aktivitäten

Nachdem der genehmigte Antrag zur Einreise meiner Mutter im Briefkasten und auf dem Weg zu ihr war, begannen für unsere kleine Familie weitere hektische Aktivitäten. Um den Tisch recht freundlich mit schönen Dingen für Leib und Seele zu decken, mußte noch viel erledigt und besorgt werden.

Meinen Metzgermeister in einem der umliegenden Dörfer hofierte ich zu diesem Zweck in aufdringlicher Weise, besuchte seinen Laden mindestens zweimal pro Woche, um ihn so auf Sonderwünsche aufmerksam zu machen. Als Beute dieser Werbungsaktionen durfte ich dann einige der begehrten Schweinelendchen und einen großen Schinken aus den geheimen Tiefen seines Ladentisches mit nach Hause nehmen. Auch das begehrte Bier aus der Tschechoslowakei, nur im einzigen Hotel der Stadt für besondere Gäste erhältlich, brachte ich zufrieden im eigenen Keller unter, nachdem ein Hotelangestellter meinen Kniefällen erlegen war. Heftiges Äugleinmachen mit einem freundlichen Landmann verhalf mir abschließend noch zu einer Weihnachtsgans, selbst gezüchtet und biologisch einwandfrei, und zu einem persönlich geangelten Silvesterkarpfen.

Nun richtete sich unsere Begehrlichkeit auf einen schönen Weihnachtsbaum. Der Herr Förster – Name und Beruf waren bei ihm identisch – erlaubte uns großzügig, das gewünschte Nadelgewächs persönlich in seinem Revier zu schlagen. Mit Axt und Säge begab sich die ganze Familie zur Verrichtung der ungewohnten Arbeit in den verschneiten Wald. Völlig verschmutzt und mit harzverklebten Händen verließen wir ihn nach vollbrachtem Werk und schleppten zufrieden unser Festtagssymbol auf den heimischen Balkon.

Danach beschäftigte uns eine weitere Sorge: Womit sollten wir den hübschen grünen Kerl schmücken?

Die zu diesem Zweck üblichen vielfarbigen Glaskugeln waren nirgendwo erhältlich; die von meiner Großmutter übernommenen Reste aus alter Zeit aber hatte der letzte Umzug hingerafft. Der traditionell in Thüringen produzierte Christbaumschmuck aus Glas wurde zum größten Teil gegen Devisen exportiert. Weil bekanntlich Mangel ungeahnte Kreativität erweckt, fanden wir auch hierfür eine Lösung. Während zahlreicher abendlicher Bastelstunden entstanden unter unseren Händen viele kleine weiße Sterne aus Papierstreifen, die zusammen mit fünfzig roten Schleifen aus Seidenband den Baum prächtig schmückten.

Nachdem die Wohnung auf den Kopf gestellt, alles geputzt und poliert worden war wie vor einem Staatsbesuch, betrachteten wir am 23. Dezember, von all den Aufregungen fix und fertig, aber stolz unser Werk. Morgen kommt unsere Westmutti bzw. Westoma, und sie wird sicher zufrieden sein, waren wir überzeugt. Allerdings zeigte mir ein Blick in den Spiegel und damit auf meine verwilderte Frisur, daß Mutter doch wohl nicht so ganz zufrieden sein würde. Bei all dem Trubel um Besorgungen und Notlösungen hatte ich total vergessen, meiner Friseurin ein angemessenes Geschenk zu Füßen zu legen, die mich, dadurch schwer gekränkt, in diesem Jahr nicht mehr empfangen wollte.

Aufregender Weihnachts-Westbesuch

Am nächsten Morgen durften wir unsere Mutti endlich nach einem Jahr auf dem Bahnhof in Cottbus wieder in die Arme nehmen. Dem herzlichen Empfang folgte eine immer wiederkehrende, unerläßliche Prozedur. Alle Besucher in Privatwohnungen der DDR mußten sich in das Hausbuch eintragen, geführt vom sogenannten Hausvertrauensmann, der wichtigsten Person in jedem Wohnhaus. Peinlich genau wurden alle persönlichen Daten der Besucher aufgeschrieben: Wann und wo geboren, ausgeübter Beruf, Name und Adresse des Arbeitgebers. Dazu die genauen Daten der An- und Abreise des Gastes, damit niemand in der DDR verlorengehe.

Unser Hausvertrauensmann war ein ganz Eifriger. Er sorgte nicht nur für Ordnung, sondern auch für Disziplin in der Hausgemeinschaft. Wer wann den Hof oder die Straße zu fegen hatte und wann eine der üblichen Hausversammlungen stattfand, wurde von ihm peinlich genau vorgeschrieben. Persönlich besuchte er vor jedem staatlichen Feiertag alle Mietparteien und legte fest, an welchen Fenstern der Wohnungen welche Fahne zu hissen war. Dabei kam ich alljährlich in größte Verlegenheit, weil ich regelmäßig die genauen Anordnungen der roten oder schwarz-rot-goldenen Fahnen durcheinanderbrachte und so seinen Unwillen auf mich zog.

Nach Erledigung der lästigen Formalitäten für Mutters Besuch konnten wir uns endlich den angenehmen Seiten der Feiertage zuwenden, dem festlich gedeckten Tisch mit all den besorgten Herrlichkeiten für das traditionelle Weihnachtsessen. Alle angebotenen Speisen und Getränke fanden Anerkennung und Lob. Aber wie ich schon befürchtet hatte, reklamierte Mutti tadelnd meine ungepflegte Haarpracht.

„Gibt es denn bei euch nun auch keine Friseure mehr?" nörgelte sie zunächst unzufrieden. Doch der ungewöhnliche Weihnachtsbaumschmuck versöhnte sie sofort und sie bemerkte, daß ich ja doch ihre beste Tochter sei, „mit gutem Geschmack und künstlerisch begabt"!

Den harmonischen Festtagen folgte eine heitere Jahreswende mit sowjetischem Sekt und von ihr spendierten Delikatessen aus dem Westen. Nach dem dritten Glas stellte Mutti heiter fest: „Es geht euch doch blendend! Warum immer wieder über Mangel in der DDR gesprochen wird, kann ich gar nicht so recht verstehen."

Aber eine Antwort auf ihr Fazit hätte sie ebenso wenig verstanden wie eine Erklärung meiner nicht ganz festtäglichen Frisur. Jeder ihrer Weihnachtsbesuche verlief eben gleichermaßen aufregend!

*(Weitere **ZEITGUT**-Beiträge dieser Autorin sind im Autorenverzeichnis am Ende des Buches vermerkt.)*

[Hamburg;
23. Dezember 1982]

Waltraud Lawniczak

Kein Weihnachtsfest ohne Mohnkuchen

In unserer Familie gehört zu den weihnachtlichen Köstlichkeiten unbedingt ein Mohnkuchen. Diesen heimatlichen Brauch habe ich, auch als ich schon lange nicht mehr in meiner Heimat lebte, beibehalten und pflege ihn noch immer. Einmal aber hätte ich beinahe auf den Mohnkuchen verzichten müssen.

Am Morgen des 23. Dezember 1982 war mir gar nicht weihnachtlich zumute. Bis um 16 Uhr mußte ich arbeiten und danach noch einkaufen, denn am Heiligabend wollte meine älteste Tochter Petra mit ihrem kleinen Sohn Nico kommen. Ich freute mich auf die beiden. Aufschnitt, Butter, Milch, Sahne, Mehl und Zucker hatte ich schon gekauft und im Reformhaus gemahlenen Mohn für den Kuchen bestellt. Ich mußte ihn nur noch abholen. Aber ob ich genügend Geld eingesteckt hatte?

Nein! Es reichte nicht!

Ich war entsetzt, Röte stieg mir ins Gesicht. Mir fehlten vier Mark. Ich hatte einige Briefmarken in der Geldbörse und fragte die Verkäuferin zaghaft: „Könnten Sie vielleicht die Briefmarken nehmen? Ich bringe Ihnen morgen das Geld. Ganz sicher, ich bringe morgen das Geld!"

„Nein, das kann ich nicht. Die Chefin ist nicht da, und ich darf das nicht entscheiden", bedauerte die Kassiererin.

Nun war guter Rat teuer.

Alle Jahre freute ich mich auf meinen Weihnachtsbesuch und ganz beson-
ders auf meinen Enkel Nico. Meine älteste Tochter Petra und Nico spielen
mit dem Kranauto, das er zu Weihnachten geschenkt bekommen hat.

Eine ältere Dame beobachtete die Szene. Sie wurde mein ret-
tender Engel, denn sie bezahlte den Mohn für mich. Ich könne
das Geld später zurückzahlen, sagte sie freundlich zu mir. Meine Erleichterung war groß. Ich hätte sie umarmen können.

Im Bus überlegte ich, ob nun alle Zutaten für den Mohnkuchen beisammen wären. Nein, die Hefe fehlte noch!

Zum Glück fand ich in meiner Manteltasche noch ein paar
Groschen. Die dürften reichen – dachte ich. Aber im Super-
markt war frische Hefe ausverkauft. Es gab nur noch die teu-
rere Trockenhefe im Dreierpack für 1,75 Mark. Wieder fehlte
mir das Geld!

Langsam ging ich zur Kasse. Was nun? Sollte ich das Päckchen einfach in meine Tasche fallen lassen?

Mein Rezept für die schlesische Mohnrolle

Zutaten für den Hefeteig:
375 g Mehl, 1 Päckchen Trockenhefe
1 Tasse Milch
75 g Zucker, 1 Prise Salz
125 g Butter

Füllung:
375 g Mohn, ungemahlen, 100 g gemahlene Mandeln
100-125 g Zucker
2 Eier
1 EL Mondamin oder Puddingpulver
3/4 Liter Milch oder eine Sahne-Milch-Mischung

Zubereitung der Mohnfüllung
Den ungemahlenen Mohn mit kochendem Wasser übergießen, damit Kapselreste und Verunreinigungen hochsteigen können. Vorsichtig abgießen. Mohn in ein Feinsieb geben und Wasser abtropfen lassen. Etwas Milch/Sahne, Zucker und Ei im Mixer laufen lassen, bis ein Brei entsteht. Vier- bis sechsmal wiederholen. Die Masse mit dem Mondamin gut mischen.

Hefeteig
Eine Kastenform einfetten, die Zutaten mischen. Die lauwarme Milch und die weiche Butter unterkneten. Den Teig auf einem bemehlten Küchentuch zu einem Rechteck ausrollen, die Mohnmasse darauf verteilen. Mit Hilfe des Tuches aufrollen und in die Kastenform heben. Vorsicht, die Rolle reißt leicht! Im Backofen bei 50 Grad etwa 45 Minuten gehen lassen.
Backzeit: Umluft 160 Grad, 45-65 Minuten,
bei Ober- und Unterhitze 175 Grad, 45-65 Minuten.
Wenn Sie den Mohnkuchen in der Springform backen wollen, streuen Sie Mandelplättchen oder Butterstreusel auf den Mohn. Gutes Gelingen!

Das fiel doch in dem Trubel gar nicht auf! Der Gedanke erschreckte mich. Nein! Das war unmöglich. Wie konnte ich so etwas auch nur in Erwägung ziehen?

Verrückt solch eine Idee!

Demonstrativ trug ich das Päckchen auf der Handfläche zur Kasse. Ich ließ eine Frau mit ihrem vollbeladenen Einkaufswagen vorgehen. Dann fragte ich sie, ob sie mir vielleicht meine Briefmarken in Geld umtauschen würde. Sie sah mich etwas verwundert an, nahm mir aber dann die Briefmarken ab und gab mir den Gegenwert in klingender Münze.

Ich war erleichtert. Nun konnte ich den Mohnkuchen backen und damit die Tradition aufrechterhalten. Schließlich stammte meine Familie väterlicherseits aus Oberschlesien und in Schlesien weiß jedes Kind: Kein Weihnachten ohne Mohnkuchen!

[Freiensteinau, Vogelsbergkreis, Hessen;
1985]

Hans Döpping

Fridolins Wunschzettel

Er war ein stilles Kind mit großen fragenden Augen, in denen das Staunen stand. Wer beobachtete, wie er alles besah, was ihm begegnete, wurde selbst nachdenklich, als müsse er das Staunen neu lernen. Wenn er sprach, geschah das mit leicht stockender weicher, leiser Stimme. Er beteiligte sich ohne Aufforderung nicht an rauhen Spielen, verlor sich jedoch in sich selbst, etwa beim Streicheln eines Tieres. Was man ihm befahl, worum man ihn bat, das tat er gleichermaßen willig. Er erfüllte seinen Auftrag, brachte etwa das Gewünschte, reichte es und sagte: „Bitte!" Dabei sah er dem Gegenüber in die Augen und doch durch sie hindurch. Sein Name war Fridolin und es lag das in ihm, was das Wort bedeutet: *Frieden*. Weil die Menschen nun die Stillen meist auch für die Schwachen halten, war der Junge schon bald durch andere Kinder verhöhnt worden. Besonders gefielen sich welche darin, mit seinem Namen zu spielen. So nannten ihn einige Mandolin – andere wiederum riefen: „He, Violin, spiel mal ein Lied!"

Da lächelte er unbeholfen, nicht wissend, welch starke Waffe er damit besaß. Denn dieses Lächeln war das einer offenen Hilflosigkeit – und im Nu breiteten sich schützende Hände über ihn.

„Laß ihn in Ruhe!" riefen da welche energisch. Die Mädchen besonders schalten: „Seid nicht so gemein!"

Mit dem ersten Schnee schon legte sich eine Erwartungs-
stimmung auf die Kinder. Bald würde Weihnachten sein. Und
so wurden in den Klassen die alten und doch immer wieder
neuen Lieder gesungen. Es wurde Festliches gebastelt, farben-
froh gemalt und Freudiges getanzt. Da wurden auch die Briefe
an den Nikolaus, den Knecht Ruprecht, an das Christkind oder
den Weihnachtsmann geschrieben. Manche Kinder brachten
gar Kataloge mit zur Schule und schlugen stolz und mit wichti-
gem Gesicht alle die Seiten auf, die ihre Wünsche in kräftigen
Farben und gehörigen Preisen zeigten. Als der Pfarrer in der
Religionsstunde einmal aufzählen ließ, was alles auf dem Gabentisch liegen sollte, überschlugen sich die Stimmen im Wett-
eifer, wer wohl den größten Wunsch habe. Nur Fridolin ließ
seine Augen von einem zum anderen gehen, als verfolge er
einen kunterbunten Film.

„Ich weiß nicht", antwortete der Junge, so daß einer rief:
„Der weiß nicht einmal, was er sich wünschen soll. Hast du
keinen Katalog?"

Auch in der folgenden Zeit antwortete der Junge auf Fragen, ob er denn jetzt wenigstens einen Wunsch hätte: „Ich
weiß noch nicht."

Es war dann in einer Deutschstunde, in der die Lehrerin
die Form eines Briefchens üben wollte. Nach Vorschlag der Kinder sollten Schreiben an das Christkind oder an den Weihnachtsmann gehen und jedes sollte seine Wünsche aufschreiben. Als das geschehen war, drängten welche, ihre Briefe vor-
lesen zu dürfen. Das steckte die Kinder an wie ein Fieber und
sie eiferten jetzt damit, wer wohl den größten Wunsch oder die
meisten Wünsche hatte. Als die Reihe an Friedolin war, seinen
Brief vorzulesen, klappte er das Heft zu und legte beide Hände flach darüber.

„Er will nicht lesen!" riefen die Tischgenossen. „Er hat die
Hände drauf!"

Fridolin hielt die Augen gesenkt – stand plötzlich auf, nahm
sein Heft und trug es zu seiner Lehrerin.

„Bitte!" sagte er bloß. Er überreichte ihr das Geschriebene und blieb neben ihr stehen. In der Klasse wurde es still.

Die Lehrerin schlug das Heft auf und sah sich den Brief an. „Lieber Gott!" lasen ihre Augen, „mache doch bitte, daß mein Papa nicht mehr betrunken ist und meine Mutter nicht mehr weint. Viele Grüße von Fridolin!"

Die Lehrerin hielt das Heft gesenkt. Ihr Blick wanderte durchs Fenster in die Weite des Frühwinters da draußen. „...daß mein Papa nicht mehr betrunken ist und meine Mutter nicht mehr weint ...", dachte sie – und weiter war da nichts geschrieben.

„Was schreibt denn Fridolin?" fragte zaghaft ein Mädchen.

Aller Kinder Augen sahen auf die Lehrerin und das war, als spannten sich viele Bogen einer Brücke zu ihr. Die Lehrerin sah in die Runde. Sie hatte eine Hand auf die Schulter des Jungen gelegt, der noch immer neben ihr stand.

„Da ist jemand sehr krank, Kinder! Und Fridolin bittet den lieben Gott, daß er den Kranken gesundmachen möge. Das ist Fridolins Weihnachtswunsch."

Die Frau reichte dem Jungen sein Heft. „Setz dich!" sagte sie weich.

Es war das Klingelzeichen zum Ende des Unterrichts für diesen Tag, das in die Stille schrillte. Und als die Lehrerin ihre Kinder entließ, blieb das sonst laute Getöse aus. Wie unter einem einzigen Gedanken gingen die Kinder ruhiger aus dem Raum.

Es waren nur wenige Tage nach den Weihnachtsferien vergangen, als der Lehrerin auffiel, daß niemand mehr aus ihrer Klasse „He, Mandolin!" oder „Los, Violin!" rief.

[Lohmar, Rhein-Sieg-Kreis, Nordrhein-Westfalen;
1995]

Claudia Macha

Das verpaßte Krippenspiel

Im Jahr 1995 war mein Sohn gerade fünf Jahre alt. Eines Tages im November kam er freudestrahlend aus dem Kindergarten und erzählte mir, daß er zu Weihnachten bei einem Krippenspiel mitmachen dürfe. Es war zwar keine große Rolle – er sollte einen kleinen Hirten spielen – und er hatte auch nicht viel zu sprechen, aber die Texte der dazugehörigen Weihnachtslieder sollten auch die Kleinen gut können. Die Frage des Kostüms war recht schnell geklärt: eine Cordhose und ein kariertes Flanellhemd. Dazu trennte ich aus einem alten Anorak das Teddy-Futter heraus, woraus sich eine schöne Weste schneidern ließ. Auf das Schulterstück der Weste nähte ich ein kleines Stoffschäfchen, was dann auch keinerlei Zweifel mehr aufkommen ließ, wen er in dem Krippenspiel darstellen sollte. Als Krönung spendierte Opa noch einen alten Hut aus seinem Kleiderschrank, und mein kleiner Hirte war perfekt.

Mit viel Eifer ging mein Sohn regelmäßig zur Probe. Zu Hause mußte ich nun jeden Tag mit ihm die wenigen Worte für seine Rolle, vor allem aber die Texte für die Weihnachtslieder, üben. So ging die Adventszeit in diesem Jahr viel schneller als sonst vorbei und der große Tag rückte immer näher. Das Krippenspiel sollte am Nachmittag des Heiligen Abends während des Kindergottesdienstes aufgeführt werden.

Zwei Tage vor Weihnachten fing mein Sohn an zu husten und seine Nase begann zu laufen. Oh weh, mir schwante Böses! Und tatsächlich, am Morgen des 24. Dezembers wachte er mit roten Augen und Fieber auf. Unser Kinderarzt, der ganz in der Nähe wohnte und selbst zwei Kinder im gleichen Kindergarten hatte, kam am Vormittag noch vorbei, um nach dem kleinen Patienten zu sehen. Erwartungsvoll schauten wir ihn nach der Untersuchung an und hofften, von ihm grünes Licht für das anstehende Krippenspiel zu erhalten. Er aber schüttelte nur den Kopf. Nichts würde aus dem Krippenspiel werden, im Gegenteil, er befürchtete, daß das Fieber gegen Abend noch weiter in die Höhe gehen würde. Er schrieb Hustensaft und Fieberzäpfchen auf, für den Fall, daß es schlimmer werden sollte. Das war eine Enttäuschung!

Mein Mann und ich überlegten, möglichst bald mit der Weihnachtsbescherung zu beginnen, solange es unserem Sohn noch einigermaßen gut ging. Also ließen wir die Rolladen runter und zündeten die Lichter am Weihnachtsbaum an. Wir feierten nun nicht den Weihnachtsabend, sondern den Weihnachtsnachmittag. Aber egal, unserem Jungen fiel das gar nicht auf. Er freute sich über den Weihnachtsbaum, die Weihnachtslieder und natürlich über die Geschenke. Gegen 17 Uhr merkten wir, daß er wieder sehr müde wurde und legten ihn zu Bett.

Wir Eltern machten es uns im Wohnzimmer gemütlich und bescherten uns nun gegenseitig. Keine zwei Stunden später hörten wir unseren Sohn in seinem Zimmer weinen. Ich lief gleich nach oben, um nach ihm zu sehen, und fand einen völlig aufgelösten und herzzerreißend klagenden kleinen Jungen vor. Das Fieber war wieder sehr stark angestiegen. Ich versuchte, ihn zu beruhigen, aber er hörte mir überhaupt nicht zu, saß in seinem Bettchen und schluchzte mit hochrotem Gesichtchen vor sich hin: „Es ist doch Weihnachten, es ist doch Weihnachten! Wir müssen doch singen!"

Meine tröstenden Worte, daß wir doch schon gesungen hätten und daß das Christkind schon dagewesen sei, kamen überhaupt nicht bei ihm an. Im Gegenteil, sein drängendes „Wir müssen doch singen!" wurde immer fordernder.

Schließlich setzte ich mich auf sein Bett, nahm ihn in meine Arme und fing an, mit ihm zu singen. Erst „Ihr Kinderlein kommet", dann „Alle Jahre wieder" und und und – alle Lieder, die er so fleißig für das Krippenspiel gelernt hatte.

Inzwischen war auch mein Mann ins Zimmer gekommen und schaute verwundert auf uns beide. Ich gab ihm ein Zeichen, nichts zu sagen, und er setzte sich still auf einen Stuhl. Als wir endlich das letzte Weihnachtslied gesungen hatten, merkte ich, wie der Kleine ruhig wurde und in meinen Armen einschlief. Vorsichtig legte ich ihn hin und deckte ihn zu. Er schlief zwar immer noch sehr unruhig, aber doch bis zum nächsten Morgen durch. Nach zwei bis drei Tagen war

Mein Sohn als Hirte und ein kleiner Weihnachtsstern. Die Teddy-Weste und Opas Hut stehen ihm gut.

er wieder fit. Über unser nächtliches Singen sprach er nie. Ich weiß nicht einmal, ob er sich überhaupt daran erinnern konnte.

Im darauffolgenden Jahr hat es dann doch mit seinem Krippenspiel geklappt und auch die Kleider, die ich für ihn vorbereitet hatte, kamen endlich zum Einsatz. Er hatte sehr viel Freude an den Krippenspielen, bei denen seine Rolle von Jahr zu Jahr immer etwas größer wurde. Selbst als seine Kindergartenzeit zu Ende und er im zweiten und dritten Schuljahr war, ging er immer noch regelmäßig zum Krippenspiel in seinen alten Kindergarten.

Ihr Hirten erwacht

Ihr Hirten, erwacht!
Seid munter und lacht!
Die Engel sich schwingen
vom Himmel und singen:
Die Freude ist nah!
Der Heiland ist da!

Ihr Hirten geschwind!
Kommt, singet dem Kind!
Blast in die Schalmeien,
sein Herz zu erfreuen.
Auf, suchet im Feld
den Heiland der Welt.

Sie hörten das Wort
und eilten schon fort;
sie kamen in Haufen,
im Eifer gelaufen
und fanden da all
den Heiland im Stall.

Sie kannten geschwind
das himmlische Kind;
sie fielen darnieder
und sangen ihm Lieder
und bliesen dabei
die Pfeif' und Schalmei.

Volksweise

Inge Handschick

Das leibhaftige Christkind

Je näher Weihnachten rückte, desto mehr fürchtete sich Elfriede davor. Dieses schreckliche Fest der Familie mit all dem
Singsang und den besonderen Gerüchen, die aus der Kindheit herüberwehten und Geborgenheit, Wärme und Nähe
versprachen.

Sonst vertrug sie das Alleinsein ganz gut. Nur eben nicht
an diesem Tag.

Im Vorjahr hatte sie noch mit Herbert feiern können, obwohl er schon nicht mehr aufzustehen vermochte. Wenn sie
Kinder hätte, könnte sie den Abend mit ihnen verbringen.
Aber wer weiß, vielleicht wäre sie da nur noch bitterer allein. Viele junge Leute waren fortgegangen, weil es hier keine Arbeit für sie gab. Geschwister hatte sie auch keine, und
ihre Freunde waren während Herberts langer Krankheit
nach und nach weggeblieben. Am liebsten hätte sie den Heiligabend aus dem Kalender gestrichen. Einen Christbaum
wollte sie in diesem Jahr nicht. Wozu?

Solange sie denken konnte, hatte eine geschmückte Tanne oder Fichte zum Fest gehört, mit den liebevoll verpackten Gaben darunter. Niemand, den sie beschenken konnte;
niemand, der ihr eine Freude bereiten würde.

Solange sie denken konnte, hatte nebenan der langge-
streckte Klinkerbau mit den großen Fenstern gestanden:
Vaters Schlosserwerkstatt. Als sie noch kein Schulkind war,

hatte sie den Vater dort jeden Tag zum Mittagessen abgeholt. Immer wieder war sie vor dem Lärm erschrocken, der ihr entgegenschlug. Später, ihre Eltern lebten nicht mehr, wurde das Grundstück von einer Produktionsgenossenschaft erworben. Herbert hatte dort in der Werkstatt gearbeitet, sie im Büro.

Noch zu Beginn ihrer Rentnerzeit war nebenan Lärm nach draußen gedrungen; störend mitunter und doch ein Zeichen von Leben. Seit drei Jahren war alles still. Die Scheiben des flachen Ziegelbaus, den ihr Großvater Ende des 19. Jahrhunderts errichten ließ, wurden blind, hingen voller Spinnenweben und wurden kürzlich von ein paar Jungen, die nichts Besseres vorhatten, nachts eingeschlagen. Der Bau aber blieb stehen. Trotzig fast. Fest gefugt. Vor drei Wochen etwa war auf einmal Unruhe von ihm ausgegangen: dumpfes Klopfen von mehreren Hämmern, ungleich im Takt. Nachts verscheuchte der Nachhall Elfriede den Schlaf, und am Tag vermochte sie nur mit Widerwillen und Trauer zu sehen, wie Ziegelreihe um Ziegelreihe abgetragen wurde. Seit zwei Tagen mied sie ganz den Blick hinaus. Die plattgewalzte graue Fläche da unten erschien ihr wie ihr Leben. Wozu war sie noch nütze?

Es war nicht gut, durch Kerzenschimmer an glücklichere Tage erinnert zu werden.

Am Heiligen Abend ging sie nachmittags wie gewohnt in die kleine Kirche, in der sie getauft, konfirmiert und getraut worden war. Beim Weihnachtsevangelium empfand sie endlich so etwas wie inneren Frieden, und als sie zurück in die warme Stube kam, bedauerte sie nun doch, keinen Lichterbaum zu haben. Ein ganz kleiner hätte schon gereicht. Elfriede schaltete den Fernseher an, um das Gefühl zu bekommen, nicht allein zu sein. Was da farbig zu ihr herüberflimmerte, weckte kein Echo in ihr, brachte keine Wärme. Sie schaltete wieder ab, lehnte sich mit dem Rücken gegen den

Kachelofen, schloß die Augen. Am besten den ganzen Abend verschlafen!

Es klingelte an der Wohnungstür. Sie lugte durch den Spion, sah erst, als sie sich ein wenig reckte, die kleine Katja aus dem Haus. Nanu?

Sie öffnete. Das Kind lächelte und reichte ihr einen kleinen Korb mit Keksen und ein Weihnachtspäckchen: „Von Mutti. Weil Du manchmal auf mich und Stefan aufgepaßt hast."

„Danke!", sagte Elfriede überrascht. „Aber komm nur herein."

Das Kind zögerte. „Na ja, der Weihnachtsmann kommt ja erst nach dem Abendessen. Darf ich derweil der Puppe die Zöpfe neu flechten?"

Elfriede nickte, holte ihr altes Kinderspielzeug aus der Schlafstube und sah zu, wie Katja die geflochtenen Zöpfe löste, das lange Puppenhaar sorgsam bürstete und kämmte. Wie ich, genau wie ich, dachte sie und hörte ihre Mutter sagen: „Nimm's in acht, es ist echtes Haar, mein Mädchenzopf."

Sie nahm das Päckchen, löste die grüne Schleife, wickelte es behutsam aus.

„Ah, flüssige Seife zum Duschen! Da werde ich aber gut riechen. Aber deine Mutti soll doch kein Geld ausgeben für mich", sagte sie und dachte, bei dem bißchen Sozialhilfe, ich stehe mit meiner Rente ja besser da als sie mit ihren zwei Kindern.

„Es ist Duschgel", sagte Katja, ohne von ihrer mühsamen Flechtarbeit aufzusehen. „Mami hat's zum Geburtstag bekommen, aber wir haben schon genug solches Zeug, kannst es ruhig nehmen."

Elfriede lächelte. Zum ersten Mal seit langer Zeit.

„Die Kekse haben wir selber gebacken, Stefan hat auch mitgeholfen", fuhr die Kleine fort. „Ich habe alle verziert. Und den Weihnachtsmann, den haben wir extra für dich gemacht."

„Oh, der ist aber schön! So einen schönen Weihnachtsmann hat mir noch nie jemand gebacken."

„Kannst ihn dir ja ein bißchen aufheben", sagte Katja und dann: „So, fertig. Jetzt gehe ich aber."

Das Mädchen stand auf und setzte der alten Frau die Puppe auf den Schoß.

Elfriede lauschte den Kinderschritten nach, als die Korridortür längst ins Schloß gefallen war. Sie hielt noch die Puppe auf dem Schoß, da klingelte es erneut. Katja stand wieder draußen, ziemlich atemlos. „Du sollst runterkommen zu uns", sagte sie, „mach schnell, es hat schon so gepoltert vor der Haustür."

Da war es Elfriede, als stünde in dem lose fallenden blauen Wollkleid, an dem sie viele Stunden neben Herberts Bett sich strickend wach- und festgehalten hatte, das leibhaftige Christkind vor ihr.

Aus: Inge Handschick, „Von Granitschädeln und anderen Lichtgestalten", Oberlausitzer Verlag Frank Nürnberger 2004.

[Steinau an der Straße, Main-Kinzig-Kreis,
Hessen;
2009]

Hans Döpping

Der bärtige Engel

Er saß mir im Café gegenüber: prallbäckig, gedrechselt, barock. Seine Augen leuchteten, wenn er mit der Kuchengabel in die Fülle seiner Sahnetorte tauchte, sich einen Klumpen abteilte, die Augen nun schloß und die Köstlichkeit zum Munde hob, sie hineinschob und mit den Lippen verschloß. So verhielt er einen seligen Moment, öffnete dann die Augen weit, zog die Stirn in Falten und nickte. Ich sah, wie er den Tortenbrei mit der Zunge rollte, ihn wie einen Schluck Wein kaute, zwischendurch schmatzte und endlich schluckte. Und wieder klappten seine Augenlider zu. So blind nun griff er seine Trinkschokolade und schlürfte leise kleine Schlucke.

Da kam mich das Lachen an, aber ich tuckerte nur so tief innen, daß man pralle Backen bekommt und aufpassen muß, nicht loszuprusten. Ja, und dann ritt mich der Teufel, statt seiner nun lauthals ein „Aaaahhh!" auszustoßen. Bevor mein Nachbar nun die Gabel erneut in den Rest seiner Köstlichkeit stieß, hielt er inne, sah mich wie prüfend an und fragte, ob ich schon einmal einen Engel gesehen hätte.

So eine dumme Frage auch! Natürlich hatte ich schon Hunderte von Engeln gesehen, prallbäckig wie mein Gegenüber, aber auch andere, fein und licht in wallenden Gewändern, gemalt mit Gesichtern reinster Seelen und im Sonnenlächeln. Sie setzen die zarten Füße elegant, ihre feingliedrigen Hände sind wie Kelche geöffnet und gar mächtige seidige Flügel tragen sie zwischen Himmel und Erde mit der Botschaft des herrlichen Gottes. In vielen Kirchen wie auch über Schlafzimmerbetten kann man solches sehen. Das also antwortete ich dem Herrn, obwohl ich natürlich viel mehr über die Engel weiß.

Der hatte nun Kuchenteller und Schokoladentasse geleert und bestellte zwei Kirschliköre.

„Sie trinken doch einen mit?", sagte er mehr bestimmend als fragend, während er sich zurücklehnte und mich belehrte: „Ihre Engel, mein Herr, sind alle gemalt oder geschnitzt. Sie sind eingerahmt oder stehen auf einem Sockel. Da können sie nicht einmal weg, wenn es brennt. Deshalb ist es auch egal, ob sie Michael oder Gabriel heißen. Aber vorhin, als Sie gerade kamen, da ging ein Engel hier vom Nebentisch aus fort. Er heißt Friedhelm Schultes, ist Rentner, alt und krumm, zieht ein Bein nach, zischt beim Sprechen wegen fehlender Zähne und hat einen schütteren grauen Bart. Haben Sie einmal einen solchen Engel gesehen? – Na, Prosit erst einmal – Prosit!"

Wir tranken uns zu, und wieder war es mir ein Vergnügen, diesen Mann dabei anzusehen.

„Also", er setzte sein Glas ab, nickte wie zur Bestätigung des zuvor Gesagten und fuhr fort: „Friedhelm Schultes ist Rentner aus Berlin und hier zugezogen. Wir wohnen im gleichen Viertel, wo man sich kennt. Warten Sie – es war um die Weihnachtszeit und schon ziemlich kalt. Man saß lieber zu Hause. Da geschah es auf einer Bank in der Allee, daß sich dort ein Mädchen vor Schmerzen wand, so ein junges Ding, aus dessen Bauch ein Kind in die Welt drängte. Es schrie also eine junge Frau in den Wehen, aber niemand war da, der es hörte oder sah, bis auf Friedhelm Schultes, der sehr schnell im Bilde war, was hier geschah. Der fackelte nicht lange und alarmierte per Handy die Rettung. Da kamen sie schnell mit Blaulicht angeprescht; und wie das so ist, bringt man die Gebärende auf eine Liege, gibt eine Infusion und forscht nach Papieren. Das Kind wollte immer vehementer heraus, aber mit der Adresse der Frau stimmte etwas nicht. Also machte Friedhelm Schultes die Entbindende einfach zu seiner Enkelin. Nun wurde zur Klinik gerast, entbunden und gepflegt.

Schließlich sollten Mutter und Kind „nach Hause" entlassen werden. Und wo war das?

Richtig – es war Friedhelms Siedlungshaus, denn er als „Großvater" hatte ja diese Adresse angegeben. Und wie ein solcher sorgte er für die junge Frau und ihr Neugeborenes, buchte gar da und dort etwas von seinem Sparkonto ab. Er fragte die Frau zwar nichts, forschte aber bei den Gangs und Cliquen der Gegend nach, bis er eines Tages den Kindsvater tatsächlich fand, zu „seiner Familie" brachte und die drei eine Weile alleine ließ.

Danach zog noch einer in das Siedlungshaus. Es muß nicht einfach gewesen sein für alle, wirklich eine richtige Familie zu werden, nicht nur mit Turtelei und Verspieltheiten, sondern auch mit Verantwortung und Pflichterfüllung. Aber der Opa Schultes ließ nicht locker bei seinen Jungen wie auch bei Ämtern und Behörden. Mit Erfolg. Für den jungen Vater fand sich Arbeit, später auch eine Wohnung für die kleine Familie.

Doch Opa Schultes hat seine Erfahrung gemacht im Leben, also bleibt er auch jetzt an der Sache dran, wie man so sagt, und läßt die Jungen nicht aus den Augen, selbst wenn sie das gar nicht zu merken scheinen. Aber ist das nicht ebenso mit den wirklichen Engeln? Was meinen Sie?"

Und nun lachen wir uns beide an und bestellen noch einen Kirsch. Da zieht mein Nachbar wieder seine Barockschnute: „Natürlich – die gemalten, geschnitzten und gemeißelten Gottesboten müssen schön sein. Wer hängt sich wohl ein Bild über das Bett mit einem Engel, der alterskrumm, zahnlückig und graubärtig ist? Und dabei kommt es doch nur auf die Herzensgüte an!"

*(Weitere **ZEITGUT**-Beiträge dieses Autors sind am Buchende vermerkt.)*

[Duisburg – Borgentreich bei Warburg – Herdecke –
Dortmund, Nordrhein-Westfalen;
2010 / 1960 / 1998]

Raymonde Prior

Das Weihnachts-Wunschkind

Wieder einmal stand Weihnachten vor der Tür. Wir holten den
alten Christbaumschmuck und die große Krippenlandschaft
vom Dachboden. Bald fand ich mich, auf dem Boden sitzend,
inmitten duftender Tannenzweige, Kerzen, glänzender Kugeln und Lametta – erfüllt von der Erinnerung an ein wundersames Ereignis vor zwölf Jahren, das mich immer wieder
erschauern läßt. Warum war es gerade mir passiert?

Vielleicht, weil Weihnachten für mich schon als Kind so etwas ganz Besonderes, etwas wunderbar Magisches, Faszinierendes war; ein Zauber, der wie Sternschnuppen auf mich niederfiel, wenn ich daran dachte. Weihnachten – dieses Wort,
das den Duft von Mandarinen, das Gefunkel von Kerzenlicht
und die Melodie der Stillen Nacht in sich barg, war schon von
klein auf für mich das Synonym für pure Glückseligkeit. Meine Eltern hatten, solange ich denken kann, dafür gesorgt, daß
schon die Adventszeit ein ganz besonderes Erlebnis war.

Engelsflitter

Anfang Dezember 1960 – ich war ein kleines Mädchen von fünf
Jahren – hieß es früh am Morgen: auf zum Kindergarten! Meine
Mutter schloß unsere Wohnungstür auf und rief mich mit einem
erstaunten „Komm mal schnell her und guck dir *das* an!"

Ich starrte auch auf die roten Holzdielen des Treppenhauses: Der Boden glitzerte ganz leicht, wie mit feinem Goldflit-

*Weihnachten 1959
stehe ich mit
meinem Bär Petzi
staunend vor der
Krippe.*

ter bestreut. Diese Spur kam vom unteren Flurfenster und
ging hinauf zum Dachboden. Fasziniert stand ich da, bis
meine Mutter mir zuflüsterte: „Die Engelchen haben auf ihrem Weg Glitzer von ihren Kleidchen verloren."

Jetzt wußte ich ganz gewiß: Wieder war Weihnachtszeit!
Und die Engelchen arbeiteten dort oben in dem geheimnisvollen Mansardenzimmer an den Geschenken.

Tage vor Weihnachten blieb auch das Wohnzimmer verschlossen. Meine Eltern halfen dort bis zum späten Heiligen Abend den Engelchen bei den Vorbereitungen zur Bescherung. Wenn ich es wirklich nicht mehr aushielt vor Aufregung, erklang endlich, endlich zart ein Silberglöckchen,
und ich durfte ins Weihnachtszimmer. Im noch dunklen
Raum erahnte man nur den Glanz der spiegelnden Christ-
baumkugeln. Der Duft der Fichtenzweige, die auf dem Ofen
lagen, erfüllte den Raum. Wie in Trance setzte ich mich vor
der großen Krippenlandschaft auf den Boden. Die Zeit stand

still. Wir lauschten der feierlich vorgetragenen Weihnachtsgeschichte. Das einzige Licht im Raum war eine kleine La-
terne im Krippenstall, deren Schein die Gesichter der Heiligen Familie erleuchtete. Bewegt schaute ich auf das Christkind mit seinem goldenen Heiligenschein. Die ganze Welt
schien nur auf dieses kleine hilflose Wesen zu blicken. Nichts
sonst war jetzt wichtig! Nun war sie da, die „Stille Nacht".
Während wir weitere der so vertrauten Weihnachtslieder
sangen oder wenigstens mitsummten, zündete mein Vater
die Kerzen am Baum an. Welch betörendes, strahlendes
Funkeln und Glitzern! „Oh, du fröhliche...!"

Nun erst konnte man die ganze Krippenlandschaft er-
kennen mit Hirten, Lagerfeuer, Brunnen, Kamelen und
Königen und einem See mit Enten! Jetzt aber war meine
Spannung auf dem Höhepunkt. Wo waren die Geschenke?

Da, hinter mir, warteten wunderschön in Engelspapier ein-
gewickelte Päckchen auf mich, und in der Glastür unseres
Wohnzimmerschranks klemmte das Hinterteil des sehnlichst
gewünschten kleinen „Steiff"-Esels. Sein schwarzer Pinsel-
schwanz war mit diesem geheimnisvollen Flitter bestreut,
der Wochen zuvor auf den Dielen gelegen hatte. Das war der
Beweis: Hier waren himmlische Mächte am Werk!

Ein Glücksgefühl durchflutete mich. Tief in meinem Herzen blieb ich von da an ein leidenschaftliches Weihnachtskind.

Marias Weihnachtsüberraschung

So stehe ich auch heute noch staunend vor der Krippe. Es
sind nicht nur die sentimentalen Kindheitserinnerungen, die
mir vor Glück und Dankbarkeit ein Gänsehautgefühl geben.
Für mich hat Weihnachten fast vierzig Jahre später eine ganz
besondere Bedeutung bekommen.

Es geschah 1998. Inzwischen war ich 43 und hatte aus
meiner ersten Ehe einen siebenjährigen Sohn, dem ich immer Geschwister wünschte, denn ich als Einzelkind hätte so
gerne einen großen Bruder gehabt. Aber auch das emsigste

Bestreuen der Fensterbank mit Brotkrumen hatte mir damals leider nicht geholfen, den Storch anzulocken. Mit Michael, meiner großen Liebe, die mir nach der Scheidung der Himmel geschickt hatte, endeten jedoch alle Versuche, noch ein heißersehntes gemeinsames Kind zu bekommen, in Fehlgeburten. Aus der Traum. Oder es noch einmal wagen – mit 43 Jahren? Sollten wir *das* Risiko auf uns nehmen?

Wir hatten doch schon zwei wunderbare Kinder: ich meinen Sohn Jerome und Michael die damals zehnjährige Mareike. Die Ärzte ermutigten uns zu einem letzten Versuch.

Ostern 1998 besuchten wir meine Schwiegermutter und gingen dort in Borgentreich zu einer Lourdes nachempfundenen Marien-Wallfahrtsstätte. Viele Dankesschilder deuteten darauf hin, daß sich wohl etliche Bitten der Besucher erfüllt hatten. Leise betete ich vor der großen Marien-Statue: „Bitte, bitte, ich hätte so gerne noch ein Kind!"

Keinem sagte ich etwas davon. Kurze Zeit später war ich erneut schwanger! Mein Mann und ich behielten diese große Freude diesmal für uns. Wie oft hatten wir gejubelt und dann...

Wochenlang bangten wir um unser Kleines. Mein Mann erzählte mir nun, daß auch er in der Mariengrotte um ein Kind gebeten hatte. Es war diese stille Gemeinsamkeit, die uns seitdem besonders stark miteinander verband!

Wir taten alles, um unser Baby zu behalten. Dieses letzte Mal durften wir es nicht wieder verlieren. Und es blieb! Nach Wochen besorgten Hoffens ermunterten uns die Ärzte, zuversichtlich zu sein. Würden wir wirklich demnächst zu fünft sein? Wir konnten unser Glück kaum fassen und verrieten nun endlich den völlig überraschten Sieben- und Zehnjährigen das große Geheimnis. *Ein* Termin stand nun ganz groß in unseren Herzen: der 26. Dezember 1998! War es Zufall, daß sich dieser kleine Junge ausgerechnet das Weihnachtsfest als Geburtstag ausgesucht hatte?

Die Adventszeit gestalteten wir natürlich so romantisch wie immer. Als Adventskalender verwendeten wir 24 Babysöckchen, die nun eine ganz besondere Bedeutung hatten. Mit jedem Tag waren wir unserem Baby ein Stückchen näher. Wie sehr freuten wir alle uns nun auf Weihnachten!

Wieder wurden am Tag vor dem Heiligen Abend die Geschenke verpackt, der Christbaum geschmückt. Spät in der Nacht bauten wir noch die alte Krippe auf und legten das Christkind hinein – das Wichtigste, das Weihnachten erst seinen Sinn gibt. Zwei Uhr morgens war es schon, als wir erschöpft, aber zufrieden schlafen gehen wollten. Weihnachten konnte jetzt für uns und unsere Kinder kommen. Und da bezog sich unser Kleiner nun auch schon mit ein. Er wollte nicht erst am zweiten Weihnachtstag dabeisein, sondern schon am Heiligen Abend wie das Christkind unter dem Weihnachtsbaum liegen; wollte seine Geburt feiern, Weihnachtslieder hören, den Glanz der Kerzen sehen. Unser Baby drängte ungeduldig hinaus ins Leben. Das große

Am Heiligen Abend 1998 erblickte unser Wunschkind Joel im Gemeinschaftskrankenhaus Herdecke das Licht der Welt. Unendlich glücklich halte ich ihn in meinem Arm.

Wunder nahm seinen Lauf. Ausgerechnet jetzt – eine schöne Bescherung! Nun hieß es also wieder: Warten auf das
Christkind, diesmal auf unser eigenes!

Heiligabend um 19.25 Uhr erblickte unser Sohn das (Weih-
nachts-)Licht der Welt! Zur besten Bescherungszeit, die man
sich für unser schönstes Weihnachtsgeschenk nur denken
konnte! Als man mir das in ein weißes Handtuch gewickelte
Baby brachte, war es, als ob ich ein Geschenk auspackte, und
sichtbar wurde ein kleines orangen-ähnliches rundes Gesicht
mit wachen erstaunten Augen: Da bin ich!

Der Arzt in Herdecke schlug für unseren kleinen Sohn sofort den Namen Noel – französisch: Weihnachten – vor. Wir
hatten uns aber vorher schon für Joel entschieden. Erst Wochen später stellten wir fest, daß Joel am 13. Juli Namens-
tag hat. An diesem Tag hatten Michael und ich uns kennengelernt und auf den Tag genau sieben Jahre später vor dem
Traualtar gestanden! Wieder ein Zufall?

Nun lag Joel am späten Heiligen Abend neben mir auf dem
nackten Bauch seines Papas, der ihm leise Weihnachtslieder
vorsummte. Das Licht war schummrig, nur eine Kerze brannte, die drei nette Schwestern wie drei Heilige Könige mit dem
schönsten Weihnachtslied der Welt hereingebracht hatten.
Dazu gab es einen Weihnachtsteller mit Mandarinen und
Plätzchen und ein Paar Babyschühchen, selbstgestrickt aus
hellblauer Wolle mit Glitzerfäden: Joels erstes Weihnachtsgeschenk! So hat das Lied „Stille Nacht, Heilige Nacht" eine
ganz persönliche, einzigartige Bedeutung bekommen. *Unser*
Wunder war geschehen: Der Himmel hatte uns ein eigenes
Christkind beschert!

Unser Sohn wuchs heran; nun ist er schon zwölf Jahre alt.
Er liebt das Weihnachts-Geburtstagsfest mit all den traditionellen Kleinigkeiten, die schon für mich immer dazu gehörten, wie der kleine alte Esel, der nun im Kinderzimmer
und Weihnachten im Krippenstall steht. Jedes Jahr genießt

An seinem zweiten Geburtstag sitzt Joel Weihnachten 2000 auf dem Skateboard seines Bruders Jerome.

Ostern 1999 haben wir in der Mariengrotte in Borgentreich bei Warburg das Dankes-schild angebracht.

er es, wenn seine Geschwister für ihn aus voller Überzeugung mit uns das Geburtstagslied „Wie schön, daß du geboren bist..." singen. Joel ist eben ein echtes Weihnachtskind. Und ab und zu besucht er mit uns sein Dankesschild in der Mariengrotte.

[Techau, Ostholstein – Hamburg –
Hannover – Hamburg;
23./24. Dezember 2002]

Florentine Naylor

Ein Weihnachtsfest der etwas anderen Art

Draußen ist es dunkel geworden. Ich habe die Vorhänge geschlossen und bin allein. Der zweite Weihnachtsfeiertag klingt aus. Meine Tochter Katrin, die mich heute morgen nach Techau gefahren hat, ist nach Hamburg zurückgekehrt, und ich frage mich: War denn überhaupt Weihnachten?

Nach dem üppigen Lichterschmuck und dem allgemeinen Einkaufsrausch zu schließen, gehe ich davon aus. Waren wir nicht sogar diesmal eingeladen worden, in Lörrach bei meinem lieben Bruder zu feiern, und hatten schon wochenlang gehört, wie eifrig die tüchtige Schwägerin sich auf unseren Besuch vorbereitete?

Ja, es stimmt! Meine Tochter und ich beabsichtigten, in diesem Jahr gemeinsam nach Lörrach zu fahren, weil niemand weiß, ob und wann wir beiden Alten, mein Bruder und ich, noch einmal vertraut unter einem Christbaum werden sitzen können. Und wir alle freuten uns darauf.

Die Vorfreude half, die Vorbereitungen rechtzeitig und gut zu erledigen, so daß ich am 23. Dezember in den Mittagsstunden wie geplant in Hamburg auf dem Hauptbahnhof ankam, wo mich angeblich Ali, ein „Zivi" aus der Sozialstation meiner Tochter, abholen würde. Wie groß waren Freude und Überraschung, als ich Maxi, den Freund meiner Enkelin Sarah, und wenig später auch sie selbst entdeckte. Alis Einsatz war nicht nötig gewesen. Wir kauften Kuchen und machten uns dann in Katrins Wohnung eine behagliche Kaffeestunde, bis sich meine Tochter endlich ihren Feierabend verdient hatte und nach Hause kam.

Nach einem geruhsamen Abend und gut durchgeschlafener Nacht holte uns das Taxi um 7.30 Uhr ab und brachte uns zum Hauptbahnhof. Pünktlich, kurz nach acht Uhr, fuhr der ICE 73 von Kiel nach Interlaken ein, der uns nach Basel bringen sollte. Und problemlos fanden wir unsere reservierten Plätze, die leider mit dem Rücken zur Fahrtrichtung standen. In Kassel allerdings sollte sich die Richtung ändern, was uns tröstete. Solange würden wir es schon aushalten. Noch ahnten wir nicht, daß dieses Übel wohl das Geringste der kommenden Reise bleiben und sich von selbst erledigen sollte.

Erste Anzeichen

Während wir nun durch die graue Landschaft braustten und am Rauhreif der Wälder und Büsche am Bahndamm feststellen konnten, daß uns der Winter mit Frost und Nebel noch immer fest im Griff hatte, bemerkte ich, daß seltsame graue Schwaden an den Fenstern vorbeitrieben wie wilde Wolkenrosse. Regen war es, der schreckliche und berüchtigte Eisregen, der sofort gefriert, wo und wann immer er die Erde berührt. Bald wurde an jeder Station gewarnt, beim Aussteigen nur ja gut aufzupassen, denn die Bahnsteige seien spiegelglatt.

Im Zug wurde unter Entschuldigungen vermeldet, daß die Kaffeemaschine des Restaurants ihren Geist aufgegeben hätte. Wir lachten und waren sogleich bereit, auf den Kaffee zu verzichten. Wenig später verkündete die gleiche vertraueneinflößende Stimme, daß leider auch Radio- und Stereo-Anlagen den Dienst verweigerten. Seltsam, das sei gar nicht zu erklären.

„Na", meinte meine Tochter ahnungsvoll, „wenn nur die Heizung nicht auch noch ausfällt! Mir wird schon richtig kalt."

Lüneburg hatten wir bereits hinter uns gelassen, als sich die freundliche Stimme wiederum durch die Lautsprecher hören ließ: „Verehrte Fahrgäste, Sie werden bemerkt haben, daß wir nicht mehr mit voller Geschwindigkeit fahren, und wenn der Regen nicht aufhört, haben wir bald ein Problem."

Was sollten wir uns darunter vorstellen?

Noch immer machten wir ohne Kaffee und ohne Radio gute Miene zum bösen Spiel, lachten und scherzten. Ja, wir kamen uns in dieser seltsamen und unerwarteten Notlage plötzlich näher. Jeder Mitreisende wurde zum Bruder in der Not. Allerdings sahen wir mit Schrecken und Erstaunen, wie über uns an den Oberleitungen ständig ein Funkenregen die Dunkelheit zerriß, der an Wunderkerzen mit tausendfältiger Kraft erinnerte.

Ja, und plötzlich standen wir irgendwo in der Walachei – einige Kilometer hinter Hannover. Noch immer vermuteten wir, unsere zuverlässige Bahn würde den Schaden bald behoben haben und sich aufs Neue in Bewegung setzen. Aber nein! Es war anscheinend endgültig um den tapferen ICE geschehen. Er war kaputt.

Eine seltsame Unruhe machte sich breit. Die freundliche Stimme verkündete, daß man eine völlig neue Situation zu meistern habe, die man nicht der Bahn, sondern nur dem alten Petrus dort oben in die Schuhe schieben könne. Man sei ratlos. Kurz darauf kam eine weitere Meldung. Man führe nun auf ein Nebengleis und erwarte dort einen anderen Zug, in den man versuchen wolle, uns alle zu evakuieren.

Jetzt wurde meine arme Tochter bleich. Unser ganzer Zug stehe unter Starkstrom, wir befänden uns in akuter Lebensgefahr, glaubte sie. Niemals würde man ohne Lebensgefahr an Evakuierung denken! Wenn jetzt die Elektronik aussetzte und die Türen sich nicht mehr öffnen ließen, was dann? Würden wir genügend Luft haben? Würden wir ersticken oder erfrieren – oh, oh, oh!

Sie geriet völlig in Panik. Vielen Mitreisenden mag es ähnlich ergangen sein, und obendrei trug sie ja auch noch die Verantwortung für mich, ihre alte Mutter!

Die Kinder bemerkten die Unruhe der Erwachsenen und fingen jämmerlich an zu weinen. Heute war doch Weihnachten! Nikola mit den großen ernsten Augen, die bisher so brav und vernünftig gespielt hatte, fragte unter Tränen, wo denn das Christkind sei. Es schaute doch immer durch die Fenster und wisse um all unsere Not. Ich versuchte zu trösten.

„Bitte ziehen Sie die Mäntel an", tönte es nun, „und setzen Sie sich vorerst noch einmal hin. Das Personal wird sofort die orangerote Schutzkleidung anlegen und an den Türen der Wagen 3, 7 und 9 Treppen und Gleiten anbringen. Bitte Ruhe bewahren! Wir werden Sie alle langsam von diesem Zug hinüber in den anderen bringen, der weiter nach Süden fährt."

Da saßen wir in unseren Mänteln und warteten. Nichts geschah. Schließlich hörten wir: „Verehrte Fahrgäste, wir müssen die Evakuierung aufgeben, denn auch der andere Zug liegt fest. Wir versuchen jetzt, zurück nach Hannover zu kommen, und von dort aus wird sich gewiß eine Möglichkeit ergeben, die Reise fortzusetzen."

Verlassene Schäflein

Gesagt getan. Im Schneckentempo ging es zurück nach Hannover, wo wir zum letzten Mal die Stimme hörten, der wir vertrauten. Sie versprach uns weitere Hilfe in aller Not und komplimentierte uns vom warmen Zug hinaus auf den kalten Bahnsteig. Nun standen wir, so etwa 600 Reisende, wie eine Hammelherde ohne Hirten auf dem zugigen, kalten Bahnsteig und hofften noch immer auf „die Stimme". Doch die war endgültig verstummt. Unser weiteres Los schien niemanden mehr zu interessieren. Sollten wir doch sehen, wo wir blieben!

Ein wirklich grauenvoller Zustand der Hilflosigkeit bemächtigte sich der Reisenden, insbesondere natürlich der

Mütter mit Kleinkindern und Säuglingen. Lange konnten wir bei diesen Witterungsverhältnissen nicht auf dem Bahnsteig warten, und tatsächlich wurden wir nach einiger Zeit – mag es eine Stunde oder mehr gewesen sein – statt in einen Zug nach unten in die Bahnhofshalle dirigiert. Dort war es brechend voll, aber auch nicht viel wärmer, und niemand vom Bahnhofspersonal konnte irgendeine Auskunft geben. Ja, hatte denn die gepriesene Bahn keinen Krisenstab, der eine Lösung für dieses Problem fand? – Offenbar nicht.

Meine Tochter, die als Leiterin einer Sozialstation in keiner Notlage ihre Kranken unversorgt lassen darf, sich immer etwas einfallen lassen muß und das auch tut, war von glühendem Zorn erfüllt! Sie war es dann auch, die die Initiative ergriff. Seit geraumer Zeit stand auf dem Bahnsteig ein Zug, der versuchen wollte, zurück nach Hamburg zu gelangen. „Und den nehmen wir jetzt, komme, was wolle!"

Also wieder das Gepäck geschultert, die Treppen hinauf und hinein in den immerhin warmen Zug. Wir waren ja schon fast erstarrt vor Kälte! Sitzplätze gab es zum Glück, denn die meisten Reisenden hofften noch immer auf die Weiterfahrt nach Süden. Irgendwann setzte sich der Zug sogar in Bewegung – wiederum unter dem „Feuerwerk der Wunderkerzen" – und rollte langsam in nördlicher Richtung. „Und führe mich, wohin ich *nicht* will!" Diese Zeile aus dem Gebet irgendeines Heiligen ging mir durch den Kopf, während Kati meinte: „Wer weiß, wozu es gut ist!"

So fanden wir uns beide in das den Heiligen Abend überschattende Schicksal.

Im Schneckentempo

Wer nun denkt, daß wir zügig nach Hamburg zurückkehrten, irrt sich. Wir krochen im Schneckentempo und hatten immer wieder lange Wartezeiten auf der Strecke, weil andere Züge vorbeigelassen oder zur Seite geschafft werden mußten. Hin und wieder fragten wir eine junge Schaffnerin, ob wir Hamburg wohl noch erreichen würden. Und jedesmal antwortete sie mit stoischer Ruhe: „Natürlich! Mein Auto steht am Bahnhof Altona, und ich will es heute noch dort abholen."

Vor Celle schien es vorerst überhaupt nicht weiterzugehen. Auf freier Strecke standen wir Stunden, und ich beobachtete müde die gläsernen Äste junger Bäume neben dem Gleis, die von Windstößen gerüttelt wurden. Inzwischen hörten wir, daß auch große Bäume durch die Last der Eispanzer umgebrochen und auf die Schienen gefallen waren. Handys wurden ausgeliehen, um Angehörige zu verständigen und zu beruhigen. Man hätte sich gern eine Tasse heißen Kaffee geholt, aber die Belegschaft des Bordrestaurants war wieder zurück nach Hannover gerufen worden, angeblich um den Zug nach Wien zu begleiten, der dann aber auch nicht fuhr.

Endlich, im Bahnhof Celle, erfuhren wir, daß die ganze Oberleitung über Hannover durch die Last des Eises heruntergebrochen war, und daß kein einziger Zug mehr von dort weg kam. Für viele Reisende war die Fahrt dort zu Ende; sie mußten zum Teil sogar Weihnachten in den Abteilen der Züge verbringen und auf Bänken und Fußböden übernachten. Wie sehr hätte man ihnen wenigstens das Bordrestaurant gegönnt. Wie schön wären in dieser Situation ein Stück Christstollen und ein Glas Glühwein gewesen!

Stattdessen bekamen wir alle einen Gutschein über 25 Euro für einen beliebigen Fahrschein, einzulösen in den nächsten zwei Monaten. Aber wer würde ihn nutzen mögen und können?

Kati und ich hatten uns nur kärglich mit Proviant eingedeckt und teilten uns im Laufe der Stunden ein Käsebrot und etwas Schokolade. Vor lauter Aufregung und Erschöpfung merkten wir den Hunger aber kaum.

Als wir Celle endlich hinter uns ließen, schien es unserer Lok besser zu gehen. Ein Zug des Technischen Hilfswerks hatte stundenlang neben uns gehalten und wahrscheinlich die Maschine enteist. Langsam kam sie in Fahrt. Der Zugführer ließ uns durchs Mikrophon wissen, daß wir inzwischen mit einer Geschwindigkeit von 47 Stundenkilometern fuhren. Alles klatschte Beifall. Etwas später meldete er 121 Stundenkilometer. Tosender Jubel!

Und endlich sahen wir die Lichter von Harburg auftauchen. Tatsächlich, unser Zug hatte es geschafft; die junge Schaffnerin konnte noch rechtzeitig ihr Auto abholen, bevor die Kerzen angezündet wurden.

Es war kurz vor 18 Uhr, als meine Tochter an den Schalter stürzte, um sich wenigstens die Fahrt, die nicht stattgefunden hatte, bestätigen zu lassen. Schließlich hatten wir viel Geld dafür bezahlt, und ich hoffte, daß wir entschädigt würden. Zehn Stunden waren wir von Hamburg nach Hannover und zurück gefahren – mal ganz abgesehen von allen Ängsten und Strapazen. Da würde sich die Bahn etwas einfallen lassen müssen und hoffentlich nicht kleinlich sein! Eigentlich, überlegte ich, müßten alle Reisenden neben dem Ersatz ihrer Unkosten ein Weihnachtspaket bekommen, denn alle waren mustergültig ruhig und beherrscht gewesen.

In Hamburg war es ebenfalls spiegelglatt, wir waren froh, am Heiligabend doch noch ein Taxi zu bekommen. Obwohl sie ja nicht damit gerechnet hatte, heute noch kochen zu müssen, machte sich meine liebe Tochter doch gleich daran, ein Festessen zu zaubern. In der Tiefkühltruhe fanden sich Rouladen, im Kühlschrank noch ein Kopf Salat, und Spätzle gab es auch. So konnten wir uns den Abend doch ein wenig festlich gestalten, obwohl uns recht traurig ums Herz war.

In Lörrach saßen unsere verhinderten Gastgeber unter einer Supertanne und konnten vor Kummer ebenfalls kaum etwas essen. Es tröstete uns nun nur der Gedanke, den Besuch im Frühling nachzuholen – aber dann mit dem Auto. Das stand fest!

*(Weitere **ZEITGUT**-Beiträge dieser Autorin sind im Autorenverzeichnis am Ende des Buches vermerkt.)*

[Spenge, Ortsteil Lenzinghausen, Kreis Herford,
Nordrhein-Westfalen;
1910 – 2000]

Margret Krah

Unser Vier-Generationen-Baum

Heutzutage überlegen sich viele Familien zur Weihnachtszeit, wie in diesem Jahr ihr Christbaum wohl aussehen soll. Man informiert sich, welche Farbe aktuell ist: Rot, Blau, Lila, Silber, Gold, oder auch Weiß. Um modern zu sein, muß man doch dem neuesten Trend folgen. Der Baumschmuck des vergangenen Jahres ist schon von der Müllabfuhr abgeholt worden.

In unserer Familie habe ich ein solches Verhalten nie kennengelernt. Großmutter nahm nach Weihnachten die Baumdekoration vorsichtig ab, verpackte sie, in Seidenpapier gewickelt, in Kästen mit kleinen Fächern und versteckte den Schatz oben im Haus in einem Bodenraum. Viele Jahre hatte der Christbaum das gleiche Aussehen: Lametta wurde glattgestrichen und mehrere Male benutzt, die Kugeln waren silberfarben, darauf weiße Flecke, die wie Schnee aussahen. Einige Kugeln hatten eine farbige Einbuchtung; an dieser Stelle prüften wir Kinder gern die Stabilität. Oft klirrte es, aber die eingedrückte Kugel wurde nicht entsorgt und fand sich im kommenden Jahr am Weihnachtsbaum wieder. Die Hochachtung vor dem Christkind war grenzenlos: Wo blieb es mit dem Baumschmuck? Wie konnte es unseren von dem anderer Familien unterscheiden?

Ganz besonders hübsch waren die Nüsse, die Tannenzapfen, der bunte Vogel und der Eisvogel. Die Wachskerzen waren weiß.

Als Großmutter nicht mehr lebte, hatte unsere Mutter eigene Ideen. Der alte Baumschmuck blieb zum größten Teil im Kasten, das Aussehen des Weihnachtsbaumes veränderte sich. Die Kugeln waren größer und bunter. Die Baumspitze wurde ausgetauscht, ebenso das Lametta. Die ganze Familie bastelte Sterne aus Strohhalmen. Diese wurden längs einmal aufgeschnitten und flachgebügelt. Je nach Temperatur des Bügeleisens färbte sich das Stroh heller oder dunkler. Ein Stern war schöner und kunstvoller als der andere. Mutter selbst bastelte sehr einfache Sterne. Das Stroh dafür holte sie aus dem Viehstall. Aber gerade diese einfachen Sterne beeindruckten.

Die Kerzen, bei uns „Lichter" genannt, waren immer noch weiß. Wir vier Kinder legten Wert darauf, auch unsere Ideen zu verwirklichen. Ketten aus Stroh und buntem Papier und kleine Fröbelsterne schmückten den Baum. Sie zu basteln war nicht einfach. Unser ältester Bruder hatte die Technik während eines Krankenhausaufenthaltes gelernt, und nun probierten wir sie begeistert aus.

Wir Kinder hatten „Fri Homa Leuchtfiguren" gesammelt. Die Margarinefabrik Fritz Homann in Dissen/Bad Rothenfelde legte in den 1950er und 1960er Jahren ihren Kunden beim Kauf eines halben Pfundes Margarine kostenlos eine kleine, weiße Figur dazu. Ein genialer Werbeschachzug!

Jungen und Mädchen entwickelten eine regelrechte Sammelleidenschaft, denn die Figuren waren in Gruppen zu unterschiedlichen Themen geordnet, und so ließen sich ein Bauernhof, ein Zirkus, ein Zoo, die Grimmschen Märchen, eine Stadt und sogar die weihnachtliche Krippe zusammenstellen. Damit die Figuren gerecht verteilt würden, hatten wir einen Einkaufsturnus, an den jedes Kind sich halten mußte. Doppelte Exemplare tauschten wir untereinander. Noch heute sind diese Beigaben auf Flohmärkten begehrte Sammelobjekte. Eine absolute Besonderheit allerdings waren die weihnachtlichen Leuchtfiguren: Nikoläuse, Engel, Glocken, Sterne, Schlitten. Wenn man sie unter eine elektrische Glühbirne hielt,

Die kleinen, bis zu fünf Zentimeter hohen Fri Homa-Leuchtfiguren sind heute begehrte Sammlerobjekte.

leuchteten sie eine Weile im Dunkeln, oft auch in unseren kleinen Händen. Die Figuren wurden an einen weißen Zwirnsfaden gebunden und ebenfalls an den Christbaum gehängt.

Als die ersten Enkelkinder die Familie vergrößerten, schmückten bunte Schokoladenteile und viele im Kindergarten oder in der Schule gefertigte Basteleien den Weihnachtsbaum. Vor allem aber wurden die Talglichter aus Sicherheitsgründen durch elektrische Kerzen ersetzt.

Als mein Vater verstorben war und Mutter immer mehr Hilfe benötigte, schmückten mein Mann und ich in jedem Jahr für sie den Weihnachtsbaum. Dieser Brauch wurde zu einer festlichen Zeremonie. Mutter saß in einem Sessel und beobachtete, beaufsichtigte und kommentierte unsere Tätigkeit. Während sich die Tanne oder Fichte immer mehr zum Weihnachtsbaum wandelte, wurden bei ihr und bei uns die schönsten Erinnerungen wach.

Wir holten sämtlichen noch vorhandenen Weihnachtsschmuck vom Boden. Der Baum wurde ein Vier-Generationen-Baum. Ganz oben hing der Schmuck aus Großmutters Zeit: die unversehrten und eingedrückten Kugeln, die Nüsse, Tannen- und Eiszapfen. Der bunte und der Eisvogel saßen

ganz oben auf einem Tannenzweig. Etwas tiefer hing der
Baumschmuck aus der Zeit, als Mutter im Haus das Regi-
ment übernommen hatte.

Für mich war es sehr aufregend, in der nächst unteren
Etage den Schmuck aus meiner Kindheit aufzuhängen. Die
Fri Homa-Figuren fielen farblich nicht sehr auf, weckten aber
Erinnerungen. Mutter hatte die größte Freude an den Basteleien der Enkelkinder ganz unten am Baum. Bemerkenswert waren ihre Kommentare, natürlich gesprochen in ihrer
geliebten plattdeutschen Sprache:

„Wenn Oma dat no seun könne!"
„Wenn Papa dat no erlieben könne!"
„Niu es van iuse Kinner keiner mer to Hius!"
„Wat send de Lütken flott chräot weoern!"

*1998. Meine
92jährige Mutter
und ich bewun-
dern unseren
Vier-Generatio-
nen-Baum.*

Unseren Weihnachtsbaum schmücken auch „Fri Homa Figuren", die die Margarinefabrik Fritz Homann in Dissen/Bad Rothenfelde in den 1950er und 1960er Jahren ihren Kunden beim Kauf eines halben Pfundes Margarine kostenlos dazulegte.

Mutter wünschte sich also, Oma könne das noch sehen, Papa das noch erleben. Und sie seufzte, jetzt sei von ihren Kindern schon keins mehr im Haus, wie schnell doch die Kleinen großgeworden seien.

Noch heute schmücken mein Mann und ich unseren Weihnachtsbaum mit Restbeständen des Weihnachtsschmucks von vier Generationen.

*(Weitere **ZEITGUT**-Beiträge der Autorin sind am Buchende vermerkt.)*

[Bad Doberan – Stralsund, Mecklenburg-Vorpommern –
Leipzig – Freiburg/Breisgau – Loxstedt bei Bremen;
Dezember 2010 / 1942–1990]

Sigrun Lienau

Ein Weihnachtsengel mit Vergangenheit

Jedes Jahr im Dezember unternehmen mein Mann und ich
anläßlich unseres Hochzeitstages am 7. dieses Monats eine
Kurzreise innerhalb Deutschlands. Im vergangenen Jahr waren wir in Bad Doberan, weil mein Mann diese Reise von
meiner Familie zum 60. Geburtstag geschenkt bekommen
hatte.

Unser erster Spaziergang führte uns zufällig an einem Antiquitätengeschäft vorbei, und dort sah ich ihn – meinen
Weihnachtsengel. Im Schaufenster stand ein etwa ein Meter
hoher hölzener Leuchterengel auf einem Metallfuß, dessen
holdes Lächeln sofort mein Herz gewann. Allerdings war der
Engel in einem ziemlich trostlosen Zustand. An etlichen Stellen war die Farbe abgestoßen und teilweise auch schon abge-
blättert, so daß er reichlich „abgeliebt" aussah.

Trotzdem war ich ihm gleich innig zugetan, und da auch
mein Mann nicht abgeneigt war, betraten wir den Laden,
um in Verkaufsverhandlungen zu treten. Doch zu meiner
großen Enttäuschung teilte mir der Besitzer mit, daß der
Engel unverkäuflich sei. Er gehörte einem guten Freund des
Ladenbesitzers, der vor Jahren nach Argentinien ausgewan-
dert war und ihn hier zurückgelassen hätte. Immer zur Weihnachtszeit würde er den Engel zur Dekoration ins Schaufenster stellen, aber bisher habe sich auch noch nie jemand für
ihn interessiert.

Recht niedergeschlagen ging ich mit meinem Mann ins Hotel zurück. Doch dieser Engel wollte mir nicht aus dem Kopf gehen. In der Nacht träumte ich von ihm, und natürlich führte uns unser nächster Spaziergang wieder zu dem Antiquitätengeschäft.

Der Besitzer wunderte sich über meine Hartnäckigkeit, versprach mir aber schließlich, seinen Freund anzurufen und zu fragen, ob er den Engel vielleicht doch verkaufen dürfe.

Ich war so aufgeregt, daß ich den nächsten Tag kaum erwarten konnte. Mein Mann versuchte zwar, mich zu bremsen, denn wir hatten überhaupt noch nicht über irgendwelche Preisvorstellungen gesprochen. Ich aber war so froher Hoffnung, daß er schließlich nachgab.

Am nächsten Abend begaben wir uns gespannt zu besagtem Antiquitätengeschäft. Der Besitzer hatte inzwischen mit seinem Freund gesprochen und erfahren, daß dieser unter drei Bedingungen bereit sei, den Weihnachtsengel zu verkaufen:

Die erste Bedingung war der nicht verhandelbare Preis, der uns allerdings schlucken ließ. Wenn wir aber auf alle weiteren Weihnachtsgeschenke verzichten würden, könnten wir ihn bezahlen.

Als zweite Forderung sollten wir unsere Adresse beim Antiquitätenhändler hinterlassen, damit sein Freund, wenn er jemals wieder nach Deutschland käme, den Engel, der ein Stück Familiengeschichte sei, bei uns besuchen dürfe. Auch dieser Bedingung konnten wir zustimmen. – Doch was war die dritte Bedingung?

Die dritte Voraussetzung war, daß wir uns die Familiengeschichte des Verkäufers anhören müßten, um die Besonderheit dieses Engels richtig einschätzen zu können.

Dem stimmten wir gerne zu. Also ließen wir uns in dem gemütlichen Büro des Antiquitätenhändlers nieder und lauschten bei Kaffee und Weihnachtskeksen einer schier unglaublichen Geschichte, die so nur das Leben geschrieben haben konnte.

Die Mutter unseres Verkäufers hatte im Jahre 1942 als Zimmermädchen bei einer wohlhabenden Familie in Stralsund gearbeitet. Dort lernte sie kurz vor Weihnachten beim Tanzen einen gleichaltrigen jungen Mann kennen, der als Soldat auf Heimaturlaub war. Die beiden hatten sich sofort ineinander verliebt. Schon wenige Tage danach wurde unter dem Weihnachtsbaum Verlobung gefeiert, weil der junge Mann ja wieder „zurück in den Krieg"mußte. Zur Verlobung schenkte er seiner Verlobten diesen Weihnachtsengel. Er hatte ihn als Gesellenstück gefertigt und sich von seinen Eltern, die in einem kleinen Dorf in der Nähe von Bremerhaven wohnten, schicken lassen.

Kurze Zeit später hieß es Abschied nehmen – und nach wenigen Briefen schon hörte die junge Frau nie wieder etwas von ihrem Verlobten. Er galt als verschollen.

Dann rissen die Wirren des Krieges auch sie mit. Ihre Arbeitgeber mußten fliehen, und sie kehrte zu ihren Eltern nach Leipzig zurück. Bald nach dem Krieg heiratete sie dort, bekam einen Sohn und beschäftigte sich erst wieder mit ihrer Vergangenheit, nachdem ihr Ehemann verstorben war. Den Weihnachtsengel besaß sie noch immer. Er hatte die Kriegsjahre und alle folgenden relativ unbeschadet überstanden. Nur die Farbe war ein wenig verblaßt.

Jetzt dachte sie wieder öfter an ihren verschollenen Verlobten und an die kurze, aber sehr glückliche Verlobungszeit. Davon erzählte sie der Familie ihrer Freundin, als sie diese im Jahr 1990 in Freiburg besuchte. Der Sohn ihrer Freundin war fasziniert von dieser Geschichte. Er fragte nach dem Namen des Verlobten und dem Ort, aus dem er stammte. Dann verschwand er. Eine halbe Stunde später aber stand er schon wieder vor ihr, hielt triumphierend sein Handy in die Höhe und meinte, es wolle sie jemand sprechen.

Der Mutter unseres Verkäufers stockte fast der Atem, als sie am anderen Ende der Leitung die Stimme ihres ehemaligen Verlobten hörte, der wider Erwarten den Krieg überlebt

Das ist er, der etwa ein Meter hohe hölzene Leuchterengel, ein Gesellenstück und Verlobungsgeschenk aus dem Jahr 1942. Schonend restauriert steht er jetzt bei uns im Wohnzimmer und lächelt jedem Besucher hold und überirdisch entgegen.

hatte und sie nun fragte, ob sie sich noch an ihn erinnern könne. Im folgenden Gespräch stellte sich heraus, daß auch er inzwischen Witwer war und einem Wiedersehen somit nichts im Wege stand. Das fand dann auch schon kurz darauf in Bremen statt, und seitdem waren die beiden wieder unzertrennlich.

Später zog sie zu ihm in den hohen Norden. Nach einem Jahr wurde geheiratet, und dann haben die beiden noch einige glückliche Jahre miteinander verlebt, ehe sie kurz nacheinander verstarben. Der Sohn erbte den Weihnachtsengel. Er wollte ihn aber, als er auswanderte, nicht mit in die „neue Welt" nehmen.

Wenn ich mich vorher schon in den Engel verliebt hatte, so war ich jetzt felsenfest davon überzeugt, daß er sich uns als neue Besitzer ausgesucht hatte. Schließlich wohnen wir, wenn auch nicht im gleichen Ort, so doch in der Nähe von Bremerhaven. Also wurden wir handelseinig und „unser" Weihnachtsengel reiste mit uns nach Loxstedt.

Nach Weinachten ließen wir ihn schonend restaurieren, und jetzt steht er bei uns im Wohnzimmer und lächelt jedem Besucher hold und überirdisch entgegen.

Aber nur wir wissen, welche Botschaft unser Engel uns jeden neuen Tag vermittelt: Auch wenn eine Geschichte noch so trost- und hoffnungslos erscheint, es kann doch immer noch zu einem überraschend guten Ende kommen.

Erwarte nicht vom neuen Jahr,
was immer schon unmöglich war.
Auch der Verzicht bringt etwas Gutes,
hat man ein Herz voll frischen Mutes,
das tapfer schlägt und dem beschieden
Genügsamkeit und Herzensfrieden.

Weitere Informationen unter **www.zeitgut.de**

Verfasser

Baumgart, Erika Elfriede, geb. Maass *S. 19*
geb. 1926 in Besdorf, Kreis Rendsburg, Schleswig-Holstein,
lebt in Östringen, im Kraichgau, Baden-Württemberg.
Beruf/Tätigkeiten: Hausangestellte, Zimmermädchen, Fabrikarbeiterin.
Bisherige Zeitgut-Veröffentlichungen: Beitrag in „Hoch auf dem Erntewagen".

Behm, Ingrid-Heidelinde, geb. Schober *S. 178*
geb. 1941 in Berlin, lebt in Wolfsburg, Niedersachsen.
Beruf/Tätigkeiten: Floristin.

Bilger, Alfred *S. 73*
geb. 1921 in Stockhausen-Illfurth, Westerwaldkreis,
lebt in Dillenburg, Hessen.
Beruf/Tätigkeiten: Konrektor, im Ruhestand.
Bisherige Zeitgut-Veröffentlichungen: „Der Igel in der Weihnachtskrippe und andere Tiergeschichten".

Bierich, Rosmarie, geb. Schmeil *S. 70*
geb. 1924 in Seebenisch, Kreis Leipzig, lebt in Leipzig, Sachsen.
Beruf/Tätigkeiten: Laborantin, Sekretärin, im Ruhestand.
Bisherige Zeitgut-Veröffentlichungen: Beiträge in „Unvergessene Weih-
nachten. Band 3, 4, 5 und 9", „Wo morgens der Hahn kräht. Band 1 und
Band 2" und in „Gegessen wird immer".

Brode, Leonore, geb. Pfitzmann *S. 245, 271*
geb. 1938 in Dresden, Sachsen, lebt in Kabelsketal, Sachsen-Anhalt.
Beruf/Tätigkeiten: Zahntechnikerin, im Ruhestand.

Bisherige Zeitgut-Veröffentlichungen: Beitrag in „Unvergessene Weihnachten. Band 7".

Danne, Johanna *S. 65*
geb. 1932 in Lüben, Niederschlesien, verstorben 2012,
lebte zuletzt in Staufenberg, Hessen.
Beruf/Tätigkeiten: Einzelhandelskauffrau.
Bisherige Zeitgut-Veröffentlichungen: Beiträge in ZEITGUT Band 23 und in „Hoch auf dem Erntewagen".

Danner, Walter *S. 82, 189, 199*
geb. 1941 in Contwig/Pfalz, lebt in Zweibrücken, Rheinland-Pfalz.
Beruf/Tätigkeiten: Studiendirektor, im Ruhestand.

Döpping, Hans *S. 329, 340*
geb. 1924 in Bischleben, Thüringen,
lebt in Freiensteinau, Hessen.
Beruf/Tätigkeiten: Lehrer, im Ruhestand.
Bisherige Zeitgut-Veröffentlichungen: Beiträge in ZEITGUT Band 4, 8, 22, in „Unvergessene Schulzeit. Band 3", „Unvergessene Weihnachten. Band 4 und 6", „Hoch auf dem Erntewagen" und „Der Igel in der Weihnachtskrippe und andere Tiergeschichten".

Freese-Mohnike, Erika, geb. Freese *S. 88*
geb. 1926 in Hollen, Kreis Leer,
lebt in Wiesmoor, Niedersachsen.
Beruf/Tätigkeiten: Lehrerin, im Ruhestand.

Haas, Hilde, geb. Schweren *S. 119*
geb. 1933 in Esch bei Elsdorf, lebt in Wiehl, Nordrhein-Westfalen.
Beruf/Tätigkeiten: Verwaltungsangestellte, im Ruhestand.

Handschick, Inge *S. 336*
geb. 1930 in Zittau, Oberlausitz, lebt in Zittau, Sachsen.
Beruf/Tätigkeiten: Textilfachschule, 1949 Neulehrerin, Fachlehrerin für Deutsch und Sport, Autorin und Herausgeberin.
Bisherige Zeitgut-Veröffentlichungen; Beiträge in „Unvergessene Weihnachten. Band 5 und Band 6".

Hartmann, Barbara, geb. Müller *S. 239*
geb. 1924 in Saalfeld/Saale, verstorben 2005,
lebte in Saalfeld und Jena, Thüringen.
Beruf/Tätigkeiten: Philologiestudium, wegen Heirat abgebrochen; Hausfrau, Ausbildung zur Bankkauffrau, Kassiererin in der Sparkasse Jena.

Hasselmann, Horst *S. 208*
geb. 1939 in Gadebusch, Mecklenburg, lebt in Weimar, Thüringen.
Beruf/Tätigkeiten: Dipl.-Bauingenieur, im Ruhestand.

Heina, Veronika *S. 265*
geb. 1951 in Weißenfels/Saale,
lebt in Weißenfels/Saale, Sachsen-Anhalt.
Beruf/Tätigkeiten: Ing. Ökonom für Binnen- und Außenhandel.

Held, Barbara Charlotte, geb. Fülster *S. 205*
geb. 1944 in Berlin, verstorben 2012, lebte zuletzt in Köln, Nordrhein-Westfalen. Beruf/Tätigkeiten: Dipl.-Verwaltungswirtin, im Ruhestand.

Henninger, Doris, geb. Sennlaub *S. 185*
geb. 1944 in Brieg, Schlesien, lebt in Erlangen, Bayern.
Beruf/Tätigkeiten: Pädagogin, Ehe-, Familien- und Lebensberaterin, Supervisorin, im Ruhestand.

Herzog, Renate, geb. Meyer *S. 57*
geb. 1944 in Floß, Oberpfalz, lebt in Stolberg, Nordrhein-Westfalen.
Beruf/Tätigkeiten: Mitarbeiterin bei der Deutschen Bundespost, Hausfrau.

Heun, Dr., Hans-Georg *S. 23*
geb. 1928 in Berlin, lebt in Panketal, Brandenburg.
Beruf/Tätigkeiten: Hochschuldozent im Bereich Pädagogik an der Humboldt-Universität in Berlin, im Ruhestand.

Hochstrate, Doris, geb. Witzmann *S. 261, 305*
geb. 1951 in Römhild, lebt in Haina, Thüringen.
Beruf/Tätigkeiten: Lehrerin, im Ruhestand.
Bisherige Zeitgut-Veröffentlichungen: Beiträge in „Der Igel in der Weihnachtskrippe und andere Tiergeschichten".

Höpke, Ingelore, geb. Linke S. 127
geb. 1938 in Stettin, lebt in Nordholz-Spieka, Niedersachsen.
Beruf/Tätigkeiten: Schwesternhelferin, Fürsorgerin, Altenpflegerin, im Ruhestand.

Homann, Klaus S. 229
geb. 1957 in Bamberg, lebt in Hirschaid, Bayern.
Beruf/Tätigkeiten: Wirtschaftsfachwirt, logistischer Leiter im Möbelhandel.
Bisherige Zeitgut-Veröffentlichungen: Beitrag in „Unvergessene Weihnachten. Band 6".

Kamm, Helga, geb. Heinrich S. 235
geb. 1943 in Sulzbach-Rosenberg,
lebt in Hahnbach, Landkreis Amberg-Sulzbach, Bayern.
Beruf/Tätigkeiten: im Ruhestand.
Bisherige Zeitgut-Veröffentlichungen: Beitrag in ZEITGUT Band 2.

Kergel, Christian, Dr. phil. S. 138
geb. 1927 in Breslau, lebt in Remagen-Oberwinter, Rheinland-Pfalz.
Beruf/Tätigkeiten: Höh. Schuldienst, Bundesreferent des Jugendrotkreuzes, Chefredakteur, „Jugendrotkreuz und Erzieher", stellv. Generalsekretär und Protokollchef des Deutschen Roten Kreuzes a. D.
Bisherige Veröffentlichungen: Dokumentation des humanitären und weltweiten Auftrages des Deutschen Roten Kreuzes und des Internationalen Roten Kreuzes; Beitrag in dem Band „In schweren Zeiten braucht man Glück".

Kitsche, Karin, geb. Beer S. 28
geb. 1952 in Lucka, Thüringen,
lebt in Vöhringen, Baden-Württemberg.
Beruf/Tätigkeiten: Industriekauffrau.
Bisherige Zeitgut-Veröffentlichungen: „Der Igel in der Weihnachtskrippe und andere Tiergeschichten".

Klüß, Hiltrud, geb. Preuß S. 50
geb. 1930 in Hamburg, lebt in Tornesch, Schleswig-Holstein.
Beruf/Tätigkeiten: Gewerbeoberlehrerin, Psychotherapeutin, im Ruhestand.
Bisherige Veröffentlichungen: Beiträge in ZEITGUT Band 10, 13 und 18.

Köppen, Carmen Johanna, geb. Tilling S. 319
geb. 1939 in Zwickau, lebt in Waldshut-Tiengen, Baden-Württemberg.
Beruf/Tätigkeiten: Diplom-Medizinpädagogin.
Bisherige Veröffentlichungen: Beiträge in ZEITGUT Band 25.

Korhammer, geb. Meltzer, Eva S. 151
geb. 1932 in Frankfurt am Main, lebt in Hannover, Niedersachsen.
Beruf/Tätigkeiten: Verlagsbuchhändlerin; aktiv als Lektorin, Übersetzerin, Autorin.
Bisherige Zeitgut-Veröffentlichungen: Beitrag in ZEITGUT Band 2.

Krah, Margret, geb. Griese S. 357
geb. 1944 in Lenzinghausen (jetzt Spenge), lebt in Spenge, Nordrhein-Westfalen. Beruf/Tätigkeiten: Realschullehrerin im Ruhestand.
Bisherige Zeitgut-Veröffentlichungen: Beiträge in „Barfuß übers Stoppelfeld" und in „Unvergessene Weihnachten. Band 6".

Kröger, Sigrid, geb. Gross-Blotekamp S. 62
geb. 1938 in Waldbröl, lebt in Waldbröl, Nordrhein-Westfalen.
Beruf/Tätigkeiten: Photographen-Meisterin.

Kruse, Margit, geb. Nikolayzik S. 299
geb. 1957 in Gelsenkirchen, Ruhrgebiet,
lebt in Gelsenkirchen, Nordrhein-Westfalen.
Beruf/Tätigkeiten: Bürokauffrau, seit 2004 freiberufliche Autorin, Mitglied im Syndikat und im Verband deutscher Schriftsteller..
Bisherige Zeitgut-Veröffentlichungen: Beiträge in „Unvergessene Weihnachten. Band 2, 3, 4, 5 und 9".

Küfner, Martin S. 291
geb. 1942 in Magdeburg, lebt in Bayreuth, Bayern.
Beruf/Tätigkeiten: ev. Gemeindepfarrer in Nebra/Unstrut, Krankenseelsorger in Berlin, Pfarrer, im Ruhestand.

Lawniczak, Waltraud, geb. Grzenia S. 325
geb. 1931 in Seußlitz/Elbe, Sachsen, lebt in Hamburg.
Beruf/Tätigkeiten: Schneiderin, Großhandelskauffrau, bis 2001 Kundenbetreuerin beim „Hamburger Abendblatt", im Ruhestand.

Lehnhardt, Günter S. 40
geb. 1932 in Breslau, Schlesien, lebt in Brandenburg/Havel.
Beruf/Tätigkeiten: Dipl.-Ing. Bau, im Ruhestand.
Bisherige Zeitgut-Veröffentlichungen: Beiträge in „Damals bei Oma und Opa" und „Hoch auf dem Erntewagen".

Lemmrich, Helga, geb. Seiffert S. 35
geb. 1932 in Berlin, lebt in Berlin.
Beruf/Tätigkeiten: Hausfrau.
Bisherige Zeitgut-Veröffentlichungen: Beitrag in „Damals bei Oma und Opa", Zeitgut Verlag, Berlin 2010.

Leroy, Peter S. 108
geb. 1921 in Eschweiler, lebt in Rheine, Nordrhein-Westfalen.
Beruf/Tätigkeiten: Kaufmann, im Ruhestand.

Lienau, Sigrun, geb. Rodde S. 268, 362
geb. 1954 in Zeven, lebt in Loxstedt, Niedersachsen.
Beruf/Tätigkeiten: Lehrerin, Schulleiterin, im Ruhestand.

Macha, Claudia, geb. Marx S. 281, 332
geb. 1954 in Saarbrücken-Güdingen,
lebt in Lohmar, Nordrhein-Westfalen.
Beruf/Tätigkeiten: Speditionskauffrau, Hausfrau.
Bisherige Zeitgut-Veröffentlichungen: Beitrag in „Unvergessene Weihnachten. Band 7".

Mann, Erika, geb. Blumenthal S. 162
geb. 1935 in Bechlin, Kreis Neuruppin, lebt in Neuruppin, Brandenburg.
Beruf/Tätigkeiten: Telefonistin, im Ruhestand.
Bisherige Zeitgut-Veröffentlichungen: Beitrag in „Unvergessene Weihnachten. Band 6".

Margret, Christina S. 317
geb. 1945 in Radeberg, Sachsen, lebt in Berlin.
Beruf/Tätigkeiten: Sekretärin, im Ruhestand.
Bisherige Zeitgut-Veröffentlichungen: Beitrag in „Unvergessene Weihnachten. Band 6".

Metz, Anna Maria, geb. Thon *S. 193*
geb. 1944 in Martinfeld, Eichsfeld, lebt in Martinfeld, Thüringen.
Beruf/Tätigkeiten: Schneidermeisterin, im Ruhestand.
Bisherige Zeitgut-Veröffentlichungen: Beitrag in „Unvergessene Weihnachten. Band 9".

Michalik, Elfriede, geb. Stern *S. 76*
geb. 1936 in Neunkirchen, lebt in Neunkirchen, Nordrhein-Westfalen.
Beruf/Tätigkeiten: Poststellenleiterin, im Ruhestand.

Naylor, Florentine, geb. Jancke *S. 78, 350*
geb. 1922 in Grünberg/Schlesien, verstorben 2013,
lebte zuletzt in Techau, Schleswig-Holstein.
Beruf/Tätigkeiten: Hausfrau, Übersetzerin (Dolmetscherin).
Bisherige Zeitgut-Veröffentlichungen: „Späte Früchte für die Seele.
Gedanken, die das Alter erquicken", Zeitgut Verlag Berlin 2011.

Prior, Raymonde *S. 343*
geb. 1955 in Duisburg, lebt in Dortmund, Nordrhein-Westfalen.
Beruf/Tätigkeiten: Erzieherin, Dipl-Designerin, jetzt in der künstlerisch-pädagogischen Kinder- und Jugendarbeit tätig.
Bisherige Zeitgut-Veröffentlichungen: Beitrag in dem Band „In schweren Zeiten braucht man Glück".

Proske, Brigitte, geb. Luzius *S. 248*
geb. 1950 in Altwarmbüchen, lebt in Bad Münder, Niedersachsen.
Beruf/Tätigkeiten: Stenokontoristin, Hausfrau.

Rechter, Gunda. geb. Heller *S. 115*
geb. 1935 in Rothenburg ob der Tauber,
lebt in Bad Windsheim, Bayern.
Beruf/Tätigkeiten: Schulsekretärin im Ruhestand.
Bisherige Zeitgut-Veröffentlichungen: Beiträge in ZEITGUT Band 23 und in „Gegessen wird immer".

Reimer, Elfie *S. 174*
geb. 1927 in Fulda, Hessen, lebt in Frankfurt/Main, Hessen.
Beruf/Tätigkeiten: Dolmetscherin, Direktionsassistentin, im Ruhestand.

Reinke, Renate, geb. Freitag *S. 214*
geb. 1943 in Limbach, Sachsen,
lebt in Stralsund, Mecklenburg-Vorpommern.
Beruf/Tätigkeiten: Lehrerin, im Ruhestand.

Rinke, Erna, geb. Hausknecht *S. 124*
geb. 1932 in Altena, lebt in Lüdenscheid, Nordrhein-Westfalen.
Beruf/Tätigkeiten: Hausfrau.

Schaube, Birgit geb. Seeligmann *S. 275, 309*
geb. 1954 in Mühlhausen, Thüringen,
lebt in Mühlhausen, Thüringen.
Beruf/Tätigkeiten: Wirtschaftskauffrau.
Bisherige Zeitgut-Veröffentlichungen: Beiträge in „Unvergessene Weihnachten. Band 3, 5 und 7" und „Der Igel in der Weihnachtskrippe und andere Tiergeschichten".

Schneider, Günter *S. 171*
geb. 1929 in Manebach, Thüringen,
lebt in Häusern, Baden-Württemberg.
Beruf/Tätigkeiten: Lagerverwalter, im Ruhestand.

Schröder, Meinhard *S. 255, 256, 273*
geb. 1943 in Schwerin, Mecklenburg, lebt in Berlin.
Beruf/Tätigkeiten: Studium der Theologie, Soziologie und Pädagogik, Umschulung zum Informationselektroniker, Betriebsleiter, im Ruhestand.
Bisherige Zeitgut-Veröffentlichungen: Beiträge in ZEITGUT Band 19, 24, 25, in „Barfuß übers Stoppelfeld", „Damals bei Oma und Opa" und „Unvergessene Weihnachten. Band 7".

Siegmund, Traute, geb. Gansinger *S. 46*
geb. 1924 in Hamburg, verstorben 2006,
lebte zuletzt in Wietzendorf, Niedersachsen.
Beruf/Tätigkeiten: Mitarbeit im zahntechnischen Labor ihres Mannes.
Bisherige Veröffentlichungen: Kurzgeschichte, Radio Bremen, 1988; Beiträge in ZEITGUT Band 8, 9, 11, 13, 15, 19 und 21 und in „Unvergessene Weihnachten. Band 2".

Solowski, Berthold S. 93
geb. 1926 in Bismarkhütte, Oberschlesien,
lebt in Bad Reichenhall, Bayern.
Beruf/Tätigkeiten: Bauingenieur, im Ruhestand.
Bisherige Zeitgut-Veröffentlichungen: Beitrag in dem Band „In schweren
Zeiten braucht man Glück".

Steffen, Werner S. 17, 166
geb. 1926 in Ostenhagen, Kreis Regenwalde, Pommern,
lebt in Hamburg. Beruf/Tätigkeiten: Polizeibeamter, Pensionär.
Bisherige Zeitgut-Veröffentlichungen: Beitrag in Zeitgut Band 5 und in
„Unvergessene Weihnachten. Band 7".

Strek, Irmgard, geb. Stannehl S. 155
geb. 1935 in Kieautrinen, Kreis Fischhausen, Samland, Ostpreußen,
lebt in Seevetal, Niedersachsen.
Beruf/Tätigkeiten: Hausangestellte, Hausfrau.

Stüwe, Rüdiger S. 132
geb. 1939 in Braunsberg, Ostpreußen,
lebt in Ellerbek, Kreis Pinneberg, Schleswig-Holstein.
Beruf/Tätigkeiten: Lehrer, im Ruhestand.
Bisherige Zeitgut-Veröffentlichungen: Von Gummibriketts und Heidjern,
Geschichten aus der Nachkriegszeit in der Lüneburger Heide (1945-1955),
Zeitgut Verlag Berlin 2009; Beiträge in ZEITGUT Band 22, „Wo mor-
gens der Hahn kräht" und „Unvergessene Weihnachten. Band 3 und 6".

Witte, Otto S. 145, 218, 224
geb. 1943 in Augsburg, Bayern,
lebt in Heidenrod, Hessen.
Beruf/Tätigkeiten: Brandamtmann, im Ruhestand. Bisherige Zeitgut-
Veröffentlichungen: Beitrag in „Unvergessene Weihnachten. Band 7".

Zeppenfeld, Anneliese, geb. Clemens S. 110
geb. 1939 in Olpe, lebt in Olpe, Nordrhein-Westfalen.
Beruf/Tätigkeiten: Verwaltungsangestellte, Hausfrau.

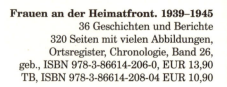

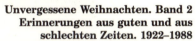

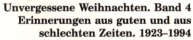

**Unvergessene Weihnachten. Band 5
Erinnerungen aus guten und aus
schlechten Zeiten. 1918–2000**
34 Geschichten und Berichte von Zeitzeugen
192 Seiten mit vielen Abbildungen,
Ortsregister, Taschenbuch, Originalausgabe
ISBN 978-3-86614-146-9, EUR 5,90

**Unvergessene Weihnachten. Band 6
Erinnerungen aus guten und aus
schlechten Zeiten. 1925–2005**
38 Geschichten und Berichte von Zeitzeugen
192 Seiten mit vielen Abbildungen,
Ortsregister, Originalausgabe
TB, ISBN 978-3-86614-165-0, EUR 5,90
gebun., ISBN 978-3-86614-180-3, EUR 7,90

**Unvergessene Weihnachten. Band 7
Erinnerungen aus guten und aus
schlechten Zeiten. 1932-2011**
32 Geschichten und Berichte von Zeitzeugen
192 Seiten mit vielen Abbildungen,
Ortsregister, Originalausgabe
TB, ISBN 978-3-86614-183-4, EUR 5,90
gebun., ISBN 978-3-86614-203-9, EUR 7,90

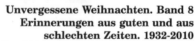

**Unvergessene Weihnachten. Band 8
Erinnerungen aus guten und aus
schlechten Zeiten. 1932-2010**
38 Geschichten und Berichte von Zeitzeugen
192 Seiten mit vielen Abbildungen,
Ortsregister, Originalausgabe
TB, ISBN 978-3-86614-211-4, EUR 5,90
gebun., ISBN 978-3-86614-210-7, EUR 7,90

Das vollständige Programm finden Sie unter **www.zeitgut.de**

Zeitzeugen-Erinnerungen gesucht

ZEITGUT ist eine zeitgeschichtliche Buchreihe besonderer Prägung. Jeder Band beleuchtet einen markanten Zeitraum des 20. Jahrhunderts in Deutschland aus der persönlichen Sicht von etwa 35 bis 40 Zeitzeugen. ZEITGUT ergänzt die klassische Geschichtsschreibung durch Momentaufnahmen aus dem Leben der betroffenen Menschen.
Die Reihe ist als lebendiges und wachsendes Projekt angelegt. Herausgeber und Verlag wählen die Beiträge unabhängig und überparteilich aus. Die Manuskripte werden sensibel bearbeitet, ohne den Schreibstil der Verfasser zu verändern. Die Reihe wird fortgesetzt und thematisch erweitert.

Sammlung der Zeitzeugen

Die **Sammlung der Zeitzeugen** faßt autobiografische Einzelbücher zusammen, die ebenfalls das Leben in Deutschland im 20. Jahrhundert beschreiben. Die Bände ermöglichen einen tieferen Einblick in das Schicksal der Verfasser und gestatten es, deren Leben über längere Strecken zu verfolgen.

Manuskript-Einsendungen sind jederzeit erwünscht.

www.zeitgut.de

Zeitgut Verlag GmbH
Klausenpaß 14, D-12107 Berlin
Tel. 030 - 70 20 93 0
Fax 030 - 70 20 93 22
E-Mail: info@zeitgut.de